岩波書店の時代から

近代思想の終着点で

大塚信一
Otsuka Nobukazu
堀切和雅
Horikiri Kazumasa

筑摩選書

岩波書店の時代から　近代思想の終着点で　目次

堀切和雅

岩波書店の時代から

近代思想の終着点で

問題性の存在は、意識の発達によるものであるが、これは、トロイアの木馬に比すべき文化の危険な贈り物。かといって人間は「自然」に退却することもできない。

——C・G・ユング

はじめに——あとからわかったことといまわかろうとしていること

堀切和雅

あとになってからわかる、ということが、かなりある。

大塚信一さんはかつて勤めていた岩波書店のずっと上の先輩。直接の上司であったことはないが、編集部門の長としてあるいは社長として見知ってはいた。悠然というのを通り越し、恐怖を感じさせるほどの落ち着いた足取りで歩く。無表情では決してないのだが眼からその考えは読みとれず、できれば社内ですれ違ったりしたくなかった。

『世界』などを経て一九九〇年代はじめ、僕は『へるめす』に配属される。あの大塚さんが創刊した雑誌（最初は季刊、後に隔月刊）だ。『思想』『文学』『科学』など堂々そのままの岩波の雑誌名のなか『へるめす』は正体不明。八〇年代から「ニューアカデミズム」とかいう話が盛り上がり、内容は晦渋で文字は小さくデザインはわりとよい雑誌が売れていたが「そういうやつ」かな？　と思いながら編集部に入る。

後年、次のような文を僕は目にすることになるが、それはその頃の僕の、そんなものぶん投げてやりたいという気分をかなり代弁している。

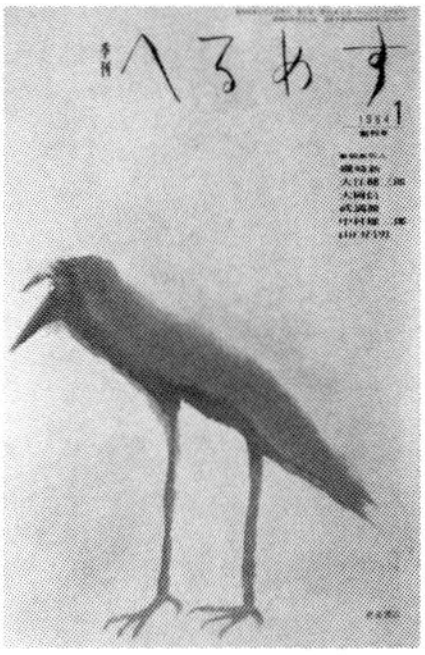

『へるめす』創刊号（1984. 1）

「知」が、知識が、何より偉かった最後の時代でもあった。知的なほのめかしを読みとれないことは恥ずべきことだった。そのような状況が九〇年代の病をこじらせていく。

（谷川俊太郎へのインタビューより。谷川俊太郎・尾崎真理子『詩人なんて呼ばれて』新潮社、二〇一七）

数年後には僕自身も気分をこじらせ、あまり会社にも寄らなくなっていた。誰がどう考えてくれたのか僕は『世界』に戻してもらったが、結局世紀の変わり目に退社し、もっと時間的に楽をしたいというような考えで、私大の教員になった。

それからまた年月が経って、大塚さんがご自身の本を出しておられるのを知る。その一冊を手にとる。あとは次々と。

『理想の出版を求めて　一編集者の回想1963-2003』（トランスビュー、二〇〇六）
『山口昌男の手紙　文化人類学者と編集者の四十年』（トランスビュー、二〇〇七）
『哲学者・中村雄二郎の仕事　〈道化的モラリスト〉の生き方と冒険』（トランスビュー、二〇〇八）
『河合隼雄　心理療法家の誕生』（トランスビュー、二〇〇九）

『河合隼雄　物語を生きる』（トランスビュー、二〇一〇）
『火の神話学――ロウソクから核の火まで』（平凡社、二〇一一）
『顔を考える　生命形態学からアートまで』（集英社新書、二〇一三）
『松下圭一　日本を変える　市民自治と分権の思想』（トランスビュー、二〇一四）
『宇沢弘文のメッセージ』（集英社新書、二〇一五）

読んでいるうちに、自分が取り返しのつかないことをしてきたと気づきはじめた。

大事なときに、だいじな場所に、自分はいたのだ。

「ポストモダン」が知的な遊戯のごとく語られた時期、日本はバブル経済の末期にあった。それが終わることをわれわれは識らなかった。「失われた一〇年」が二〇年になり三〇年になるにつれ、グローバリゼーションに跳び込むしかないと構造改革が謳われ生産性向上が叫ばれ、文化だ心の豊かさだと言ってる場合じゃないというのが社会の深い本音となり、踏み台にされた大勢の不平の瘴気《しょうき》噴出口として日本の独自優越性と近隣他国への軽侮憎悪がセットで騙《かた》り上げられた。

「近代」への逆流が、破局的だった二〇世紀的世界への心的回帰が激しくなっている。

しかし近代が一度終わるように見えたとき、僕らはもっと多様な視点を、心に置こうとしたのではなかったか？

だいじなときをいまやり直そうと、初めて大塚さんに手紙を書いた。

そのようにして、この対話は始まった。

左から大塚信一、堀切和雅（豊島区西池袋の大塚宅にて）

第1章
「敗戦」のアンビバレンス

（二〇一七・一〇・二八）

――豊島区西池袋、大塚宅。フランク・ロイド・ライト設計の自由学園「明《みよう》日館《にちかん》」がほど近い（以下、堀切を発題者として対話を進めていく）。

生きてきた歴史から生じる感覚

――私が岩波書店に入社したのは一九八四年でした。このころの私の視界の中では「国家」なんてものは思いっきり後景に退いていた。さまざまな社会制度について、その必要も限界や問題点も、身に沁みて意識することはなかった。

一方で、青年期を通じて私の世代は「世界が明日滅びても不思議ではない」という感覚の中で生きていました。東西冷戦の幾度目かの最緊張期。アメリカのレーガン大統領、英国のサッチャー首相、日本の中曾根首相という布陣の中で日本の首相は「三海峡封鎖」「日本をアメリカの不沈空母に」といった発言をしていました。

そして冷戦の壁の向こう、ソ連や東欧、あるいは北朝鮮では実際のところ何が起こっているのか、ほとんどわからなかった。

この時期、東西冷戦をくっきりと太い補助線として、知識の少なさゆえの生の抽象性とともに、むしろ「世界」という茫漠とした観念で外界をとらえていた。インターナショナルとかコスモポリタンとかいう危うげな夢の言葉にも、親和的な気分でいました。

ところが九〇年代後半あたりから、世の中でも自分の中でも「国」という仕組みへの具体的な評価が大切になってきた。それは年を経てそれなりの生活の制約を抱える中年世代にさしかかり保守化した、ということかもしれません。

でもそれだけじゃない。その頃、「国民国家」という近代の所産について、自分は一度でも意識的に考えたことがあるだろうかという疑いを持ちはじめていた。大塚さんの創られた『へるめす』編集部にいたこともあり、近代を識らずにいきなりポストモダンを考えることはできないだろう、とわかってはいました。

暉峻淑子《てるおかいつこ》さんの『豊かさとは何か』（岩波新書）が大いに売れたのは一九八九年。爛熟に崩壊の気配が影差し始めていた。「こんなことがいつまでも続くはずはない」と。

また二〇〇〇年頃には「低成長」もしくは「ゼロ成長」の時代をどう生きるか、という議論が盛んにありました。『定常型社会――新しい「豊かさ」の構想』（広井良典著、岩波新書、二〇〇一）といった本を覚えています。

そうした取り組みもありましたが、当時の若い世代や比較的恵まれた勤労者の一般的な問題意識はむしろ、経済成長による生活環境の改善という目標を「はたし終えた」社会で「退屈な日常」をどうやり過ごして生きていくか、ということでした。浅田彰さんや宮台真司さんら当時のスターたちが言うことも、そういうふうに私はとらえていた。

ところが、先進諸国の中では機械や自動車製造業の技術蓄積による優位性、その国内立地による雇用が比較的遅くまで維持された日本でも、二〇〇〇年の「金融ビッグバン」を号砲として新自由主義が本格的に浸透してきます。これはすぐに「席巻《せっけん》」というべき事態に進みました。

こうなるのはわかっていたのに、どう対応すべきかまるでわからなかった少子高齢化の進行。日本ではもう、都会の特定の地区以外で土地バブルは起こりようがなく、抽象された差異に賭け金を張る金融資本主義、カジノ経済に走るしか手はないということになった。

そこでは巨大で高速な「力」が必ず勝ちます。資本の集積が競争への参加の第一条件となり、人間よりも資本、さらにはその流動の予測そのものが経済の主役となりました。経世済民ではないのです。

変動そのものを収益源とする経済装置への関与の有利さの度合いで人々の分断が進み、もはやみんなが「同じ日本人」とはとても言えない。ただ国籍を同じくするだけです。もちろんその国籍とは、生活基盤の地球的格差のなかでは生存の機会を画する重大なものなのですが。

それもあるのか分断の深化・広汎化と反比例するかのように、日本は美しいだの特別だの唯一の存在だのといった喧伝が溢れかえる。そして他国、つまり名付けによる「外側」との対立を前提として、国権を集中させようとする勢力が長く政権にあります。

大塚さんは一九三九年のお生まれですが、これまでの暮らしのなかで日本の「国家像」の変化をどう感じてこられましたか？

大塚　おもしろい提起だと思います。捉え方にも、同感するところがありますね。ただ、そのことを考えていくためには、さまざまな前提を、遠回りのようでも確かめておく必要がある。というのは、あなたのいまの捉え方の中にも、あなたなりの生きてきた歴史から生じた感覚があるわけでしょう？　あるいは蓄積が。それで、バブルと核時代で最初の自己規定を試み、話が始まった。おそらくね。

僕は特定の学問の仕事を専門的にしてきたわけではなく、ご存知のように編集者として働いてきた。あなたもそうですね。半分は劇作家、演出家だったとしても。だからわれわれが社会や文化について何か話していくとしたら、個人史を前提とした、つまりは主観の在処《ありか》と背景をはっきりさせたものでなければならないと思う。それしか、少なくとも誠実に語る方法はないと思うのですね。

ここ（西池袋）は僕の生まれた場所でもあります。いわゆる中産階級の家庭でした。そういう普通の、日本に生まれた者がどういう生き方をして、どういう問題にかかわらざるを得なかったかを考えることが、一種の入れ子構造のような反射を起こして、当時からの社会をあきらかにすることができるような、そんな予感がします。

それではまず、何でそんなに具体的なの？　というくらいの私的な話からはじめましょう。

少年の世界に「アメリカ」が出現する

大塚　私はこの年代なので、父母は明治の末近くに生まれたことになる。二〇代から三〇代にかけての時間、私の父親や母親は大正の終わりから昭和初期のかなり自由な時代を生きた。ひと言で言えば「モボ」「モガ」だった。モダンボーイ、モダンガールですね。大正デモクラシーの流れを背景に、そういう空気の中で生きた両親であったというのが第一の場面設定になる。

僕が生まれる少し前から、日中戦争、太平洋戦争へと時代が転回していく。父は当時の国策会社、大日本製糖の社員だった。

まだ僕が一歳にもならないとき、その頃住んでいた大阪の豊中《とよなか》から一家で台湾に移住した。現在の台中市にあった製糖工場の近くの街の社宅に三年近く住んだのです。父はサラリーマンでしたが戦争が進むにつれ、ある時命令が出て軍属としてインドネシアに単身で赴任した。ジョグジャカルタ近くの、それまでオランダ軍が経営していた工場を日本軍が接収し、その工場長をやれ、ということで。

一方、台湾に残された母と僕は、戦況が厳しくなってきて早くしないともう日本に帰れなくなるという状況になった。輸送船がアメリカ軍の潜水艦にどんどん沈められている。そうして昭和一九年になるかならないかの冬に、辛うじて帰国したのです。僕たちを乗せてくれた「富士丸」は、台湾に向かう復路で撃沈されたということでした。

西池袋のここに帰ってきたが、すでに一面焼け野原で、それでも山手線の線路めがけて爆撃が何度もあった。東京にいては危ないと、東海道線の丹那トンネルを越えたところの函南《かんなみ》という町から山道を登っていったところにある、大きな寺に疎開した。

父方の伯父が、その函南の山の中で八紘一宇《はっこういちう》のイデオロギーに基づく集団農場を経営していたんですね。ビルマ、インドネシア、フィリピン……アジアの国々から一〇代後半の若者たちを集めて、農業技術の訓練をしていた。その近くに寺があるから、ということで住まわせてもらうことになった。

山の上からは太平洋も望めた。近いところまでアメリカの航空母艦が来ているらしい。艦載機が飛んできて「動くものは撃つ」という感じで機銃掃射をする。皆、溝に飛び込んだり、物陰に隠れたりするのだけれど、それはパイロットの顔が見える距離なんですよね。アメリカのパイロットの顔が、眼が、見えた。そういう幼時の体験があります。

――大塚少年が確かに米軍パイロットの眼を「見た」ことは疑いません。が、それは同時に、当時の日本の多くの青少年の集合的体験であったのではないでしょうか。

というのは私の父（大正末年生まれ）が学生の時、宮崎県でそれとほぼ同じような経験をしたと語ったことがあるのです。艦載機による機銃掃射があり、咄嗟《とっさ》に田んぼの中に飛び込んで顔中に泥を塗りたくり、這っていって用水トンネルに身を隠した。若者としての命懸けの機知を発揮して。その時、パイロットの眼が「見えるんだよ」と、そしてその眼は「笑っていた」と。

大塚　そういう見方は興味深いですね。あなたがこの対話で話題にしたいと提示してくれた「心とは思うほど独立した存在ではない」という問題と繋がってくるでしょう。

敗戦の翌年、函南の地元の小学校に入った。けれど身体が弱っていてほとんど通えなかった。食べるものがなく、ごちそうといえばサツマイモの周りに米粒がいくつかついたくらいのものでした。そうしているうちに、生きているのかどうかも不明だった父親がその年末、寄宿先の寺にひょっこり現れた。帰国できていたんだ、とその時初めてわかったんです。

軍人ではないけれど、それしかなかったのか軍服にゲートル巻きで、聞けばインドネシアに逆上陸したオランダ軍の俘虜になっていたという。記憶に鮮明なのは、父から「おみやげだ」というので袋に入った何十粒かのピーナッツを渡されたこと。俘虜収容所では、薄いお粥の他にピーナッツが一〇粒くらい、食事として出されていたというんです。お粥とピーナッツ、毎日それだけ。それを父親は毎回ひと粒だけ選り分けて取っておいて、もし生き延びて帰ることができたら、これをお土産にと心に決めていたらしい。

自由学園明日館

昭和二二年に、一家で東京に戻りました。すると、留守宅の管理を頼んでいた知人がその家族やら親類やらを住まわせていて、僕らは逆に間借り人みたいに暮らすことになった。焼けた家が多かったから、戦後はそういうことが当然のようにありました。

奇跡のようなのだけれど、この家の周囲の五〇〇メートル四方ほどだけが焼け残っていた。自由学園の「明日館」があるからアメリカは爆撃から外したんだ、という説があったけれど、本当かどうかわからない。

僕は小学二年か三年だったわけですが、池袋も目白も、街がすべてなくなっていたというのが子どもとしての印象です。そのうち池袋に闇市が立ち始める。バラックがちょっと建ったかと思うと、暮らしをめぐるあらゆる施設がそこにできてくる。最初は食堂、そのうちにカストリ酒場とか、あとは当時の言葉で淫売屋もね。何だかわからない店がどんどんできて、もう、壮観。子どもにとっては迷宮、遊びの天国ですよ。毎日闇市に行って探検していた。

父は再就職先がなかなか見つからなかった。どうにかして食いつなごうと、道端に莚《むしろ》みたいなものを敷いて、家が焼け残ったので無事だった食器なんかをそこに並べて売った。僕も店番で父親と一緒にいたけれど、何でも、どんどん売れていきました。

母親は洋裁を本格的に始めた。函南の集団農場をやっていた伯父の奥さん、つまり父の姉が目白でクララ洋裁学院というのを経営していて、若い娘だったころ母はそこで習っていたんですね。自宅で洋裁教室を始めたらすごく繁盛しだして、家が洋裁学校になっていった。生徒になりたいという女の人たちがぐるりと取り巻いて並んでいたのを記憶しています。

本来僕が行くべき小学校は焼けてしまっていたので、現在のサンシャイン60ビル、むかし巣鴨プリズンがあった辺りの、いくつかの小学校が合体した急造の小学校に通った。二部授業制でね、僕の授業はたいてい午後だった。子どもだから行き帰り、時間が余る。そのへんにあったグラウンドでGI（アメリカ陸軍兵士を指す俗称）たちがフットボールなんかやってるのをはじめは見てて、そのうち話しかけあうようになった。そうしてチューインガムだのチョコレートだのをもらうのが日常でした。

幼いころ初めて見たアメリカ兵の顔は、機銃で撃ってくるパイロットの顔だった。小学生になり、いまは目の前でフットボールをするアメリカ兵たちを見ている。否応なく距離が近づいてくるわけだね。

　母の洋裁学校にＧＩの奥さんたちが来るようになった。アメリカといえども普通の兵隊では給料も限られていて、自分たちで洋服を仕立てる必要があったようです。母が片言の英語を話せたこともあって、たくさん来た。アメリカ人だから亭主が帰りに迎えに来たりする。父も戦争中インドネシアにもいたし、多少は英語を話せる。そんなことで仲良くなって、いまは自衛隊の朝霞《あさか》駐屯地があるところの、アメリカ陸軍の基地に住む一家に招待された。

　下級兵士なのでいわゆるかまぼこ兵舎の家だったのだけれど、中に入って驚いた。冷蔵庫などもあるし、夢のような世界があるものだと感心した。「アメリカの文化生活」というものに圧倒されたわけ。

　洋裁学校も繁盛して、戦後に日本デザイナー協会というのができたときに母は最初からメンバーになっていました。若い頃「モガ」だったわけだし、好きだったのでしょうね。

　池袋駅の向こう側に西武百貨店があるでしょう。その場所にはもともと線路沿いに、長屋風につながった店舗（「武蔵野デパート」）があったんですね。一九五〇年代になるとそれがそのまま上に伸び上がるような形で西武百貨店の建物ができた。朝鮮戦争の特需による経済復興の鋭角化と、完全に一致しているんだね。

　西武百貨店が婦人服売場をつくるということで、おどろいたことに初代専属デザイナーには僕の母が就くことになった。後年、僕はセゾングループの堤清二《つつみせいじ》さん（辻井喬《つじいたかし》）と仕事でたびたびお会いすることになるのだけれど、この頃から伏線のように、縁があったとも言えます。

闇市の向こうに近代的なビルが建っていく。朝鮮半島で悲惨な戦闘が行われていることは新聞でも読んでいたのだけれど、当時はそれとの結びつきはわかっていなかった。立川の方の米空軍基地には、アメリカ軍の傷病兵や遺体が頻繁に運ばれていることも、知ってはいた。

――それこそ大江健三郎さんの『死者の奢《おご》り』（一九五七年発表）の世界ですね。そこに書かれていた「（解剖用の）死体洗いの高額アルバイトがある」というのは実は都市伝説で、この小説がきっかけになっているという説があります。そのバリエーションとして「戦死した米兵の死体洗い」という話も発生したと。

大塚　なるほど。そのころ僕は大学生になる。文学や哲学、つまり人文系に関心があったのだけれど、大学三年生の時が六〇年安保だった。人文学だけでは心許《こころもと》ない、より直接に現実に関わる勉強をしたいと思うようになって、社会学や思想史をやる学科に途中で変更した。そうすると三年生をもう一度やりなおすことになるのだけれど、それでもね。

安保をめぐる運動に本格的に参加したわけでもなく、しかしデモには行っていた。樺美智子《かんばみちこ》さんの死の翌日、国会前で徹夜の抗議デモがありました。その時にも行っていました。

翌朝の解散後は、日比谷公園あたりまでフランス式デモ（手を繋ぎ、道幅一杯に拡がって進む）で道路を占拠して歩く。でもその後どうするかというと、日比谷劇場の近くで時間をつぶして、その年封切られたアラン・ドロンの『太陽がいっぱい』の朝最初の回を観た。なんとも表現しようのない、参加のしかただったたね。

「時局」とデタッチメント

大塚　もう少し僕の背景、係累の話をします。父親の姉のひとりの連れ合い、つまり義理の伯父に矢川徳光《やがわとくみつ》という人がいた。詩人の矢川澄子《すみこ》の父に当たる人だね。戦後、矢川徳光はソヴィエト教育学の大家になったのだけど、戦争中に彼が何をしていたかというと、教育者として戦争協力を煽る言動を行っていたらしい。大日本青少年団本部の教養部長なんていうのもやっていた。非常に優秀な人で何をやっても大家になってしまうのだけれど、時代に合わせて変わっていくんですね。

共産主義流行りの時代で、かなり年上だけれど従兄弟にあたる音楽家・井上頼豊《いのうえよりとよ》という人は、ソ連で抑留されていたあと帰ってきて、チェリストとして有名だった。パブロ・カザルスが来日した時（一九六一年）も、日本のチェリストの中で唯一カザルスに評価されていた。日本共産党員でもありました。

そういう人たちが話している場に僕もいたりして聞いていた。全学連などの新左翼が出てきた中での日本共産党の役割についてなど、彼らは議論していました。

――「六全協」（日本共産党　第六回全国協議会、一九五五年）で日本共産党はそれまでの武力革命路線を放棄し、それを大きなきっかけとして分裂がおこり「新左翼」ができた。

大塚　戦時中、ファシズムに抵抗し続けた唯一の党という自負がもちろんあり、戦後すぐの「山村工作隊」とか、武装蜂起を選択肢に残した路線を精算した後だったからか、あくまで合法的に活動することを強調していましたね。日本共産党の青年部（日本民主主義青年同盟）の役割は、デモの最前線に割って入って警官隊などとの衝突を止めることで、その実務的な差配を井上頼豊もやっていたようだね。

僕としては、そういう実際的な政治手法にはあまり関心はなかったように思う。ただ、理論の方には時代的関心があったのか、卒論のテーマはすごい大風呂敷なのだけれど「疎外概念の日本社会分析への適用について」。マルクスだけでなく、ヴェーバーや、アメリカの都市社会学への関心が軸になっていた。

一九六三年に就職するのだけれど、僕の行っていた国際基督教大学にはマスコミ学の古い権威みたいな教授がいて、その人の推薦があればＮＨＫには基本、全員合格という時代だったんですね。一応小論文のようなものを書かされるのだけれど、愛読書についてということだったので、フランス共産党にも関係していた（その後追放）アンリ・ルフェーブルの『総和と余剰』という本にいかに感激したか、ということを書いた。

そうしたら、国際基督教大学からＮＨＫを何人も受験した中で僕だけが落ちた。しかし岩波書店でほとんど同じ文章を書いたら、入った。ＮＨＫはまあ、体制そのもののような面があるから、その差は歴然としていましたね。

――私も、岩波書店への就職試験の過程で、当時の人事担当の方から「日本共産党支持であっても、その説明が一貫していれば、それを理由に落とすことはない」とわざわざ言われました。当時、私は共産党には少しも興味がなかったのですが。

大塚　あー、そう……。

――その頃（一九八四年）には入社試験で支持政党について聞くのはタブーになりかかっていましたが、フジテレビの面接を受けたときには、僕の前の順番の奴がそれを聞かれて「自民党、宏池会《こうちかい》です」とすばらしく当たり障りのない答えをしているのがドア越しに聞こえて「こういう賢《さか》しい奴が在京大手テレビ局に行くのね」と思い知りました。

大塚　結局僕が育ったのは、徹底して非政治的、嫌政治的とさえ言ってもいい家庭だった。父は国策の要請でインドネシアまで行って、そこで捕虜になったにもかかわらず、ね。

親戚連中もそれぞれに、時代のなかでいろいろな行動をした。母方の祖父は関東軍で特務機関員、つまりスパイをしていたという。もちろん、はっきりとそれを知ったのは後のことですけれどね。彼は四国の宇和島生まれで勉強ができたので、キリスト教の伝道師のところで英語を教えてもらったというのです。上京して三井物産に入ってずいぶん活躍したらしく、陸軍にスカウトされた。

彼はスカウトされて最初、満州に当時あった極楽寺という大きな寺に修行の名目で入り、三年間ほど修行者として生活するんです。その中で中国語はもちろん中国人としての挙措《きょそ》動作、考え方をも身につける。そのころのスパイ養成がどんなスケールで行われていたかということが窺える話ですね。本物の中国人と見分け聴きわけがつかなくなるまでに徹底して身につけて、満蒙の前線を巡る。日本側が「馬賊」とか「匪賊」と名付けた勢力と対峙しながら敵地の情況を探る。

――それはまるで、村上春樹さんの『ねじまき鳥クロニクル』（新潮社、一九九四〜一九九五）

に出てくる特務機関員の話のようです。

大塚　そうなの？

――ノモンハン事件の少し前の緊張状態を背景に、「山本」と名乗る表向きは民間人ということになっている男が、ハルハ河を越えて外蒙古側の左岸高地に侵入して地勢情報か何かを手に入れようとするんです。そしてソ連軍のおそらくは情報将校に見つかり、配下の外蒙古兵にナイフで、生きたまま全身の皮を剝がれる。村上春樹さんがもの凄い「暴力」を描いたというので、当時話題になりました。

大塚　実際にあったのかもしれないような話だね。

その祖父が時々日本に帰ってきて、この池袋の家に泊まっていたことがある。拳銃のホルスター付きのベルトを寝床の脇に置いて眠るのだけれど、耳だけは起きていたんでしょうね。子ども心にも、おっかなかった。

彼は結局、満鉄の食堂車で毒を盛られるんだけど、スパイとして訓練されていたからか、気がついて吐き出した。けれどひどく身体を壊したらしくて、満州での仕事はもう無理だということになり、帰国して今度は「不逞鮮人《ふていせんじん》」の調査をする仕事に就いた。祖父は晩年、いろいろ調べていると「不逞鮮人」の言うこともどうも正しいようだ、という意味のことを言っていたと、母が教えてくれました。

僕が疎開した函南で集団農場を経営していた父方の伯父は、小池四郎という人です。東京帝大の、当時は花形だった採鉱学科を出て、三井物産を上回る勢いだった鈴木商店に入った。社会運動をやろうと、一九二四年に退社して例の集団農場と、東京にはクララ社という出版社を立ち上げた。超国家主義に基づく社会的正義を追求するというイデオロギーの持ち主で、代議士にもなり、社会民衆党、次いで日本国家社会党の中心のひとりになった。西尾末広と親しかったと言われています。

小池四郎はね、鉱山技師として九州に行ったときにあまりに酷い労働状況を見て、労働運動、社会運動をしようと考えたらしいんです。クララ社はサンガー夫人の産児調節法の本を日本で最初に翻訳出版している。当時だから具体的な箇所は××を〇〇して、××し、と伏せ字だらけなんだけどね。小池四郎自身は『智識階級の行くべき道』とか『俸給生活者保護法』『俸給生活者の階級的任務』『満洲国経営の三大重点』といった政治運動・社会運動的なものを、一九二〇年代末から三〇年代にかけてたくさん書いている。

経歴を見ると一九四二年の総選挙で落選後、静岡県田方《たがた》郡函南村の日本南方協会稲作訓練所長に、とある。その農場から一山越したところぐらいにある寺に、母と僕は疎開したわけです。

ここで言いたかったのは、いかに非政治的な家庭文化に育ったと言ってもその背景、周囲には様々な時代的な、政治的な出来事が充ちていたということ。これはもう避けがたく、僕自身にも何らかの影響を与えている。

さきほど触れた井上頼豊は、奥さんの井上仰子《ぎょうこ》（矢川徳光の長女）とともに戦後の「うたごえ運動」の柱にもなっている。シベリアに抑留されていたのでロシア語ができるということになっていたのか、当時流行ったロシア民謡の日本語の訳詞はかなりの数、彼がやってる。戦中戦後で大きく変節した人も多い親戚たちの中で、彼はずっと反体制ということでは一貫している。けれど彼の訳したロシア民謡はすごく歌いにくくて、たとえば「♬泉に水くみに来て……」（「泉のほとり」）なんて、歌えたものではない。音楽家として一流なのは確かだけれど、何か考えてることとやっていることの間の無理が、そこに出ているという感じもしますね。

僕自身、あとになって実感をもってわかってきたことだけれど、イデオロギーとか国家とかを語ろうとするときにも、それは常に具体的な姿を通してしか語ることはできないし、看取することもできないと思うんですね。ここが重要。

僕は中学校以来大学までミッション・スクールに通ったので、キリスト教のオモテもウラもわかっちゃう、という思いがある。すばらしいところもとんでもないところもあるのが物事の姿。なにごとも、そういうアンビバレンスの中で受け止めるようになった。

「あらし」の前とあと

大塚　ＩＣＵ（国際基督教大学）は戦後、アメリカの長老派の良心的なクリスチャンたちの運動をもとにつくられた。リベラルアーツを教える大学ということで、当初は教養学部だけが置かれた。その背景には、日本に原爆を落としたことへの贖罪意識があったと伝えられている。だから、一種のアンビバレンスがある場なんですね。また、国際基督教大学が開学したのとほぼ同時期に防衛大学校も開校している。これもまた、日本というスケールで見るとアンビバレントな出来事ですね。

それ以前、中学生だったとき、たまたまドラ・ド・ヨングというオランダ人が書いた、岩波少年文庫の『あらしの前』『あらしのあと』という二冊続きの本を読んで僕は衝撃を受けたのです。全体主義国家の戦争によって家族、さまざまなものごとや時の過ごし方を含めて、全体として成り立ってきた「故郷」が崩壊させられる。僕自身の家庭や生活文化が戦争の時にどう崩れていったかという思いと重なって、非常に印象深かった。なおかつ偶然にも、その二冊を翻訳したのは吉野源三郎（『世界』初代編集長。『君たちはどう生きるか』の著者でもある）さんだった。

教育というもののイデオロギーとしての側面をいやでも思わざるを得ないことが、そうして重なっていった。もっとも、吉野源三郎さんのその後の仕事から僕はあまり影響を受けなかったのだけどね。

――「岩波教養主義」の象徴みたいな人だから？

大塚 まあ、そう。

もっと以前の幼い頃のことを思い出していくと、丸山眞男も書いているように、総力戦体制というものを強力に支えたのは最も末端の町内会、隣組といった「互助」を謳う組織だった。物資の分配や労働力の「自発的」供出の割り当てがそこに懸かっているのだから、もうどうしようもなかった。抵抗の方法はあまりなかったと思う。父母も、積極的に関わりたくはないという気持ちだったろうけれど、実際問題、そういう状況の中でまったくデタッチメントの状態であるということはできなかった。

戦後、地方自治を大切なものだと考える憲法になり、さまざまな法制もできて民主主義を地方から、ということになったのだけれども、社会の基本的なありようは変わっていない。中央行政は「そうなるように」情報を出し、地方自治体、その住民はそれに乗っかるという形で。

それを理論面でも実践面でも変えていくために、大きな仕事をしたのが松下圭一さんだと僕は思った。だから彼に注目したんですね。

第2章
「近代」という問題群をまるごと問う
――この年の一月は、明治元年から一五〇年目の一月だった。

（二〇一七・二・一八）

「明治一五〇年」の国で

――前回、お伺いした際、手がかりになるのではないかと思い、二冊の本から気になった箇所を書き抜きしてきました。川口暁弘《かわぐちあきひろ》という学者の『ふたつの憲法と日本人』（吉川弘文館、二〇一七）と、戦中派である橋川文三《はしかわぶんそう》の『昭和維新試論』（朝日新聞社、一九八四）です。私のように戦前＝悪、戦後＝善の二分法が流行した時代に育った世代がやってきたことが、いまさまざまな面でどん詰まりになっていくのを感じるなか、考えさせられる論攷でした。なにかが悪かったと言えば別のなにかが良くなるような気がするというだけで、二つを分けるということがあるんですね。

大塚　はじめ、あなたが示してくれたあの書き抜きの意図は明確にはわからなかった。ただわれわれが、二〇年ほど前後しながらも生きてきた社会・文化の基盤にある「近代」という問題群を、

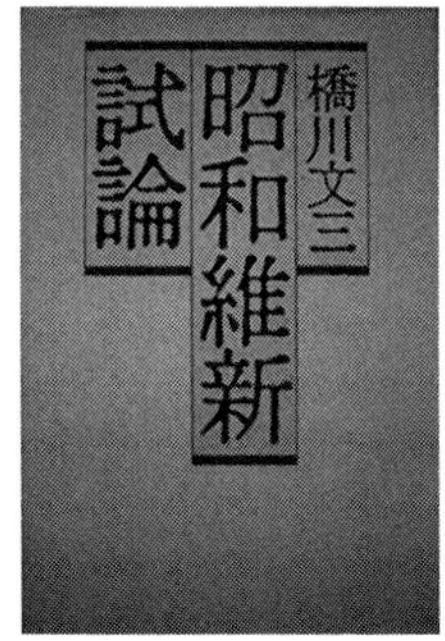

橋川文三『昭和維新試論』（朝日新聞社、1984）

まるごと問うてみたいという意気込みは感じました。

　そうなると明治以降一五〇年というスケールになるし、現在の（平成）天皇への国民的な評価の高さ、人気とは別に――いや、だからこそなのかもしれないのだが――僕としてはやはり天皇制というものを問題にせざるを得ない。

　また、明治を考えるためには、それを準備した幕藩制についてもよく考えなければ答えは出ない。そこは、あなたも言うように戦後的なものは突然始まったわけではなく、あるいは戦前的なものはすべて消えたわけではない、という視点と通底してきます。


――　私の父はいわゆる戦中派ですが、自身について語ることはほとんどないまま、比較的に早く亡くなりました。青年時代の私は単純に戦争の時代を「悪」と名指すことができたわけですが、父の世代のおそらくは屈折した沈黙の意味を知りたいという希いから『三〇代が読んだ「わだつみ」』（築地書館、一九九三）という本を書き、その後『なぜ友は死に、俺は生きたのか』（新潮社、二〇一〇）という本も書いたのです。

　父の世代の心の一側面については、この二冊をつくっていく過程で「解るところまでは解った」ということに私の中ではなっている。これ以上の追求は自分としては難しいと思っています。

　次に「戦後」の、自分が生まれる前の時代はどのような空気だったのかということに関心を持ちました。一九五〇年代についてはうまく想像できなかった。人々がまだ貧しいなか、組合やサークル運動が活発であったこと、未来を模索すること、そこに拠って立つ文化や芸術の断片がちらちらと、モノクロームのイメージの向こうで色になりかかるばかりです。

私は一九六〇年に生まれましたので、そこからは一挙に色や匂いがついてきます。高草木光一《たかくさぎこういち》編『一九六〇年代　未来へ続く思想』(岩波書店、二〇一一)を読むと、今から半世紀以上前の一九六〇年代に、近代そのものへの疑義をも含む様々な社会的・哲学的問題がすでに「出揃っていた」ことがわかります。そうすると、私が高校生だった一九七〇年代にヒッピームーブメントの尻尾のようなものがあり、おかしな人たちが変わったことをあちこちでやっていたことも、改めて腑に落ちてくる。

大塚　一九五〇年代という時代については朝鮮戦争が起こり、冷戦、核時代も始まっていたことを重要なこととして踏まえておくべきだと思います。

ただ、それこそ「あとから解ったこと」で、当時、朝鮮半島で大きな戦闘が行われていることが新聞などで報じられていたとしても、われわれが生活のなかでどれだけそれを意識していたかというと、前回も言ったように心許ないですね。

一九六〇年代には、生活の中に目に見える形で問題が噴出してきて、経済活動が拡大して自然の改変が目立ってきた。これは行き過ぎているのでは？　と感じられるほどになり都市問題も俎《そ》上《じょう》に上るようになった。その後の言葉で言えば、サスティナビリティの危機の前景化です。

それは外部的自然についてだけではない。人間の心の中の自然、不自然についての問いも当然起こってくる。そういうものは主に芸術という形をとって現れてくる。

フィクション——不可視の過去から「ずっとあったもの」

大塚　思い切ってもっと遡ってみましょう。これは、あなたが手がかりと感じて持ってきてくれた『ふたつの憲法と日本人』に関わるのですが、明治憲法では主権者は天皇ですね。しかも憲法制定は論理的に行われたのではなく、限りない不可視の過去から「ずっとあったもの」だという価値基準を、明治天皇が改めて国民に与えたということになっている。こういうフィクションを伊藤博文や井上毅《こわし》らが構想し、実用化した。

そうでもしなければ徳川三百年の平和、と思われていた権威を倒すことはできなかったのでしょう。日本ではこうすることでしか体制の変革はできなかったのではないかとさえ思えるような、ある意味では実にみごとな方法を編み出した。

「維新」は復古による革命という衣装を纏った。現在のそれとは比較を超えた権威を過去に求めるという発想、手法は世界史ではしばしば見られることです。中国の儒教思想、なかでも朱子学的革命思想はつねにそういう力学を梃子《てこ》としたし、ドイツのナチスも古代を想起させるイメージやデザインを動員した。

大日本帝国憲法の条文からは「天皇親政」しか読み取れない。国務大臣による「補弼《ほひつ》」はあっても、どう読んでも最終的な国策決定者としては天皇しか導き出せないようになっている。しかし大日本帝国憲法の当時でも数千万人の人口を持つ国の行政機構として、天皇親政は事実上不可能なのは自明だったわけです。明治維新は幕藩体制を確かに倒したが、その代わりに明治の天皇制という、作動機序の曖昧な無限定の権力機構を喚びだしたことになる。

あなたが提示してくれた橋川文三の『昭和維新試論』にも、フィクションとしての「天皇親政」の下で実際には枢密院、その後は財閥を背景にした政党、次いでは軍部による「天皇超政」が行われていたことが事細かに書かれていますね。

——橋川文三は戦中に青年期を過ごし、おそらくは多くの知己を亡くした世代の人間として、あの社会、精神状況は何だったのか解明したいという執念を持ったのだと思います。

戦前というのは実は自由主義経済の環境にあったわけで、その中で財閥と癒着した政党による専横というのは確かにあった。統制経済になっていくのはその後、戦争が泥沼化していく中でのことでした。

兵士を多数供給した東北など、地方の貧窮を背景として皇道派青年将校や「日本主義者」といった右翼による運動、あるいは事件が軍による支配を深刻にしていくのですが、彼らは明治憲法に対して「護憲」ですからね。財閥や政党を攻撃するときの論理は「天皇親政を実現せよ」であり、それ以外に答えらしいものを持っていない。天皇のほんとうのご意志を政府は体現していない、簒奪《さんだつ》しているのだ、という主張以外にない。

天皇親政というファンタジーに賭けるという精神の活動と、切迫した現状打破のエネルギーをアジアへの覇権拡大に向け、経済的実利を取るという志向が「八紘一宇」の掛け声を介して連携し、アクションになっていく。先行の大国が利権を争い、ひしめいている世界史のなかで、それがいかに危険な企図であっても。

保田與重郎《やすだよじゅうろう》はそれを感じ取っていたからこそ、満州国建国に「日本帝国崩壊」の「美」を重ねた。それはみごとに芸術に昇華されたが、現実の責任とは徹底的に縁のない感覚、観念です。その日本浪曼派的なものに青年期に「やられた」ことの解明のため、橋川文三は『日本浪漫派批判序説』を、おのが身を絞るように書いた。

大塚　あなたは現在の天皇制を巡っては、どういう感覚を持っていますか？

――　若い頃は天皇制こそが日本の現代化の阻害要因、平和で平等な世界に向けていろいろなことが突破できないことの原因だと、それまで聞いてきた言説に付和雷同していました。しかしあとになって「共和国」という美しい言葉が実際に、世界史のなかでどう創成され展開したかを知り、天皇制に代わるものとしての共和国をつくるのは、必ずしも否定的な意味ではありませんが「日本人には無理かな」と思うようになっていきました。そしてこのごろはとうとう、平成天皇（当時の天皇。「平成天皇」は諡号《しごう》だが現上皇の天皇時代を指す称号として以下用いる）がありうる解決、「善」のロールモデルにさえ見えてきた。

思い返せば一九九五年、阪神淡路大震災と地下鉄サリン事件があり、社会のテーマも行く先も混沌としてきた。あのころ「日本」というまとまりの自明性が、かなりの速度と勢いで壊れ始めたと思います。そして国民国家ではなく、資本が決定していく世界という方向に現実が振れていった。

そういうなかで平成天皇は、日本国憲法に書きこまれた新機軸「象徴天皇制」を日々発明しつつ生きている、と思うようになりました。天皇は「国民統合の象徴」という観念を生き、沖縄やサイパン、ペリリューを訪ね、死者たちも含んだ歴史空間に対面している。現在に災害が起これば、地に膝を突いて被災した人に語りかける。

自分たちのやりたいことをやる政権とのコントラストも相まって、個人でありながら無私のかたちを見せ、現存する法制度のなかで最善を尽くしていると見えます。

大塚　確かに天皇は、個人としてやれることをやっている。しかしいまの天皇がそうであっても引き続き、天皇制という問題の根深さは解消しないと僕は強く思う。この問題にはね、これからもあらゆるところでぶつかることになる。

右だとか左だとか、天皇制反対かそうでないかという視点ではなく、天皇制がどんなに繊細な機序で成り立ち機能しているか、そこを見る必要があると思うのです。

――　右だ左だという対立軸は、あえて煽る向きもあるけれど実は溶解している。一党独裁政権はあっても共産主義の国などない。中国もロシアも寡頭制（オリガーキー）になっている。いや、全世界が寡頭制になっていて、しかもカネと統計と確率計算で世界の下部構造も上部構造も決まってしまう。国というのはたとえば軍事のプラットフォームとしては残るが、共同体ではなくなりつつある。

そのうえでポピュリズムが激しくなっていく。トランプ大統領選出やイギリスのEU離脱投票についてもソーシャルネットワークを使った情報加工、民意の誘導が行われていた。そこには広告会社やメディア、やはりカネで動くさまざまな組織が関与している。その方法は次第に洗練されて見えにくくなり、しかも簡便に使えるようになっていく。これは戦後の時点では誰も、思いもしなかった事態ではないか。

松下圭一さんは、日本国憲法が地方自治を強く保障していることをいわば逆向きに読み直して、町や村、基礎自治体こそが国家の意思決定の上流にあるはずだと言い続けた。地方という「末端」とされてきた場所からこそ多様な、全体を調整し改善する思考は起こってくるはずだと。『へるめす』に在籍していた当時には私はわかっていなかったのですが、その考え方もまたポストモダンの一面であるはずだった、といまは思います。

「水戸黄門」が漫遊し遍在する国

大塚　天皇制の話について、少し補足しましょう。日本のほとんどのまともな憲法学者は、行政権を直接支配する内閣は国会を通じた「国民の付託によって」のみ誕生しうる、それが日本国憲法の基本的な理念のひとつだと認識しているでしょう。ところがそれを繰り返しはっきり言明しているのは天皇だけなのです。国会が召集されたとき、国事行為として天皇が開会の宣言をしますよね。その際必ず「国会は国権の最高機関として、国民の信託に応えることを切望します」という内容の言葉を述べられる。

そういうことを本気で言う人は政権にはいない。言うのは天皇だけ。おもしろいでしょう？　こういうところにも、さきほどあなたが触れた明治憲法下で国権主義者、天皇主義者は「護憲派」として行動したという逆説——いや、これを逆説とは簡単には判断できないことが天皇制の構造のデリケートさなのですが——に似たものが出てきますね。

つまり善悪をそう簡単には決められない。軍国主義下で天皇制は結果的に悪用された、だから絶対反対、ということではわれわれは天皇制から脱出することはできない。政治が、権力が、あるいは金権が悪でも、天皇だけは違う。最後は天皇が、という期待があらわれてくる。現にあなたが、平成天皇の人格と個人としての努力に打たれたようにね。だがそれは実際の政治とは直結しない、してはいけない仕組みになっている。

お上の善政に期待するというのは日本人にかなり共通した心性で、極悪な代官（武力と権力）も賄賂《わいろ》で利を図る商人（金権）も最後はお白州《しらす》に引き出されて大岡越前守や「遠山の金さん」に裁断されるとか、もっと象徴的には隠居の身で、つまり直接には権力を離れて諸国漫遊する水戸黄門という存在が日本人の想像の中にいて、いざ助さん格さんが「この紋所が眼に入らぬかーっ！」と三葵《みつあおい》の印籠を出すと悪い奴らは「ハハーッ」と一挙に手を挙げて、美事に一件落着してしまう。それでスカッとしちゃうというのは僕にもあるし、一般的に抜きがたくありますから。

――　水戸黄門が諸国漫遊するというのは、想像された象徴として日本の地に遍在しているということですね。

大塚　その通り。民話や大衆的な物語はもちろん、民衆の心を反映する構造をもっている。

一方、天皇だけが国会に対して「国民の付託」を宣し続けるのは、新憲法的な価値観からであるのと同時に、実は理論的には明治憲法の構成原理が現憲法につながっているからなのだと思います。

「国民の付託によって」なのだから、合法的な権力の源泉はすべて末端、下から来ているという理屈になる。ジョン・ロックのモデルはそうでしょう？　ところが本当はそれを認めたくない精神が日本の歴史と社会の中にはある。だから象徴天皇制も残っている。そのうえで国民主権をはっきり言明するのは、当の天皇である。

この幾重にも繰り込まれた重層的な曖昧さが、ある種の実体として機能している。その本来的には矛盾であるはずのところを論理的に明らかにしちゃうと、現憲法の基本的な論理は崩れちゃう。それをおそらくはわかっていて、憲法学者たちもそこのところは本気で問わないんですよ。

こういういわば問題回避のための理論の技術的彫琢《ちょうたく》というのは、大日本帝国憲法から天皇機関説を導き出した美濃部達吉《みのべたつきち》の時代とほとんど変わっていないと僕は思う。これはもう日本の伝統です。技術的解決を指向するように、社会も学問的議論のレベルもそこで暫定的に落ち着いてしまっている。

戦後何十年も経つ中で、もう本質を議論しなければいけないんだ、逐条解釈を精密にやってるだけではだめなんだというのが、松下圭一さんがずっと言っていたことです。彼は大学の研究室にいるのではなく地方自治の現場に飛び込んで、コンスティチューションを読み替え作り変えるという仕事を実行したんです。

――『松下圭一　日本を変える』を読み、ようやくそれがわかってきました。氏が現場の人々とともに実行したことが、地方自治や「市民」の存在を期待的前提とした現在の制度のなかに、具体的にいくつも実現していることも知りました。

しかし、これは大塚さんの世代も含め誰もが感じていることでしょうけれど、人々は「啓蒙さえすれば」ということでずいぶん長いことやってきたわけですよね。日本でも戦後、大多数の人が学校に行くことができるようにし、図書館も全国的に設けた。学ぼうと思えばそのインフラは準備されている。

　だけどこういう国会ができちゃっている。確信的に嘘をつき続けても政権の政治家でいられる。「官僚内閣制から国会内閣制へ」という一見すると本道めいたフレーズが語られ、政治主導だ、官僚はけしからんということで、通るはずのない話が通ってしまっている。

　松下圭一さんが提唱した「シビルミニマム」という概念は、「市民」をつくるための最低条件でした。電灯が点いて公衆衛生の環境が整い、学校に行けて自ら学び方を見つけられる。そこで多くを学べた人はそれを大学や学問の権威の中だけでなく、自分たちの市民社会のために活かし、全体として「民度」、課題設定のレベルを高めていく。そうして破局的だった二〇世紀の歴史を超えていこうという社会設計があった。

松下圭一
日本を変える
市民自治と分権の思想
大塚信一
Nobukazu Otsuka
市民による
自治体と国家は
対等である。
大塚信一『松下圭一 日本を変える』（トランスビュー、2014）

現に「市民科学者」として生きた原子物理学者・高木《たかぎ》仁《じん》三郎《ざぶろう》さんのように、その企図を実行していった人は何人かいました。

　自分が少年だった一九七〇年代、青年だった八〇年代と比べてよくなったところはあるんですよね。社会福祉の制度や人々の社会観には。しかし議会、政治の議論の質はむしろ低下しているように見える。この状況ではむしろ「よい官僚」が必要だと思うのです。マックス・ヴェーバーが『官僚制』で定義したように、身分を保障されたうえで、法の公正な執行に専心するという本来の役割に徹する人たちが。

大塚　官僚制度というのは明治時代に導入されたわけですね。むろん、江戸後期からの行政を「幕藩官僚制」と呼ぶ議論もあるけれども、生まれた家を問わずに選抜された者は行政の中でときには大きく役割を担うことができるという意味での官僚制は。そこで封建制と一応は切り離された。

日本に導入された官僚制はドイツ型で「治民」の性格の強いものだった。官僚制においても、情報公開がなされて議会やメディア、国民によるチェックが可能な状態でないと、自由裁量という名での利益供与がしばしば行われ、それを背景に「天下り」という問題も出てくるわけです。

――　一九九〇年代の終わりに発覚した大蔵省接待汚職事件など、確かにひどかった。「ノーパンしゃぶしゃぶ」事件とも呼ばれましたが、公共を支えるはずのエリートが自己利得を図り、しかもその内容が低劣なので人々は呆れ返った。そこで「政治主導」であればいいんだ、ということに問題をすり替えていくことが可能になった。そういう中で九〇年代後半から二〇〇一年にかけて「金融ビッグバン」が実行され、日本は自らグローバルな新自由主義の中に入った。

そこには仕組まれたものもあったのかもしれません。問題・不正はいつの時代、どの方面にもあるわけですが、偶然のように見せかけてそれらが適宜取り出され、結果として歴史的な方向形成に使われるということがおそらくある。

いまは「国家戦略特区」が「政治主導」「内閣主導」でつくられ矩《のり》を越え、個人の野望に沿った不正まで行われているので、官僚が散発的には抵抗しているとも考えられます。森友、加計《かけ》学園問題に見るように、あくまで法に則り行政を執行する「官僚機構総体としての意思」というものはもうない。実際、いまの政権で権限拡大している経産省出身の元官僚が「文科省が経産省に負けただけ」という趣旨の発言をしているのをテレビで見ました。

「シビルミニマム」の先が見えない

大塚　地方自治のかたちを法学的にも社会学的にも理論化していくことによって、人々が民主的な思考を身につけていく。それが実際に制度を最大限活かし、必要ならば制度をどう変えていくかという方向にも発展する。そこが、松下圭一さんが知恵を絞ったところでした。

『松下圭一　日本を変える』を出した直後、法政大学にいた五十嵐敬喜《いがらしたかよし》さん（弁護士、都市政策学者）さんの勉強会でその本の合評会をやりたいというので出かけていきました。合評会には、都市計画に関わる建築家や弁護士、農業の専門家、自治体職員、経済学者など多様な人々が集まっていた。宇沢弘文《うざわひろふみ》さんと一緒に『社会的共通資本——コモンズと都市』（東京大学出版会、一九九四）をつくった茂木愛一郎《もぎあいいちろう》さんもいましたね。

そこで論じ合っているときに、農業専門家のある人が「『シビルミニマム』という概念はあの時代、実に画期的だった。市民の最低生活を保障するために必要な指標を揃えて出して、その実現の度合いを数値化する初めての試みだった」と発言した。それによって行政の施策が論拠をもって立ち上げられるようになり、とくに当時多くあった「革新自治体」の行政のあり方を学問の面から支えたんですね。

しかし現在の自治体ではどうか。その人は続けて「いまや『シビルミニマム』は職員にとって『ノルマ』になっている」と言ったんです。もちろんそれはある意味で喜ばしいことではあるのですが、他方、自治体職員たちに、自分たちでシビルミニマムを実現していくのだという動的な気迫は失われているのではないか。動的なエネルギーが失われていくと、制度というものは崩れ始め、あるいは空洞化するでしょう。

基本的なインフラが完備しているに近いいまの時代、自治体で働く公務員たちにも努力している人たちはもちろんいる、しかし、なんのためにそれを、という思想の芯のようなものは引き続き求められていると思うのです。だからこそ、道路舗装などのインフラも不充分だったあの時代になぜ、シビルミニマムという概念がつくられることが必要だったのか、その時代の空気を含めて歴史を継承していく必要がある。五十嵐敬喜さんは『現代総有論序説』（ブックエンド、二〇一四）次いで『現代総有論』（法政大学出版局、二〇一六）という形でそれを問うています。「総有《そうゆう》」という、私的所有権の法理的・運用的な見直しによってコモンズ（公共圏）を広げ、人々の思いや力を集めて機能するようにしていくというのはひとつの方向としてあると思う。この二冊は学術書なのだけれど、いろいろな立場の人がいろいろな場や機会に、たとえばシビルミニマムや「総有」といった概念について具体的な側面から語ること、語り合えることが必須ですね。そのためにこそ現実を知り、必要な変化のための理論化を試み、それを現場で鍛え、理解しやすい形に深めていくことが「学者」には必要です。

――シビルミニマムという概念と言葉が生まれた歴史的背景を伺っていると、たとえば「平和」という概念と言葉にも共通した、ある時代には新しかったものが古びていってしまう過程を想います。

一九七〇年代くらいまでは、東京近郊でも米軍が関係する事故・事件が度々あり、生々しい感じがありました。たとえば一九七七年に「横浜米軍機墜落事件」により幼い兄弟が亡くなって、若い母親は全身に激しい火傷を負った。周囲の人たちは子どもの死を母親に知らせることができず、母親は長期入院のなか皮膚移植手術を繰り返し、子どもに会いたい一心で苦しいリハビリに励んだ。子どもの死が母親に伝えられたのは事故から一年三カ月後だったそうです。母親は事故から四年四カ月後、心因性の呼吸困難で亡くなったといいます。当時、一〇代後半だった私にもこれが悲惨な事故だったという印象はありましたが、「心因性の呼吸困難」というおどろくような苦しい言葉は、今回調べていて初めて知った。

日本は米軍によって「守られている」という見方を認めるにしても認めないにしても、多くの人が、どうすればそのような惨事を防ぎうるのかと考えあぐねてきた。いま、近くに基地や危険な施設が少ない都会は一見平和ですが、どのような経過で現在の「平和」が維持されているのかを知らないと、言葉から魂が抜けていく。時間をかけて、しかし決定的に。

他にもたとえば『キューポラのある街』(一九六二)を観れば貧しさの中での「学び」への希求が表現されているし、黒澤明の『生きる』(一九五二)を観れば、当時の役所の公務員が末端に至るまでいかに無責任で、それゆえの無力感に個人がどう向き合ったかについて考えることが

宇沢弘文

できる。いまそこにある心休まる公園が、誰も何もしなければ汚水溜まりやごみの山のままだった、ということもわかる。このようにして、シビルミニマムという言葉がかつては新しかったことを知ることはできる。

大塚　松下圭一さんはシビルミニマムという概念と言葉で、理想への情熱をかきたてる仕掛けをつくろうとし、宇沢弘文さんは「社会的共通資本」という概念と言葉を提起し、お二人とも行動により、高度な近代化の行くべき方向を模索した。それら先人の考えてきたことは基本的に間違っていないと私は思っています。

けれど、それをいまの言葉でどう置き換え、適切な解へと向かうよう組み直すか。それがまだ出来ていない。「現代的総有」という論も、そうした模索のひとつなのですね。

「新しい公共」「居場所と出番」「ゆとり教育」それはポストモダンであるはずだった

――　民主党政権ができたときの鳩山由紀夫首相は、外交などで突拍子もなく思われることを説明の届かぬままやって「宇宙人」とも呼ばれてしまいましたが、「新しい公共」「居場所と出番」といったかけ声は、当時の日本の社会経済構造の変化に方向として沿っていたと思います。

官僚時代に「ミスター文部省」ともいわれた寺脇研さんは、毀《き》誉《よ》褒《ほう》貶《へん》も激しい「ゆとり教育」推進で知られる人ですね。彼は初等中等教育政策に関わった後、新設された生涯学習局で働くのですが、自身で制度作りもしながら、いわゆる「ゆとり教育」と「生涯学習」は同じ目標のふたつの側面であり、つながったものであることに気付いていく。それは「新しい公共」「居場所と出番」にも通底するものなのだと。

多様な生き方を探す準備が、これから先の見えない変化を経験していく子どもたちには必要だ。だから教え方も教える内容も柔軟にする。そして老いに向かう、高度成長期を生きた世代も、それまでの価値観に固まることなく学び直していかねばならない。それでこそ古い世代と新しい世代が助け合える「居場所と出番」ができる。多様性に支えられた公共圏でつながり、人は生きていく。巨大公共事業や景気政策だけでは、老いてゆく国・日本における生きる張り合いという問題は解決しない。そういう話なんです。

大塚 それはこの三〇年、四〇年の変化の典型を成すような話ですね。

―― ただ、そのようには広く理解はされていませんね。現在の社会人として成功した大人たちは「ゆとりのせいでいまの若者は駄目になった」とか「学力が落ちた」とか平気で言いますが、「学力が落ちた」なんて端的に事実と異なる。

大塚 そうでしょう。多くの「社会人」は経済ニュースしか見ない。実はそれも「経済」でさえなくて、景気動向とか技術開発とか株価と為替の動きといった、現状を前提としてその中で他人を出し抜こうとか、少なくとも出し抜かれないようにするための実用的知識を集めるだけのことになっているように思う。年金問題に見られるように、将来に対する不安に満ちた現状を前提に、階層を転がり落ちることは受け容れがたいという恐怖がありますからね。

話がずれるようだけれど、いわゆる理科系の思考に優れた人の中でも、すごい人は専門分野での思考に限らず社会全体を視野に入れているんですね。たとえばプレートテクトニクス理論構築に関わった地震学の上田誠也《うえだせいや》さん、第五世代コンピュータ（人工知能に対応する技術基盤のもの）を開発した猪瀬博さん、情報学の大家・長尾真《ながおまこと》さん、物理学の佐藤文隆さん、「場」の研究で知られる生命科学者の清水博さんなど。

理科系と文科系の双方にまたがる経済学とか、建築とか都市計画とか、その分野の仕事をしている人にも、たまさか本当に優れた方がおられる。あとは芸術家のなかにも。――これはまた、後にじっくり話し合うことになると思いますが。

専門家は何のためにいるのかという本来のところに立ち返れば、自分の分野以外にも関心を持ち、識っているというのは重要なことです。ある分野の知識をたくさん持っているから専門家なのではなくて、専門知識を持った人が社会の中で真に有効に機能することが専門性であるはずなのですね。

日本の近代史を通じて、途切れずあること

大塚　前回、私の個人史、文化的背景のようなものをやや詳しくお話ししました。幼年の頃から、国家、軍人、天皇制……近代に重要な要素であるイメージ群の中で――否定的イメージが多かったけれど――生きてきた。「町内会」という生活圏まで「中心」に紐付けられ、行政の末端として機能していた。「本体」は国家で国民は枝葉末節《しようまつせつ》であった。

それは誰もが感じ取っていたことで、すると時局に迎合した小ファシストのような連中が現れる。生活に密着した場面で「お上意識」を体現し、その中での自己利益を図るという生存と精神の在り方。日本の近代史を通じて、そういう存在が必ずいる。

戦中、町内会の主導権を取った人たちが防空訓練とか竹槍刺突訓練とか、明らかに効果がないことを老人や妊婦にさえ強制してくる。それに反抗することは「天皇陛下」に反抗することだと容易に読み替えられてしまう。まだ市民などという観念は世の中にも、もちろんモダンガール、モダンボーイの趣味的生活を楽しんでいた私の両親にもないなかで、結局は身の安全のためにそれを受け容れている顔をしている他ない。

現在のこのあたりの町内会でも、そういう精神的態度が戦後いくらか正されようとしたのだろうけれど、それが「市民」と呼べるものに行き着く以前に、今度は町自体の衰退が始まっているんですね。青年から壮年の層はすべて企業活動に時間も関心も持っていかれている。その中で残る町内会の関心といえば、地域のお祭りをいかにして維持し、数少ない地域の子どもたちもそこに参加できるようにするかといったことです。一時期は外部の人たちにお金を払って神輿《みこし》を担いでもらうということまでしていた。

――戦中、町内会長や国防婦人会、あるいは軍の仕事と繋がった役人――兵事係《へいじがかり》など――は実に、生命にとって具体的な脅威だった。

大塚　それはもう、生活のすべての利害を握っていたのですからね。

しかし戦後になっても、祭礼への寄付を断ったり世間相場に比べて少額しか出さなかったりすると、報復があった。

── 報復？　どんなふうに？

大塚　神輿が暴れ込んでくるんですよ、偶然を装って。それで玄関を壊したり。神輿担いでる人は酒呑んでるし、明確な意図なのか事故なのかわからない。ただ、笛を吹いている奴はいて、暴力を誘導することはできる。

── 日常の裂け目に突然現れるんですね。底知れない暴力のイメージが。

大塚　戦時中はそれが末端の権力にいちばん露骨に出てきて、仄《ほの》めかしめいた恐怖で人々は統制された。厄介なのは、それと言わば表裏一体な関係で「水戸黄門」「大岡越前」による痛快な解決への快哉もあることなんです。その場合の水戸黄門や大岡越前は「天皇」のイメージのバリエーションであり、実際に戦争の最終局面では、天皇による解決、何らかの逆転劇を巡って陸海軍人と政治家が最後まで争った。誰も本当には、主体としては判断しなかった。恐ろしいことです。とにかく一筋縄では行かない。戦後だって、企業の中にも「村」が出来ていたりしたでしょう？

── それを明確に指摘したのは神島二郎《かみしまじろう》さんでした（『近代日本の精神構造』岩波書店、一九六一）。神島さんは丸山眞男と柳田國男の両方に師事した。

大塚　僕が大学生になったのは一九五〇年代の末ですが、その頃エーリッヒ・フロムの『自由からの逃走』を読んで非常に目が開かれたんですね。日本では一九五一年に、日高六郎さんの訳で出ています。

ナチズムの大きな担い手になったのは、没落を恐れる下層中産階級の精神だったという分析があり、単純な図式ながら「なるほどなあ」と思った。そういうふうに考えると、両親はまさに没落を回避したいと思っている中産階級で、彼らの場合は国家主義に積極的に加担することはしなかったが、時局に無関心で小市民的な快楽を求めることしかしなかった。

それでも悪い面ばかりではなく良い面もあったとは考えました。全国民が持って行かれてしまうような全体主義に少なくとも加担しないで済んだのはなぜだろうか？　唯一考えられるのは、ひと言で言って私の家庭の場合では、文明的な快適さを求めること自体が、目の前の事態を相対化する方向に働いたということなんですね。

戦後になってこれはよりはっきりしてきます。アメリカ的な生活への憧れ、それがわれわれの中に確実にあった。そしてアメリカ的なものに戦後浸されていくなかで、アメリカの物質文明の表裏にあるキリスト教的なものと意識・無意識問わず、向かい合うことになっていく。

――親の世代の生き方とその理由を知りたい、できればわかりたいという気持ちは青年期以降、自分が大人になっていくときに強く出てくることがありますね。

大塚　個人の生は時代を含む環境によってつくられるという側面が、より納得をもって確認されるのですね。ごく若い時期の、なにもかもを自分自身で創っているかのような勘違いのあとには。

近代とは明治以降と日本では一応括られているけれど、それはその前の幕藩体制時代末期の精神状況と呼応しながら形づくられていった。徳川時代と明治時代が思うほど決定的には切れていない、という所以については、また後に詳しく検討していきましょう。

転がり落ちて、こんどは何を目指していくのか

大塚　「象徴天皇制を日々発明しつつ生きている」平成天皇は個人としては非常な良心をもっているとあなたは言ったけれど、それはそうなのでしょう。平成天皇や美智子妃のやり遂げた、戦中から戦後への軟着陸も歴史的に意味が大きい。強力なものなんですよね、象徴だから。正統性を論ずるときに象徴＝シンボルというのは最もよく機能するものですから。

大貫恵美子『ねじ曲げられた桜』（岩波書店、2003）

大貫恵美子さんという文化人類学者の『ねじ曲げられた桜――美意識と軍国主義』（岩波書店、二〇〇三）はこの問題を巡る決定的に重要な本だと思います。桜の花を、天皇制を含めた日本文化の機能、人々の価値観と行動の在り方の象徴として深く解明している。

――「敷島の　やまとごころを人問はば　朝日に匂ふ山桜花」（本居宣長《もとおりのりなが》）。具体的に何を言っているということではないのですが、なにか神髄めいた「気」を醸《かも》す。身心の張りのようなものが生まれる。それは直接には名付け得ない。

大塚　そこなんですよ。シンボルはどのようにでも機能しうる。「山桜花」――日本とは連綿としてそういうものだったというイメージをまるごと担うこともでき、平和や美の象徴にもなり、しかし戦争になると、たとえば特攻隊員が自己の死を納得するためのイメージシンボルとしても強力に働く。

大貫さんのその本を、ある韓国の女性記者――三〇代くらいの人だけれど――が英語で読んで、感動したと僕に言ったことがありました。特攻隊員の心情がわかったような気がする、と。

―― 残虐で狂った日本奴《イルボンノム》、と片づけるのではなく？

大塚 そんな単純な話ではないと、あの戦争について穏やかならぬ気持ちを持っているはずの韓国人の記者にも伝わった。彼女は朝鮮日報の記者なんですね。大貫恵美子さんはウィスコンシン大学にいるのだけれど、彼女は大貫さんに会いにアメリカまで行ったんです。

―― 「遅れてきた帝国主義」だっただけに日本は追い詰められ「やむなく」米英と開戦した、という認識があります。それはまったく間違いというわけではないけれど、だから日韓併合も満州国建国も、日中戦争もやむを得なかったという言明では「歴史的必然」の踏み台にされた側は納得しない。

その事実に向き合うのは辛いことではある。綺麗に整理などできませんから。最期は絶望的な国土防衛戦に転化した、あの戦争による日本の死者を想うとき、ある人たちにとっては、日本が与えた被害のことは忘れたほうが心が鎮まるのでしょう。しかしそれは歴史ではない。

大塚 「坂の上の雲」を目指して坂の上に着いたと人々が思った途端に、こんどは何を精神的な頼りに国民は生きていくのか、どのように求心点をつくっていくのかが政治の問題にもなる。対外拡張主義の継続はその最も安易で、しかし危険な選択です。いまは残念なことに大陸中国がその局面にある。

―― 敗戦し、焦土となった国土ではあらゆることが烏有《うゆう》に帰した。戦争直後の精神の真空状態については、多くの人がいろいろな形で言及していますが、現実には生存の問題が先立ったから、そこからすべてが新しく創造されるというふうには行かない。そして朝鮮戦争をきっかけに意外にも、数年のうちに復興という再びの坂を登り始めたことで「何を精神的な頼りに」という実存的な問題は社会に全面化しない状態が続き、そのまま高度成長が始まった。

今度はバブル景気がその「坂の上」だった。われわれが戦後得たのは結局こんなものなのか？といくらかの人は思いながらも、そこから先は景気という点ではプラトー（高原状態）だと予想していた。少なくとも自分たちの生きている間くらいはそうだろうと。ところが、その先はすぐに谷底だった。しかも日本の何が時流に適合しなくて失速したのか、人々は腑に落ちていない。

大塚　次に何を目指していくのか、まったく見えてきていないんですね。「東アジア出版人会議」は、元みすず書房の加藤敬事《かとうけいじ》氏と、元平凡社の瀧澤武氏と私が発起人になって二〇〇五年に始めた任意団体です。中国、台湾、香港、韓国の出版人や研究者と一緒に半年に一度、各地域持ち回りで開催する方式で、日本以外の四つの地域、国はすべて日本がかつて占領したり植民地にしたところです。

これは日本の近代が「坂の上」を目指したなかで引き起こしてきたことへの、広い意味の贖罪意識から出発している。お互い、つまり発起人も各国・地域の参加者ともはっきりそう話したことはないけれど、僕はそのように思っています。

――　互いに学び合うことによって自分たちそれぞれの姿をも真に見よう、それでこそ東アジア地域で共有すべき価値も明らかになってくるということなのでしょうね。自分たちの生きた時代に起こった大きな齟齬《そご》に決着を付けたいということでもあるのでしょうか。

齟齬はまだ続いていて、歴史的経緯について最小限のことも知ろうとしないまま、北朝鮮や中国がなにかと憎らしいというので、その脅威に対抗するという趣旨の政治・外交・軍事を支持している人が大勢いる。もちろん北朝鮮の体制も習近平の中国も恐ろしい。しかしこの百数十年間の東アジアの政治史の一端をいくらか知るだけでも、いまの向かい合い方だけでは互いに通じないことがわかるはずです。

「嫌韓」という現象も続いてきました。これは、かつて日本が得意としていた半導体生産分野等、いくつかの局面で韓国に追い抜かれているということから来る一種の防衛機制のような感じが私にはします。確かに財閥と結びついた権力の腐敗や、儒教のバリエーションが散々党派的闘争を繰り広げてきた歴史から来るのであろう、ただごとならぬ権威主義と事大主義を見ると、韓国に悪いイメージを持つというのもありうることだろうな、とは思う。

しかし巨大な「中華」とつねに隣り合わせで生存を図ってこざるを得なかった「半島」の地勢的・文化的な厳しさを、島国で相当に伸び伸びと「自文化」を醸すことができた私たちとしては想像してみるのがよいだろうと思います。

翻って考えると、日本なりの事情が絡む「桜」の強力なシンボル化を、韓国の記者が理解してくれたというのは希望を持てる話ですね。アメリカに基盤を持つ研究者の優れた仕事を、日韓の人がともに読むことがそれを可能にした。

大塚　その通り。

――いま、日本の次の時代のためのイメージ、象徴は何なのだろうか。「美しい国」「戦後レジームからの脱却」「明治一五〇年」。政権のメッセージはおしなべて、どうとでも転ぶ曖昧なものです。「戦後最も厳しい安全保障環境」という認識とセットで、そうしたかけ声が聞こえてくる。安全保障環境が厳しいというのは必ずしも誤りではないが、状況への対応がそれらの曖昧な言葉とともに、日本を近隣国に対しては閉じて防御する、攻撃も辞さず、という方向に振られている。

大塚　「坂の上」に在ったときの日本だけを顕彰し、そこへ還れという含意があるわけでしょう。坂の上から太平洋戦争に突入し転がり落ちていったわけだが、そこは言わない。現在の、とくに工業国としても成功しつつある中国との緊張関係は一種の経済問題だけれど、日中・太平洋戦争の際も本質は同じく経済問題だった。米英等に対抗する経済ブロック化に「八紘一宇」という美称をつけたということです。

函南の山の中で集団農場を経営していた僕の伯父などは「大東亜共栄圏」のためにアジアの青年を教育するという考えで、大真面目にそれに乗ったと言えるでしょう。それがどういう結末を迎えたかという反省は伯父にも、日本人全体にも全然なかったのではないか。

――安全保障環境が厳しいのは、ひとつには東西冷戦が大局的には終了し、地政学的覇権に流動化の可能性が出てきたからですね。冷戦時代には世界が共滅する可能性がより切実で、紛争は地域に局限され、全面核戦争は結果的には避けられてはきた。実際には核大国以外の世界各地で「熱戦」が起こり、キューバ危機など当時は詳細が隠された危機的事態が何度もあったにしても。

その冷戦期にも坂本義和氏は「米ソにとっては局地核戦争でも、北東アジアの我々にとっては起こりうる事態は全面核戦争と等しい」という意味のことをおっしゃっていました（『地球時代の国際政治』岩波書店、一九九〇など）。アメリカと軍事的に一体化して中国、北朝鮮、あるいはロシアと対抗しようとするいまの形勢でも、そのことはまったく変わらない。

大塚　問題をより複雑にしているのは習近平の「一帯一路」構想だと思います。あれは中国版「八紘一宇」のようなもので、ヨーロッパ、アフリカにまで食い込んでいってその中途の位置にある国々を次々と中国の経済的支配下に繰り入れ、依存させている。

――　中国もいまや「中華」という象徴を現代に蘇らせているんですね。

大塚　それは大きな問題であり、確実に認識しておかなければならないと思うのです。同時に踏まえておかねばならないのは、中国全体の生活のレベルが二〇年前とは確実に違っていることなんですよ。北京や上海だけでなく、中小の街も整備されて清潔になっていて、生活の利便性や豊かさも向上している。そうなってくると、独裁で言論の自由は制限されても、これだけ生活程度が上がったのならそれでもいいんだ、と思う人がいてもおかしくはないのですよ。

そこをある程度わかって、初めて対話が成り立つ。その上で模索していくほかに方法がない。だから中国の中の意識の高い人とつながっておくことが大切なのです。

第3章

日本近世・準備された逆説

（二〇一七・一二・九）

江戸期のイメージがひっくり返る

大塚　前回、明治に移行する前の幕藩体制、とくにその後期への、従前のアカデミズムとは異なる見方に関心を持っているということをお話ししました。大きな変化が必要だと予感した、あるいは時代の変動そのものに突き動かされ参加していく人たちは、士族ならば多くは脱藩という形をとった。日本が近代国家になっていくとしたら、忠誠の対象をなにか一点に絞っていかなければならない。そのためには封建制である幕藩体制への責任というものから脱出しなければ、精神的に分裂する。

そうなのだけれども、いわば準備された逆説として、幕藩体制下の各藩がそれぞれ自給していくために行っていた産業や人材の育成、通商の仕組みの整備、リテラシーの広がりが情報伝達にも寄与して、近代国家への組み替えを可能にしたということがある。幕府としても、それが革命へと転化しないように手段を講じながらも、近世経済があのように成立していくための各藩の自助努力や改革はむしろ奨励していたのですね。

貨幣経済の先進地である大坂などでは、かなり自由な様々な学問が身分秩序を超える形で追求されていたし、現在では過疎地となっているような地方にも、いろいろな核となるべき「人」と「場」が思考の座として自生していた。

二宮金次郎について語り伝えられていることなどは典型的です。全国を移動しながら、経世済民、農業技術の改善、勤勉といった誰もが必要とし是とすることを具体的に考え、啓蒙につなげていった。

――リテラシーの広がりが前提にあるので、人の移動に伴い、知識も思想も急速に伝播したわけですね。山を越え谷を越え、街や村を行商する貸本屋も多くあった。

大塚 そうしていくとどんどん多様な考え方が生まれ出てきて、封建的な、地域と身分に固定された秩序には収まり切れなくなってくる。すでに江戸中期からそれは準備されてきたのです。いまの青森県の八戸からは安藤昌益《あんどうしょうえき》が出てきた。彼は町医者から思想家になった人で『自然真営道』（刊本は一七五三年）などでは身分制度を否定し、平等な社会を構想した。その考え方の背景には、東北がたびたび飢饉を経験し、耕作しているのに飢えて死ぬ人が多く出る一方で、支配しているだけの武士は飢えて死ぬことはなく、これは何なのだ、という思いがあったとされていますね。

これは「農本主義」として、昭和の時代になってもたびたび重要な局面で出てくる考え方につながる。経済が行き詰まると右からも左からも革命の論理が出てくるわけだけれど、その背景には不平等に対する憤りというのが必ずある。豊後国、いまの大分県あたりには同じく江戸中期に三浦梅園《みうらばいえん》が出てくる。長崎に遠くないこともあってか、西洋の自然哲学の思想の影響があるのです。三浦梅園はメルカトル図法を使った世界地図を自分で描いたりしている。

人間は平等だということの再発見と、西洋の、論理を論理として独立させようとした思考法が合わさってくるとどうなるか。安藤昌益や三浦梅園ばかりではもちろんなく、あらゆるところで生き方を、世の中を考えることの「先生」が生まれていった。子どもたちや弟子、多くて数十人とか一〇〇人とかに教えることで生活の糧を得ながら、ユニークな思想をつくり出していった。

江戸後期から幕末にかけては、産業の安定とともにそれがますます盛んになっていった。

誰もが学問にアクセスできる可能性がある面白い状況が生まれたのは、逆に言うと制度としての藩校のようなものが相当強固にできていたからこそだと思うのです。藩校で士族の子弟が儒教を中心とした保守の論理を学んでいたとしても、それなりに豊かになってきた庶民が寺子屋なり私塾なりで学ぶ考え方には、相当、世界全体をとりこんだ思想が入ってきていた。江戸時代の後期にはそのダイナミズムが盛んに働いていたのではないか。

このところ「江戸時代はよかったんだ」ということが情緒的なレベルで、あるいは観光振興にくっつけたような場面で言われるようになっているけれど、なぜ江戸時代の精神がこれまで思われてきたより多様であったかという視点については、あまり語られていないように思います。

――ほぼ全国でそのダイナミズムが働いてきた。それがあったから、明治期に全国に尋常小学校ができていくのも早かったのですね。国民皆学を目指した学制発布は一八七二（明治五）年ですが、国としての予算措置はなかったので、それぞれの地域が大変な努力をして学校を建てていった。もちろんそこでは反対もあったわけですが、各地にすでに「知識層」ができていたために、学ぶことの重要性について共通理解が生まれやすかった。

尋常小学校で身分制・階級制は、少なくとも成績順で席次が決まるという規則を通じて一度打破された。小作人など貧しい家庭出身の子どもでも抜群に優れていれば、地主なり富裕な人が後見して上級学校に進むということがしばしばあったと聞いています。

さらに、大塚さんがさきほど触れられたように学問状況自体がハイブリッド的だった。儒教的人間観・社会観もあれば蘭学も中国由来の革命思想もあり、その朝鮮半島における発展形もいわばごちゃごちゃに入ってきている。西洋からもいろいろ聞こえてくる。すると何が正しいか、いかに生きるべきか、社会はどうあるべきかという基本的な問いが、いつも思考に近接してあることになる。

大塚　細分化されていないし、何でもあり。社会のあり方が固定されていない中では、土木とか農業の具体的な技術的知識を追求していた人が、のちのち非常に独自な思想家になっていったりした。だからなのか――具体的機能の問題が思想の根底にあるから――たとえば福沢諭吉（天保五年［一八三五年］生まれ）のような、江戸時代の従来のイメージからすれば「ぶっ飛んだ」思想がいきなり出てくる。

僕が幕藩体制の見方について目を開かれたのは、梅棹忠夫《うめさおただお》さんを通してなんですよ。梅棹さんは比較文明論を中心にしながら、万博（日本万国博覧会、一九七〇年）のテーマ委員会の人選に関わったり、幅広い分野で活躍されていた。万博のテーマは「人類の進歩と調和」。当時のいわゆる岩波文化とは少々異なるところにいる感じではありました。

しかし僕は梅棹さんが農業論を書いているのをどこかで読んで、非常に面白いと思っていた。たまたま当時属していた『思想』で農業問題を特集するということになって、僕は梅棹さんに書いていただきたいと考え、訪ねたんです。万博の総合プロデューサーのような立場だったから非常にお忙しくて、役人だとかいろんな人が彼のオフィスに盛んに出入りしていた。原稿を書いて下さいという提案にもなかなか「うん」とは言わなかった。

ところが、書かないとも言わない。農業のことで、これまで縁のなかった『思想』に書く機会があるなら逃したくない、というお気持ちもあったようなんですね。ちょっと待っててくれと言うから、そのまま何日間も京都に泊まり込んで、彼の家に通っては話していました。最終的には「僕の考え方をしゃべるから、それが面白いと思ったらそのことについてまとめよう」ということになって、僕が文章にまとめた。

話し始めると、彼の江戸時代についての認識というのは東京の中心的なアカデミシャンたちとは全然違ってた。どう違うかというと――あなたの世代にはまったく想像ができないだろうけど、当時はマルクス主義史学の影響下にあるものがすべてだったから。とにかく前近代は暗黒の時代で、百姓は地主に搾取され、食うものも食えないとんでもない時代だったということになっていた。

――私が小学校や中学、高校で歴史を習っていたときもその「常識」は残ってました。近代主義(資本主義もマルクス主義も)からすれば前近代、日本近世はひどかったと言っておかないと話が簡単にならない。

大塚　梅棹さんは当時すでにマルクス主義の呪縛から解放されていたから率直に、自分で集めた知識と自分の感覚で見るわけです。それで「江戸時代はね、きみ、面白いよ」って言う。いろいろな仕事で地方に行っては地元の人と話もするわけだけれど、どの地方にも必ずと言っていいほどそれなりの産業が育成されていて、社会的基盤があって教育の水準も高い。さまざまなことへのリテラシーがある。こんな国は日本しかないぜ、って言うわけ。そうした蓄積がどんどん相乗作用的に働いて明治維新の基盤はつくられたという考えを、当時から彼は持っていたんですよ。そう言われて初めて僕も「なるほど、そうかな」と思い始めた。

日本近世を暗黒時代とだけ考えていても何も説明はつかない。――もちろん後世の人権感覚からは考えられないようなこともそこら中にあったわけだけれども――それから地方の持っている意味に目が開かれて、自分でもいろいろ調べ始めたら実に面白い。そのうち海外の人類学者や歴史学者が、江戸時代について従来とは違った見方で研究したものをどんどん出してくるようになった。とくにアメリカ人の研究者の場合、研究環境の中でのマルクス主義の特権性というのがゼロだから、史観的な思い込みがなく、いきなり江戸期の記録や資料を見てこれは面白いな、という感覚から入っていくのでしょう。

――プラグマティズムの良い面ですね。

とくに幕末を、絵やときには写真とともに記録した外国人たちがいたことは以前から知られていますね。子どもがとても可愛がられていて自由を謳歌している社会であるとか、庶民の、物は豊かではないが洗練された暮らし、物腰とか。また下層に属するはずの職業、たとえば車夫《しゃふ》などが非常に親切で礼儀を守っていたなど。彼らはおそらく、ヨーロッパの階級社会ではとても考えられない文化だと思ったでしょう。

そうしたことを当の日本人も次第に知るようになり、ちょっと前までは「ほんとかなあ」という感じでしたが、今やそれが前提になっていて、いまでも日本はそうなんだ（なぜならここが日本だから）という、ほとんど循環論法でしかない主張になっている。いまや再び、階層によって生の自由度が著しく異なってきている現状を直視する代わりに、そういった認識で心のバランスをとる人が多いような気もします。

ポストモダン思想の背後に覗く「ロシア」

大塚　江戸時代の像というものの見直し、読み直しがどんどん面白くなっていくなあと思っていたら、そこへ当時の学問の流れにとって決定的なことが起こる。フランス（出自はロシア）のヘーゲル学者のアレクサンドル・コジェーヴが『ヘーゲル読解入門』（日本では国文社、一九八七）の、しかも註のところに日本に関することを書き加えていたのが、哲学や歴史の分野で大きくクローズアップされてくるのです。コジェーヴ自身は一九六八年に亡くなるのだけれど、その直前に「歴史の終焉」という議論を提起しており、その文脈で註を書き換えたのですね。それよりずっと後、冷戦の終結を巡ってフランシス・フクヤマの『歴史の終わり』（一九八九）とか、やや浮ついたレベルでの議論が流行ったけれど、それらもコジェーヴの提起を参照している。

コジェーヴが書いたのは、江戸時代とはある種のユートピアに近い存在だったということなのです。閉鎖的な社会だったと言われてきたが、とにもかくにも二五〇年以上も平和が続く国なんて他にどこにもなく、文化が爛熟《らんじゅく》していた。閉鎖的であるからこそ逆に文化が熟するということもある。演劇も音楽も文学も庶民が楽しみ、その水準は高い。すると、江戸の庶民の生活たるものは、ある意味では人類の究極の到達点そのものだと。人類がほんとうに豊かになり、食うに困らなくなりしかも戦争がなくなった時になにをするかというと、江戸時代の庶民がやっていたように「微細な差異を楽しむ」ことになるだろうと。

――それはポストモダンブームのときの言説の淵源のひとつですね。実際に現在でも、三味線と唄や語りという点では共通していても、常磐津節《ときわづぶし》だの長唄だの都々逸《どどいつ》だの、よく知らない人にはわからない違いがあり、日本舞踊ひとつとってもものすごい数の流派がある。しかも師匠以外は謝金を出してその芸を習うのですね。だから、自分が食っていくための芸ではない。市井の人が単に趣味とは言えないレベルで芸事をする。発表の機会の衣装なども自前です。そして師匠はあの街この角、あっちこっちにいる――これはまるで「寺子屋」のようですね。

芸事にかける時間や余裕がない人でも俳句、短歌は手軽に自由にやっている。その感興を共有することも、日々の暮らしのうちにある。

大塚 江戸歌舞伎の役者絵も驚くべき世界だよね。人の集まるところには演劇空間がすぐさま成立して、しかもいろいろな役者や場面の絵を版画にして持ちかえって楽しめる。あるいは黄表紙《きびょうし》。大人向けの絵入り本で、くすぐり、皮肉、思わせぶり、権力批判などが実に活き活きと描かれていて、庶民が微細なレベルのリテラシーを活かして娯しんでいる。

――素人でも短歌・俳句を楽しむ中で、現在からの時間的奥行きをいくらでもつくれるんですね。たとえば本歌取りで過去の有名な歌を引用したりするし、季語自体にそれを使った厖大な先人の作の全体性、歴史性がまとわりついてくる。だから、読解力次第でどこまでも深く遠く行ける。『源氏物語』にも『万葉集』にも言葉の射程が届き、あるいは向こうからもこちらに届く。近世に形が決まったとされる歌舞伎でも、時代物の演目では描かれる世界は中世。

昔からそういうことをやっているんですね。本居宣長は『古事記』の言語の基底にある世界、精神を再生しようとした。まるで過去の録音の声を再生するように。言葉と思想の中に時間的バリエーションがいくらでも埋もれていて、それを掘り出して反復するとたちまち多重的な響きが生まれ、どんどん時間や歴史を折り込んでいける。

そのうち何が「ほんとう」かもわからなくなりそうな感じがしますが、何が本当かはあまり重要なテーマではなく、多重に折り畳まれた過去を何度でも再発見しながら現在に見立て、現在への視点にも複雑性をつくっていくということでしょうか。言葉にすると難しくなっちゃいますが、これは実はわれわれが割と簡単に日常やっていることだと思います。

大塚 それは言えるかもしれない。あなたが最初にテーマとして持ってきたいわゆるポストモダン思想にも、真実のゆらぎだとかそういう気づきはあったからね。

――そこには数学から提起されてきた複雑系、量子力学が発見した不確定性原理からの影響ももちろんあるでしょう。論理を主要な道具とする思考分野は、そのショックに揺らがざるを得ない。

　ポストモダン思想が流行し、それをまるで理解できぬまま、その記述スタイルの修辞の過剰さにげんなりしていた頃、それでもなお、そこを透かしてくるようにイリヤ・プリゴジンだのブノワ・マンデルブロなどの名前が聞こえてきて、数学もまるでわからないながら、だからこそ震撼される感じがあり、それを演劇の舞台に仕立てていました。理論ではなくあくまで、かつて識っていたと思っていたことが不意に震撼されることへの危機的な情感を。そして『へるめす』にいたにもかかわらず今頃気付いて申し訳ないのですが、フランスがその時のポストモダン思想の中心地であることはなんとなくわかっていたけれど、その背後になんだかロシアがちらちらしていますね。


大塚　それは面白い気づきだね。そして非常に当たっている。

――プリゴジンがロシアとベルギーに関係していて、マンデルブロがフランス、といったことじゃないんです。ポストモダンの人文学の背景には理解の一形態としての物理学や数学の、一次元拡張したような展開があって、そういう話になるとフランス、中部ヨーロッパからロシアの方まで、急に、それぞれの現象が連続した形と規模で現れるという印象があった。つまり、近代国家という枠はそこでは関係ない。

　日本の近代はドイツ思想が盛んで、私の父の世代、つまり戦争の世代までは少なくともそうだった。しかし戦後の持続する経済成長の中で、思想や哲学などは社会全体では等閑視された。やがてそれではうまく行かないような気分が濃厚になってきて、今度は脱近代だ！　というときにはフランスのレトリックがさかんに前面に出てきた。そしてその背後にはロシアの土着性や前近代性、狂気などと称されるものが参照されている気がします。つまり近代を脱構築するためには、それよりも古い（とされる）ものを呼び出すことが便法だったと。

ドイツは近代、軍事的に強大になってフランスを占領しましたが、ロシアの大地と気候、甚大な人命の犠牲を出しても停止しない「重さ」に敗れた。人命も良心も、自分の行動を制する理由にならないのが『悪霊《あくりょう》』のスタヴローギンですよね。そしてドストエフスキーにもポストモダン思想にも、無神論以後の人間精神のうろたえぶり、という通奏低音がある。

近世日本の高度なリテラシー

——ジャン＝フランソワ・リオタールの『子どもたちに語るポストモダン』に「伝統的諸勢力を解体することができるひとつの潜勢力として自由という近代的理想のもつ否定性原理」というくだりがあります。わかりにくいですけれどもよく読めば、おっしゃっているようにこれが、江戸の庶民にもすでにあったと言える。

身分制がさまざまな側面で小さな綻《ほころ》びを見せ始めている中、リテラシーのある庶民の間では自由な想像力・構想力が膨らんでいた。しかも「世界」の広大さを知る傍ら、「日本」という国土のサイズで考える感覚もあり、地勢の現実もあった。それが幕藩体制を壊すときの精神的・物理的な力の集中をぎりぎりで可能にした。

大塚　ある範囲での自由というのは江戸の後期、すでに充満していたと思うのです。ある範囲での自由でも、それは情報が繋がることにもなり、リテラシーによって大きく膨らむ可能態としてあるから。だからこそ『ヘーゲル読解入門』では註のなかに書きこまれたに過ぎないのにもかかわらず、それは多くの哲学者などに影響を与えたんですね。

そうした学問的潮流の影響を受けて、僕自身は黄表紙とか洒落本《しゃれぼん》という江戸時代の庶民の非常にヴァナキュラーな文化に関心を持った、そう記憶しているんです。黄表紙や洒落本というのは他愛ないような内容であり、同時にものすごく洗練されている。なぜそういうレベルの「遊び」の文化があれほど盛んになったのか。今で言う出版社、版元も大都市を中心としてたいへんな数だった。そうしたことをしっかり解説してくれる著者はいないものだろうか？　と考えていて、それで水野稔《みずのみのる》さんに『黄表紙・洒落本の世界』（岩波新書、一九七六）を書いていただくことになった。

水野さんは岩波の「日本古典文学大系」の『黄表紙　洒落本集』（第五九巻、一九五九）の校訂・註を担当していらした。「日本古典文学大系」自体は学術資料的なものだけれど、水野さんの註を読んで、江戸の庶民に対する開かれた観点を持っておられると感じた。新書という一般向けのものに、そこをわかりやすく書けるのは唯一この人だろうと思ったのです。

それは当時としては非常に独創的な考え方でした。価値観が閉鎖的な江戸時代、閉鎖的であるがゆえに、その閉塞感の中からダイナミックな文化的動きが出てくる。そういうものとして庶民の娯楽的な印刷物があったのではないか、というものです。水野先生はそこまではっきり書いていらしたわけではないけれど、お目にかかって「先生、そういう視角で新書を書いて下さいませんか?」とお願いすると「それは面白い。自分もその通りだと思う。が、そこまで言い切っちゃうと、学問界的にはいろいろと問題が出てくる」ということをおっしゃるんですね。

結果として、みごとな概説書としての新書ができた。しかしそこでも、江戸後期の庶民文化を歴史的に重要なものとして見直す視点は、そうはっきりとは言明されていないんです。

なぜかというと――その後の一九七〇、八〇年代にはもうそんなことは言われないようになったわけだけれど――水野先生が学生だった頃、国文学の世界では洒落本とか黄表紙なんかは学問の対象になり得なくて「あんなものは」「キワモノ」などと切り捨てられていた。

―― 一九三〇年前後、日中戦争に向かっていくなかで「エロ・グロ・ナンセンス」、ある種洗練された頽廃文化が流行した。抑圧の時代には「キワモノ」という形でこそ現れるものがあるのですね。

一九六〇年代から七〇年代の「アングラ」は「反体制」の気分とともにあって「エロ・グロ・ナンセンス」のリバイバルという側面もあった。八〇年代に演劇を始めた私は上の世代のそのやり方に共感してはいなかったのですが、それは近代の際限のない技術的高度化、非人間化、非・土着化への差し迫った抵抗ではあったのですね。ですが抵抗は対抗文化の規模のまま終わります。黄表紙とか洒落本というのもそんな「サブカルチャー」だったわけですね。

大塚　そう。屁《へ》みたいなもので、主流文化には敗れる前提を約束されたものだと。だけど、むしろだからこそ、オモテの歴史だけでは語られ得ない、ダイナミズムの発見があるんじゃないか。

水野先生の『黄表紙・洒落本の世界』の出版当時、真っ先に反応した人のひとりは井上ひさしさんだったんです。「これぞ待ちに待った本だ」と大絶賛だった。井上さん自身、江戸時代の戯作者《げさくしゃ》をたびたび戯曲の主人公にしているでしょう？　山東京伝《さんとうきょうでん》らを描いた『戯作者銘々伝』とか。

――ご自身を「戯作者」とも称しておられたようですね。「反権力」と正面切るのではなく「戯作」と。

大塚　井上さんの戯曲にしても、同時代の、まあ主流文化からすれば「妙な主題で書くなあ」と思われていた時期が長くて、岩波書店に井上さんから持ち込みの話があった時にも断ったことがあったんですよ。実はね。

――それこそ権力と反権力とか、二項対立の語法に嵌め込んだ途端に見えなくなる、測定できない価値ですね。洒落とか戯作の洗練というのは。勝ち負けとも直接関係ないし。

大塚　測定できない、勝ち負けではない価値は産業や経済の言葉にならない。今や、語られるのはむりやりにでも数字にできる価額の話ばかりになっていますね。近代に生まれた経済学には、本源的にそうならざるを得ないところがあります。江戸時代は、経済指標で説明しようとすれば規模が小さい、遅れた経済ということになりかねない。実際問題、食うに困る人もたくさんいたわけだし。

――いま現在もほんとうは、生きていくのに困っている人もたくさんいる。文字通りの「食うもの」は全体量としては余るほどであっても、食うだけで人は生きていけるということにはならないので。

日本中が明治以前、つまり西洋近代の怒濤に沈む以前の「伝統」を見直そうということになってきていますが、江戸イメージの再解釈・受容もサブカルチャーから始まり、思えば矛盾を孕んだまま雰囲気で動いているんですね。アニメとか原宿文化とか、若い人から年配者も含めて、江戸も京都もごっちゃにして日本が「粋なところ」とされている。

経産省や観光庁もそこに乗っかるわけですが、サブカルチャーの経済規模が大きくなってポップカルチャーになろうとすると機微な批判精神とは縁遠くなり、むしろわれわれのこの経済体制に注入される消費材そのものになっていく。経済の引力圏を脱出しようとしていたのに、元のところにロケットが帰還する。これは一九六〇年代のポップアートがすでに自虐的に表現していたことでした。

大塚さんがおっしゃったように、そもそも日本近代の輸入学問や主流文化が江戸時代の文化を、一種のオリエンタリズムでしか見なかったところに問題があったのかもしれません。

大塚　その視点で考えると、やはりアメリカの日本近世研究者には曇りのない目で大きな仕事をしている人がいるんですね。リチャード・ルビンジャーという人の『日本人のリテラシー1600-1900年』（柏書房、二〇〇八）という本など、実に面白い。

豊臣秀吉の「刀狩り」に見るような兵農分離が、識字率の上昇のひとつの根底的原因になっているというのです。武力でそれぞれの勢力範囲を支配していて、必ずしも教養があるとは限らなかった武士層が都市に集められて次第に官僚化していき、学びもするようになった。そうすると重要事は文書で伝えるのが最も確実ということになってきて、武士官僚の命令・指示を受けるそれぞれの土地の大農、庄屋層には文字を読める教養が必要になってくる。

零細な農民には文字を覚える必要も機会もなかった一方、庄屋やその一族が地方を治める出先機関の役割を実質的に果たすようになり、武士支配層と文書でやりとりするようになる。そうした富農は資本も蓄積していき、商業も交易も発展してくる中で「読み書き算盤」は商人にとっても必要な基本的技能になる。

それで寺子屋や手習所《てならいじょ》があちこちに開かれるようになって、儒者などの知識人がどんな地方にもいるようになり、印刷物をも使って学ぶ場があり、さまざまなレベルの議論や思想も生まれてくるようになる。

ルビンジャーは年貢の記録や商業上の書き付けなど古文献を読解しながら、そうした流れを裏付けようとしている。その説がどこまで妥当するかについては議論があるとしても、少なくとも近世の日本でのリテラシーの高さは、どんな考え方を採る人でも認めざるを得ない。

「明治」が多様性を圧し潰す

―― ここで幕藩制から明治維新へ、という移行期の話に戻ります。前回、冒頭に触れた『ふたつの憲法と日本人』にも、明治になってしばらくしてもとくに農村の年配者のなかには、明治と言われてもまったくピンと来ない人たちはいた、と書かれていました。二五〇〜三〇〇年近く続いた「公儀《こうぎ》」「お上《かみ》」の平和は、その中で生まれて生きた人たちにとって「自然」と同じように観念されていたということですね。

大貫恵美子さんの『ねじ曲げられた桜』にも、たとえば桜の花が咲いて散ることが「日本」のあり方のその時々の事情によって、しかしつねに「自然」として受け止められ、その表象が戦争で死ぬ理由づけにさえ援用されたとあった。

「公儀」「お上」の平和の中で苦楽織り交ぜつつそれなりに暮らし、それを自然と感じている人々に維新、つまり革命の必要を説得するためには無限の過去を召喚し「悠久」という始まりも終わりもない観念ないし情緒によって、日本史という物語自体を新造しなければならない。もちろん『古事記』『日本書紀』などでは以前からそういうことをしているわけですが、維新において改めてそれら「国史」も動員し、この風土のなかからファンタジー、ロマンを喚びだした。

大塚　そうだと思います。吉田松陰のようにもともとは儒教から出た、復古的な革命思想にもなりうる朱子学や陽明学に立って現状の枠組みを突破しようというのが、幕末期の新思想の主流ではあったと思う。維新観のフォーマルな、原則的な側面ではね。

しかしそこで面白いのは、言ったように同時に福沢諭吉のような人が出てくるということだね。復古的革命の中からも、未経験なはずの本当の近代への構想がやはり生まれ出てくる。その多様性を保持しながら変動が進んでいったのですね。そこには無限の過去に理念を馳せ、その時の現在を一度リセットするという機制が働いたかもしれない。

――　本居宣長の偏奇に近い仕事があったことが、踏まえられていたのだろうと思います。あくまで古代の「そのまま」を理想とする偏執と、福沢が現在をゼロ地点として構想したことには、精神と抽象の時制との関係において意外な共通点がある。

大塚　重要なのは、幕末から明治維新にかけてあれだけの思想の多様性があり、それが全体として状況を動かしたということだと思うのです。多様性の犇《ひし》めきの中から明治維新のエネルギーはつくられた。

けれど問題なのは、維新成立以降その多様性がどんどん失われていくことなんです。日本の津々浦々に拡がっていたはずの多様な思考を、まるでローラーの如く押し潰していって均一である「かのような」政治と文化の空間をつくっていった。その中心的なツールとして使われたのが明治の天皇制だと僕は思う。

――明治の元勲の中でも、法整備に与った伊藤博文や井上毅などはドイツ（プロイセン）型官僚集権を採った。が、自由民権運動など藩閥専制への対抗勢力には、フランス共和制をモデルにしようとした人たちもいたと言いますね。

大塚　しかし共和制の伝統は、日本にはほとんどなかった。少なくとも明示的な、政治制度のレベルでは。自由民権派のなかのその主張も、実際の効果としては弱かったでしょうね。明治政府の主流に対抗する必要上、反対概念としてそちらを旗印にしたという面もあるかもしれない。その後の幸徳秋水《こうとくしゅうすい》などは本気で考えたのだろうけれど、共和制を求めることはすなわち天皇否定と取られうるから、文字通り殺されてしまう。

――そう伺って改めて思うのですが、日本の土壌に生きてきた者にとっては今でも、人々の総意を結集するという意味での共和制を行い、日本を共和国にするのは相当難しいのではないでしょうか。「個人」と一応は言いますが「人」の現実から考えて、共和国を支え、なおかつ暴走させないというのは無理だという気がする。

大塚　そう思う。思うのだけれど、共和制への小さな可能性も含む多様性というものは、幕末から明治への変動期には短い間だけれど確かにあった。その事実は大切だと僕は考えるのです。それが急速に失われて思想も社会制度も硬直化していくのが「明治」。プロイセン型の集権官僚国家の形態を受け入れたことが日清、日露戦争を経てある種実効性を持って機能していき、ますます他の選択肢はなかったかのような社会になっていく。いわゆる上意下達《じょういかたつ》、ピラミッド型の組織文化が貫徹していって、それは政府の中に留まらず社会一般の人心とも相互作用し、その時代の人間観を決定していく要因となる。

日清、日露戦争に勝ったということになり、植民地を持たなければならないという動きになっていく時にもこの上意下達、ピラミッド型式は日本の国民、国家の意思決定のあり方を規定していく。かつて外国だったところを自国に編入し、つまりはその国や地域の多様性の残存を許さない政策をとるとき、非寛容を原則にしたその力の発動は当然、日本国民自身を取り返しようがないまでに縛っていく。

これはレトリックでもなんでもないのです。多様性をそぎ落としていくということは、日中戦争に向かいながら当時、誰も予期していなかったほどに苛烈になり、たとえば治安維持法（一九二五年成立、一九四一年に全部改定）という姿になって現実の威力になった。そして日米開戦にまで行ったらもう、多様性なんて言葉を言う余地さえもぜんぜんなくなってしまうわけですよ。

――　戻れなくなる一線というのがあり、傾向を増強するフィードバック、自己言及の回路が社会・文化・言語の中で働き出して突進すると誰の手にも負えない。個人の意思の集合などではなく、群れていることそのものが方向を決めることになる。それが現在の社会にはなくなったという根拠はまったくない。

一方で、フランス型の官僚制というのは議会を中心とするということですよね？　議会の勢力が替われば、官僚も主要な部分は入れ替わる。

大塚　そうなのだけれど、フランスは官僚自体の権限、政策運用における力がとても強いですよね。文系の事務官は国立行政学院（ＥＮＡ）、技官はエコール・ポリテクニーク出身者と決まっていてそれぞれ毎年数十人だそうですから、日本のキャリア官僚制度よりもっと極端なエリート重視です。そういう意味では、現在の日本はプロイセン型とフランス型の混合になっていると言えないこともない。

アメリカは政権が替わると主要官僚も替わるからいいように思われるけれど、いわゆる猟官《りょうかん》制度で、大統領が指名すれば、その適性が怪しい人であっても大きなポストに就いてしまう。以前から「回転ドア」と言われて、軍事企業や金融界と政権を行ったり来たりする運用になっていて、利益相反が甚だしい。

――「共和制」は「社会主義」的な官僚精神を必要としますよね？　法と制度の設計をして再分配を行い、困窮者などの救済策も計画には入れる。

上意下達の官僚制だと、権力の振る舞いを自らの権威とし下に及ぼすという技能を身につければ通用してしまう。「下」でほんとうは何が起こっているかも、実は知る必要もない。さらに天皇制官僚制においては「権力の振る舞い」の在る場所自体が不分明のままである。

大日本帝国憲法制定の時には、外国人顧問たちの意見を斥けてまで第一条を「大日本帝国ハ万世一系ノ天皇之ヲ統治ス」としたといいます。つまり統治の根拠がその一点になっているわけですが、実際にどうするかについては書いていないから、政党や内閣が利権に走ったり不正を行ったりした場合、反対者が論拠としたのは前にも申し上げたように天皇親政なんですね。そうでありながら、天皇の意志なるものは不分明でなければならない。

方法ではなく情緒であるそれが具体的解決をもたらすわけもなく、ただその情緒から湧き出す夢想が、日本が大戦争にのめりこむことを促進した。『昭和維新試論』の中には、大蔵栄一という人の『二・二六事件への挽歌』という本から引いたこんな記述がありました。

「妖雲を払い除いた暁は、天皇に二重橋の前にお出でいただいて、国民といっしょに天皇を胴上げしようではないか――この気持ちは私ら青年将校間の全部の、偽らざる気持ちであった」

ほんとに、夢を見ている。

そして自他の境界は溶けている。これはまちがいなく幸福の一種でもある。

合理と力のための、非合理な天皇

大塚　伊藤らがプロイセン的な憲法体制を導入しようとした理由は、発想としてはよくわかるのです。というのはドイツは分封国家で小さい「藩」みたいなものの集まりなので、構造は江戸時代の日本に似ているんですね。

ただ僕は、当時のプロイセン王国やドイツ帝国と日本では大きく違っていたところがあると思う。ベルリンなどにはもちろん都市的文化があって、カントとかヘーゲルとか凄い天才がたくさん出てくるのだけど、地方との文化的な結びつきは乏しかったようなのです。江戸期の日本と同時期のドイツに、全国的に多様性があったとは僕には思えない。

国民一般のレベルで、ドイツがとくに知性的ということはない。明治になった当時もヨーロッパ、しかもドイツの文化は高尚だというような勘違いがあった。

そのドイツの政治システムを取り入れてしまったことが、日本では逆説を生んだと思うのです。リテラシーに関係なく均質に権力を及ぼそうとする制度が、文化的には退歩を引き起こしていき、地方の高度な文化を中央権力が潰していくという格好になった。

伊藤や井上が明治新政府の中での権力闘争も絡みつつ、その選択をしたのだろうけれど、その後戦争を次々とやる過程で結果として、中央政府が地方の自律性を奪ってあらゆる資源を動員する仕組みが強まった。

―― 明治維新はもともと、外国との軍事的対決の危機を前にして構想され、実行されたものですから。

大塚 富国強兵の道を歩むのは当時として必然だったのだろうけれど、その歯止めが効かない制度を持ってしまった。結局はヨーロッパと同じ道、植民地の分捕り合戦に割って入った。国内では各藩共存していた面もあったし、近隣諸国と共存していこうという思想もあったのに、朝鮮併合、そして日中戦争を選んだ。

遅れてきた帝国主義国という、列強の中では不利な参戦を無理にでも支える求心力として、そのとき天皇制が機能してしまった。確かにそれは他の国にはないものだったけれど、本来的な天皇制の結構にとってみれば最悪のシナリオになっていったと思うのです。

長い武家の時代を通じて「象徴」天皇だったわけで、実際には力は持っていない。日本の中にあった多様性を排除して近代化し、物量の力を持つために天皇制は改めて呼び出された。

――地勢を感じとりながらつくられた心の古層に、「棲み分け」が自然だという感覚がかつて、この列島にはあったのかもしれない。日本列島自体が、大陸や南の海路から来る文物文化と客人を迎えつつ「棲み分け」うる位置にあった。

ところが生産が増加し、人口が増え重工業も発達し、外征をも行う国として日本はアジア広域に再デビューする。「敵」が見出された途端、内集団では多様性が否定され、集権的な体制になるということが歴史では何度でも繰り返される。総力戦となると「革新官僚」が出てきて戦争遂行のための合理性を整え、伸張させることに頭脳を使う。強いられた団結を通じて、力への崇拝と奉仕が行われる。

これがすなわち悪だと、簡単には言えない。戦後も引き続き通産省などが「傾斜生産方式」という呼び名で国家社会主義的統制を行い、実に合理的に「豊かに」なった。私などはその長い残響のなかで育ってきました。

大塚　近代的「合理」とか「力」がつねに勝ってしまうという問題と引き寄せて考えてみると、天皇制自体の良い面・悪い面という議論以前に、日本近代において人々の多様性をそぎ落とすために天皇という象徴が使われてきたという歴史的事実を重くとらえなければならない。それでもなおかつ天皇制は必要か。

それくらい厳しい問題なんだ。平成天皇の象徴天皇制はうまく機能しているではないかという議論とは別に、歴史的事実は記憶しておかなければならない。昭和天皇が開戦についての責任をとらなかったこと、また、沖縄の占領継続をむしろ希望したという事実を忘れるわけにはいかない。「本土」の国民もまた、沖縄を顧みようとしなかった。

いまの「いい雰囲気」のなかで誰も言わなくなっているけれど、日本では、誰も言わなくなった後に「誰も言えなくなる」がすぐくっついてくることは明らかなんだ。

——「雰囲気」というのは日本人の心の様態と直結するテーマですね。

大塚　「忠誠心の対象をなにに求めるか」というとき、神であったり王であったり、あるいはそうした人格イメージではなく真実であったり思想であったりという選択がありうるはずなのですが、日本の場合は中世からすでに「お上」という中心も輪郭も見いだせないものへの依存が徹底している。そうなると「個人」が存在するのかということも怪しい。

善かれ悪しかれ、一神教的世界では神との、あるいは他者とのダイアローグが思考の形成の基盤に置かれるということになっているはずだけれど、日本では「場」の雰囲気が思考も決める。そこには個人と個人の対話も何もあったものではない。

――しかも神権政治化させられた天皇制では、頂点にいる天皇がオールマイティーでありつつ、ある意味何もしないことになっているのがおもしろく……なおかつ恐ろしい。後になって誰も責任を取らない結末になるのも必然です。統帥権を持つとは言ってもそれはなかば神意に基づくもので、あるいは祈願されるもので、何が起こってもどうなっても、それもまた究極的には自然であったということになる。

大塚　天皇の判断が明らかになるということは、その結果が評価の対象になることを導く。それは畏れ多いという、よくわからない理由で判断は示されないわけだね。その状況で天皇独りで戦争を止められたかという同情論もあるでしょうが、それを天皇個人の問題に持っていくと議論の方向を間違う。

個人でさえあるのかどうか判然としない存在・しくみに負いようもない責任を預け、誰も責任を負えないし負わない、という設計の制度が今でもあるのが望ましいことなのか。もちろん平成天皇ご夫妻は戦跡を巡り、近代日本の道程の背後にどれだけの死者がいるかを忘れないようにしておられるのでしょう。だがその観衆になっている国民の大部分は、それら多くの死のリアリティーなんてふっ飛ばしてしまっているように見える。僕が世代的に経験したり感じたりしてきたことからすると、何だか嘘くさいなと思うわけですよ。

――国民の多くはほんとうのこと・見たくないものは見ない。天皇が見てくださり、祈る。「赤子《せきし》」というメタファーがありますが、それは究極的には臣民が子どものままでいることを可能にする。

皇太子（浩宮《ひろのみや》・当時）はきっと、平成天皇と近い考え方を持っておられると思います。その伴侶として民間から来られた雅子妃は、適応障害という表現になっていますが、まさに国民統合の象徴として病んでいると私は思ったりします。だって、ほんとうは国民が病んでいるはずなのだから。

明治以降「家族」を法理構成の単位・原理としてきた近代日本の象徴として、皇族は模範的な家族としての振る舞いを見せなければならない。しかも日本国憲法が個人の尊厳に立脚するなかで、模範的家族がそれぞれ個人として自由であることも示さなければならない。これはひとつのアクロバットです。

象徴という捷径

――日本がこのような歴史を辿ることになったことに、神権的天皇制の精神構造が大きく関わっている。そのことはいろいろな人が論じてきましたが、いまもその基本構造が変わっていないと多くの人々が気づくほどには、説明されていない。

そもそも、それが解明され脱神秘化されるべきなのだという国民的合意も、成立したことはないと思います。

ただ、国家神道になった時期さえも、天皇制とは一方で母性的なもの――ややもすると自然観そのもの――を含み持っていたはず。それは大貫恵美子さんの『ねじ曲げられた桜』でも間接的に言及されていると感じました。自然―故郷―土―母性（とされたもの）の象徴連関――その部分まで「脱神秘化」していくのは多くの日本人にとってあまりに苦痛だったのではないか。
話は飛ぶようですが、河合隼雄《かわいはやお》さんも最後まで、表向きは天皇制については言及しなかったですね。

大塚 その話はより深いところで大事だから、ここで簡単には言えない。

――大塚さんのおっしゃる、多様性への可能性が失われていく時代が、当時の人々にはどう観取されていたのだろうか。明治という時代には一方で「若さ」「明治と共に青春を送った」という活力に充ちたイメージがあり、明治天皇が亡くなると夏目漱石は精神が不安定になり、乃木希典《のぎまれすけ》将軍は殉死することになる。一九三一年の作と言われていますが「降る雪や　明治は遠くなりにけり」という中村草田男《くさたお》の句にもあるように、その時代を知りもしない私のような者も含めて、多くの人に感慨と哀惜の念が受け継がれている。

その後、大正になって都会では一時的にデカダンスさえが栄えます。退廃というものには知識人らの精神の惨めな混乱、自由と死をめぐるキリーロフ的なチキン・レースが影差していると私は思う。生にとっての中心問題の、おそらくは過剰な内面化の時代。昭和初期までは続いたその雰囲気の最後の地点で、草田男は明治を悼んでいるわけですね。

一九三一年、昭和六年は満州事変の年ですから、この草田男の句は明治と日中戦争期に挟まれながら、そのタイミングに引っかかって存在しています。おそらく、同じ戦争ではあっても日清・日露戦争と満州事変との間には質的な懸隔があるとこの俳人は感じたのでしょう。それで明治が懐かしいという、理屈以前のイメージが出てくる。明治前半の時代が持つ「積極明朗な」イメージについて、大塚さんはどうお考えですか？

大塚　結果からだけ言うのではなく、原理的にも、戦争を行うという形をとらないと当時「坂の上」は目指せなかったということだと思います。その「坂」は日清・日露の両戦争であり、その延長線上に日中戦争があり、帝国主義化して世界大戦の一極に入っていくということが必然的にある。でもそれを「必然だった」と言えば即ち非人間的なことになってしまう。この時代にはそういう重さがあったと、見ていくと思うのです。

たとえば治安維持法はひどい悪法だったとか、頭ではわかっているつもりだったけれど、できるだけ細かくそれぞれの事例・現実を読んで知っていくと、これはもう本当に……。人々の精神から多様性を奪っていくプロセスというのは酷《むご》たらしいというか露骨というか、お話にもなんにもならない。恐怖ですよ。

軍部が力を蓄えていった過程には、恐怖による思考の麻痺を国民の規模で起こさせる無数の手段がとられている。五・一五、二・二六に至るまでにもクーデターまがいのことをいくつもやったが、それらに対して何ら決定的な処罰はなされない。狂信的な行為が処罰されない、できないことを主戦論者はすぐさま学習していく。

その一方で反体制的な思想を持っている人を徹底的に弾圧した。これを国民は即座に学習する。生死の問題だからね。そしてもう誰もまともな判断はできないか、もし判断できても言えない。

――そうした歴史は、事実としては記述されているわけですよね。でもどんなに記録しても研究しても、大方の人々は忘れる。

「誰も後戻りできない」背後には公的・私的な暴力の匂いがつねにあり、従わない者への暴力は地位の剝奪とか社会的経済的排除といったあらゆる形で発動の合図を立ちこめさせていた。それがあまりにも全生活にわたっていたので、その「空気」の描写、再現、想像が難しいのだと思います。

大塚さんのおっしゃる日本近代の前半と後半でいえば、前半の最後のほうで関東大震災と金融恐慌が起こり、続けざまに世界恐慌が襲った。国民の多くも苦しみ、大東亜共栄圏を目標として打開を図る。それは破局をもたらすのかもしれないが「この道しかない」ということだったのでしょうか。

「清水の舞台」という判断停止の原理がありますね。飛び降りてみて、アジアに支配を拡げていくさまは普通の国民の多くに快哉をも与えたのだと思います。現在もそうですね。拡張の局面でないと誰も展望を持てないとなると、政府がいろいろな点で矩を超えたことをしても、もしほんとうに景気がよくなるならそれでいいじゃないか、ということになる。

大塚　結局はそこの問題に繋がってくるのです。強国への道をたどり続けるのか、そうではなくてある程度の規模の国家として安定をつくっていけるのか。そこで行動の方向は分かれる。

日本でも一時、たとえば石橋湛山《いしばしたんざん》が一九世紀後半に英国で唱えられた「小イギリス主義」に倣い「小日本主義」を唱えましたが、それは大衆的に主流の考えにはならない。あの敗戦を経てもなお、強国になるしかない、あるいは強国にならないと他の強国に好き勝手を押しつけられるとみんな思っている。

いまの世界情勢を見ても、それは歴然としているでしょう。中国もアメリカもロシアも日本も全部強国志向で、結局は戦争志向になる。日米安保体制下に経済成長の時代があったことで、その間は自国の軍事力が第一という考え方は後景に退いていた。武器輸出には慎重だった一方で、原発は他のアジアの国にも売り込んでいる。

しかし、疚《やま》しさを持たないで生きていける道を探していくほうがいいのではないか。少なくとも、そのほうが創造的ではないのか。

僕はベルギーとかオランダに行くとほっとするんですよ。そんなに大したものはないんだけど、だからなのか、猛々しさみたいなものもあまりない。フランスとかイギリスとか、ヨーロッパの大国に行くとやはり人々、建築、街路の背後に、猛々しさのようなものがあると思うことがある。もちろんアメリカや旧ソ連は言うを俟《ま》たないし、現在の中国は猛々しさの最たるものです。

―― それこそ「一帯一路」の一環なのでしょう、紅海《こうかい》の入り口にあるジブチに二〇一七年以来、中国が大きな軍事基地を置いていますね。「こんなところにまで!」と思いたくなりますが、思えばそのずっと以前から日本の自衛隊は海賊対策のためとして、そこにほぼ恒久的な拠点を建設し常駐している。中国の意図には拡張主義的なものがあるのかもしれないとしても「日本はシーレーン防衛の一環として基地を置くが、中国は置くな」とは言いにくいです。

大塚　そう考えていくと、現在も「列強」と肩を並べて「坂の上の雲」を目指すという姿勢が続いていること自体が問題だと思うね。明治期には、当時のヨーロッパ帝国主義を模倣したのがタイミング的に「上手くいった」に過ぎないので、もはやそれをもう一回やろうというのは愚かしいのではないか。

ふたつの大戦の時期、ヨーロッパは帝国主義国だらけだった。イギリスやフランスが現在に至るまで植民地の痕跡を世界地図に残しているのに対して、連合国側でもベルギーやオランダは、かつてアフリカやアジアに植民地を持ってずいぶんひどいこともをしたけれども、いまは旧植民地経済を手放している。程度の差に過ぎないとも言えるけれど、国や経済圏のサイズは、自己認識のあり方と国際社会の中での振る舞いにも影響するのだと思います。

人が育つことと「ランドスケープ」

━━オランダは歴史的にも世界に開けていた国で、植民地争奪戦にも大いに加わっていたわけですが、その後は小国の道を歩んだ。行ってみると街や村や家が、小さく綺麗にまとまっているんですね。そして公共建築物やポストや電気製品に、デザインのいいものがたくさんある。最初の対話の際に大塚さんが触れられたドラ・ド・ヨングの『あらしの前』『あらしのあと』（岩波少年文庫）を読んでみたのですが、ヨングが描いたオランダの田舎の、丁寧に人の手のかけられた風景とあの大堤防……人知と手仕事を感じさせる土地でした。

ベルギーはコンゴを国王の私有領として、一九六〇年代まで干渉を続けた。あの街並みの美しさの基礎にはそれがあると思うと複雑です。

『あらしのあと』には第二次世界大戦後、オランダに駐留したアメリカ軍の青年のことも出てきますが、ヨングもそこで「アメリカっていうのは何もかもでかい」ということを感じているんですね。大塚さんが戦後、池袋の街でアメリカ兵にチョコレートをもらい、キャンディも缶詰も信じられないほど大きかったとおっしゃっていたのをすぐ思い出しました。

読むまでなぜか考えつかなかったのですが、あの時代にヨーロッパの子どもたちもそういう体験をしていた。「アメリカはちがう。物が満ち溢れ、別種の光が差している」という驚きの感覚。

大塚 子どものとき、GIからチューインガムや板チョコをもらったときの感覚といったらもう「これこそ文明か！ 文化か！」と。いまでも板チョコの銀紙を剝がすとき、その匂いが蘇ってきますよ。

―― オランダの田園風景と、アメリカのたとえば中西部の無限のように続く岩石砂漠ではランドスケープが根本的に違う。そこに生きる精神も違ってくるでしょう。ヨーロッパとアメリカは互いに異物であるということも、考えてみないといけませんね。

大塚 人が育つとき、ランドスケープは決定的に大きな意味を持っているはずなのです。

―― 『ねじ曲げられた桜』のなかの重要ないくつかの論点も、やはり連想されます。風景のなかで「自然」の精であるところの桜。そのシンボル性は非常に柔軟に、それぞれの世で解釈されて機能してきた。日本文化の根の深さ――と言うより、根が不分明の中に溶けている――複雑さは意外なことに単純で強い束に容易に統合されて、何度でも姿を変えて現れるんですね。それこそが、シンボルの作用を通じて起こること。

田を設《しつら》えた低い土地から山、日本文化では神域とされてきた場に向かっていく斜面にある山桜、という象徴的な風景の分析にはやはり圧倒された。「男性原理」と「女性原理」がどのように日本の風景や自然、時間の流れに重ねられ、読み込まれてきたか。そこには思いがけないほどの説得性がある。「戦没兵士の生まれ変わりとしての桜の花」というテーマを巡っての論でしたね。「死んだ兵士が靖国の桜に生まれ変わるというのは、古代日本の宇宙観を転倒させている」という指摘です。

古代日本では、神々の中で一番強力な山の神は桜の花弁にひらひらと乗って田に降りてきて、米粒に体現された自らの魂を人間に供する。古代の桜の神木は山にだけ繁り、それゆえに山の神を表象したという。そして人間はその米粒を十分に成熟させ、増やした米を秋に、お返しとして山の神に供える。この「自己の贈与交換」の宇宙的サイクルは、人間に対する山の神の自己犠牲に始まる――つまり田に散る山桜の花弁という文化の中で普遍化された「日本らしい」光景は、原初からの生殖過程としていわば集合的無意識に刻印されている、というのです。

ところが靖国神社の場合は逆で「現人神」である天皇のために散り、すなわち降下し犠牲になるのは人間、兵士である。戦死はやはり散る桜の花弁で象徴的に表現され、その花弁は上昇して、神性を備えた山の桜の花になる。山とは神域。死んだ兵も靖国で神になる。この世に子孫を残すことなく死んだ若い兵士の命を抱きとるのが靖国であり、神社の奥の中空は抽象としての山・神域に通じている。若く死んだ兵は、祖霊＝神に合流することで根源的空虚、それが持つ無限の産出可能性として「生きる」。

この循環的時間のイメージでは、女性が土地・大地とその稔りを象徴し、男性（神）がそれに必要な精気をもたらすという、世界に多くある神話的形式が踏襲されています。たとえばネイティブ・アメリカンの多くの文化での太陽神も男性神で、雨も男性神のいる天空から降る。

フェミニズムからすれば、男性がつねに天である精神性と結びつけられ、女性が地なる無意識と結びつけられるというのは、一方的に過ぎる考え方でしょう。しかし両性間の優劣という現代に持ち越された問題としてではなく見ると、ジェンダー、精神の構成のされかたのふたつの側面として始原性（混沌）、そこに射すきっかけ（光）というものがあって世界が生まれ、ものごとが分節しはじめるという原イメージは、多くの人類集団にあると思います。一神教の神に善悪という意味で鋳直《いなお》される以前の直観的な二元論ですね。

大貫さんの分析では「山桜」は男性原理の側にあり、しかも生の表象であり死の表象でもありうることによって「戦死」の意味づけにみごとに使われた。散る「花」は意識の表象ですが、月に照らされる夜の大地は次の生を準備し孕《はら》む、女性原理的な景色です。これは可能態であり、未だ明らかでなく、根源的な感じがする。

思うのですが、月に照らされた大地という風景は原始から近代、現代に至るまで、あらゆる人間の精神の根柢に伏在しているのではないか。それは太陽神の世界では語られないなにかを静かに語っている。

大塚　そう言えるでしょう。ところが河合隼雄さんが注意すべきこととして指摘したように、日本神話はアマテラスという女性の太陽神を持つのですね。

大貫さんはその後、こんどは「薔薇」のシンボル性を取り上げ、ナチスとヒトラー、ムッソリーニのファシズム、あるいはスターリニズムのなかでそれがどういうふうに使われたかという、非常におもしろい本を書いていています。

―― いろいろな思考の成果を、いまは手軽に本の形で読むことができます。ふと、ヘッケルの「個体発生は系統発生を（模倣して）繰り返す」という説を読んだ時のことを思い出しました。あらゆる生は、それぞれの文脈の末端にある。象徴人類学の話も風景（トポス）と人の精神形成についても、読み返すとどこかから、個とか主体をそれだけで自立・自律したものと考えてみようという西洋近代の思考の決めごとを揺るがす調子が、必ず響いてくる。

個や主体の単一での自立・自律を疑わしいものとして見直さないと、天皇制がいかにして機能しているかという視点に、まっさらな状態で立つことはできないようです。

大塚　個とか個人ということを考えるときにも、多様な側面を持って存在している個人、という見方をしていかないと。そうでないと「個」という言葉自体が、また観念として威力を振るいかねないんだね、思考の中で。

―― 「個人」とか「主体性」といういわばテーゼを、多様な方向からとらえ直してみるというのは、大塚さんが河合隼雄さんを著者として発見した際にも起こったことだし、現象学や記号論、文化人類学にかかわる編集の仕事を多くしてこられたところにも同じ理由があるのではないか、といまになって気付きます。

アマテラスが女性の太陽神であることに河合さんが着目しながら、天皇制については表向き語らなかったことにも、この問題はおそらく関係している。これはおそろしく深い問題で、近代的な「意識」の世界だけでは完結した説明は成り立ち得ない。「個別性」「個人」というものを定点、出発点と見なすのではなく、逆にいろいろなものやことの交点、結果として見る。中村雄二郎《なかむらゆうじろう》さんの「トポス」論にもそういう側面がありますね。すると「個人」は固形物ではなく「流れ」の織りなす綾に似た現象ということにもなります。そこで「主体」がたとえ仮の一面としてでも生成しうると観じ、社会をつくっていくにはどういうことを学び直さなければならないのか。大塚さんの編集の仕事の多様な側面の中に、そういう視点は間違いなくあるのでしょう。

第4章
言語と「場」、そしてある意識

（二〇一七・一二・九）

言語は「モノ」か「コト」か？

『哲学者・中村雄二郎の仕事』に国語学者・時枝誠記《ときえだもとき》の、日本語における統辞論の話が出てきます。ヨーロッパでは言語を「モノ」として見る傾向が強いのに対して、日本語では言（こと）と事（こと）を同一視する傾向が強い。その中で、詞と辞が結びつく構造が西田哲学における「場所の論理」と通じるところを持つという。日本語では物事を客体化して表す「詞」（名詞や動詞）と、客体化を経ない「主体」自身の意に関わる「辞」（助詞や助動詞など）があり、文は「辞」によって「詞」が包まれる統一として現れる。

主体が初めからあってモノを操作するのではなく「自己」の「意」を伴う術語的統合の中で主体がその都度現れる。西田は主語面ではなく、術語面における「自己同一」を重視した、などと言われても、以前は意味がわかりませんでしたが、時枝の日本語統辞論の話を通して見ると「場所の論理」という考え方も、頷《うなず》けるものとして感取されてくる。するとたとえば、学生出身の兵士が自らの死の理由を無理にでも見出そうと苦しんだとき、しばしば西田の「絶対無の場所」と

西田幾多郎

か「絶対矛盾的自己同一」という一見すると曲芸のような言葉・思考が参照されたという事情も、この世のこととして腑に落ちてくる。その都度その都度の「場」に現れる自分、という考え方に、世界史に制約された自己の死命とその必然性が賭されたのだと思うのです。

　中村さんがおっしゃった「トポスの知」という考え方も、「場所の論理」と無縁のものではない。言われてみればわれわれは、それぞれのトポスの中で自然に自己を形成し、生きているではないか。本を読んでいるうちにそういうことが「わかる」。それは「知っていたことに気づいた」という感じでもありますね。「わかって」みると、なるほどそれが「自然だ」と感じる。そんなことを思いました。

　ふたつめ。一九九〇年代の半ばから後半、私が『へるめす』編集部から『世界』編集部に戻っていた頃、三浦雅士《まさし》さんが「青春」ということをテーマにしていると聞き「なぜいま、青春？」と思いました。その仕事は後に『青春の終焉』（講談社、二〇〇一）にまとめられています。私の学生時代の先生もほぼ同じころ「青年」を問題にしていたので、やや怪訝《けげん》に感じたものです。こちらは『青年の条件』（河原宏《かわはらひろし》著、人文書院、一九九八）として出版されました。

　一九九〇年代のその頃には「青年」の範囲がどこまでも延長される空気になっていて、三〇代だった私もまだ青年のつもりでいた。それでかえって、三浦さんや河原先生の問題意識を理解できなかったのだと思います。

河原先生の『青年の条件』は日本という国の青年時代としての幕末から明治、そして「青春」の終わっていく大正から現代に至るまでの変化を、それぞれの時代の父子――そして「志」との関係を通じて問うものでした。一方、三浦さんの『青春の終焉』は一九六八年を極点として、七〇年代にはすでにこの国の「青春」は終わっていたと指摘しています。世代によって「若い時代」のヤマは異なるということですが、その「若さ」には、終わってから気づくものだということですね。

私にとっての「若い時代」は、スケールの小さい話ですが一九八〇年代で、二〇代の一〇年間をバブルの狂態の中で過ごしたというだけのことでした。しかしそれが終わってみると、なんだろう、思い返される淋しさはある。

デザインや美、快の消費の極限に、大量のただの人が向かう。自分はたまたま、特殊な時代の特殊な国に生きることになったのだ――それはとんでもない幻影でしたが、そのうえでも、得がたいユニークな感覚の経験があの頃にはあったのです。

しかしついこの間、私は一九八三年を冷戦の恐怖のひとつの最高潮を表す年号として語っていましたね。確かに分裂しています。カラフルな消費の季節と、核の恐怖による支配の絶頂。三浦雅士さんも『青春の終焉』の中で「俯瞰《ふかん》することはたやすく、検証することはむずかしい」と書いておられます。最中に在るとき、事態は俯瞰できない。後になると全体像は容易に見てとれるような気がしてくるが、その像がほんとうに当時の実感に沿ったものであるとは限らない。

一九六八年をある種の頂点と見る世代に対して、私には共感の材料が欠けていました。しかし大塚さんが前に話されたように、能率の重視に偏った戦後日本の産業資本主義社会の中で、公害、障害者差別、女性差別、都市集中など、見かけの「豊かさ」と引き換えるように弊害が炙り出されてきていた。それに対して「近代」を疑問視するあらゆる、現在に至る気づきと動きが、一九六〇年代には出揃ってきている。方向転換の最後の機会が訪れるかに見え、しかしそれらが総じて敗れたのが「一九六八年」なのかもしれない。

三浦さんはこう書いています。「もしイデオロギーという言葉を用いるならば、世界史こそ最大のイデオロギーであったというべきだろう」。ここでの「世界史」とはもちろん西洋近代が創始した時間のヴェクトルに基づくものですね。それは pro-gress（前方へ）進捗していくこと。前方へと進捗しながら計測可能な量・力・速度に支配されていく近代への疑問は、人間の「理想」を問い直すものにならないはずはない。

ホッブズ、ロック、ルソーという「順番」

―― 社会哲学や近代の政治制度の話になると、初学者としてはどうしてもホッブズ、ロック、ルソーという順番で知っていくことになる。それは奇妙なことのような気もしていました。「万人の万人に対する闘争」から「社会契約論」、「一般意志」へ、というように啓蒙思想は大づかみには説明される。

どうしてこの三者への言及が続くのか。それこそ「世界史こそ最大のイデオロギーであった」という警句を裏書きするような話にもなります。一方で政治思想史の苅部直《かるべただし》さんは、読み継がれるものにはそれだけの価値があり「『忘れられた思想家』には、忘れられてしまうだけの原因がある」と断じています（『日本思想史の名著30』ちくま新書、二〇一八）。残るものは繫がっていく。繫がっていると見るならば、それは歴史の一軸として見える。だがそれは、他の軸の可視性を妨げるということも、たぶんある。

両方の見方が妥当すると思います。その間のどこかに、われわれの辿っていくべき径路がある。大塚さんは「多様性ということが重要だ」とおっしゃっている。それは一見、よく言われていることのようだけれど、多様性というのは実際どういうことなのか、われわれがそれぞれ二〇年ほどを前後して生きてきた体験と結びあわせながら確かめなければならないと、あらためて思います。

多様性を圧し潰していく機能をもって創造されたのが近代天皇制だという理解も、大塚さんから伺いました。が、そのうえで伺ってみたいのは、天皇制と多様性はそれほどに背反するものなのか？　ということです。政治のレベルと神話的なレベルでは、その様相は異なるのではないか。いや、政治と神話の混交こそが天皇制の中心問題なのでしょうね。

われわれが主体とか責任などと語る時、どうしても虚言めいた印象がつきまとってしまうのはなぜなのか。主体とか責任を通して物事を進めるのは息苦しいし、逃げたい。求める側も、主体とか責任というのが何なのか、実は理解が怪しいままそれを問うている。個人というものが「ある」ことを前提に多様性を考えるのは、実は危険なのかもしれない。

前回、杉山伸也《すぎやましんや》さんの『日英経済関係史研究　1860〜1940』（慶應義塾大学出版会、二〇一七）

をヒントとしてお示し頂きました。

開国以前、いかに日本の国内通商網が完成をみていたかがその本で具体的にわかった。鎖国政策のなか、長崎に「出島」を置いて外国人の居住をそこに限っていた、というくらいしか習った記憶はありませんが、それには、国内通商網への海外資本の直接のアクセスを厳しく制限するという意味があった。開港後も長崎なり神戸なりの居留地に外国人商人はいてもらって、その先の流通は日本人の商人が担うということですね。グラバー邸で有名なトーマス・グラバー(一八三八~一九一一)も国内通商網への参入を幾度も試みますが、実現していません。

そうしたことが実証的に述べられているこうした研究書は、私にとっては抽象的な絵としてしか浮かばなかった日本近代の始まりの時空に、色を差して動かして見せてくれるようです。後の言葉で言えば「民族資本」というものがいかに民間に広く涵養《かんよう》されていたかが、その後のアジア各国各地域の命運を分けていったということも見てとれます。

欧米による植民地化の苦しみを長引かせた国々では、もともとの封建制や王制官僚の一部が「買弁」となったりした。すると、江戸末期の大商人層の全国的なつながり、連携は開国にあたって防御のはたらきもしたのではないかとわかってくる。明治政府も「外資排除」を打ち出し、炭鉱の採掘権などを保持しようとしています。

国語とは、陸海軍付きの方言である

大塚 大きな絵としては、あなたの認識は当たっていると思います。各地域に大小さまざま、それぞれの土着の産業があった。農林漁業の産物はもちろん、製塩業、鉱業、織物や染色、特色のある調理法なども含めてね。そこから対比的に見て面白いのは言葉の問題で、方言が非常に細分化されて発達していた。産品や文物はさかんに全国を流通しているのに、それぞれの地方の言葉は保持されている。明治維新の時、これをどうするかということになってくるのですが、まったく収拾がつかないような状態だったのですね。そこで何を共通の言語にするかということで、大論争になる。

――「国語」を造る、ということですね。

大塚　そうそう。それをものすごく面白く、またしっかり調べて活き活きと描いたのが井上ひさしさんの『國語元年』（最初はNHKのテレビドラマ。舞台初演一九八六年）という脚本なのです。当時観に行ったけれど、実によくわかるんです。そして問題の在処を正しく指摘している。

いろんなお国言葉の中から、どれを共通語にしていくか。明治維新というのは基本的に薩長土肥の「雄藩《ゆうはん》」を中心に動いて、その後の権力の構成に「薩長閥《さつちょうばつ》」といった問題も出てくるわけですね。維新後「国語」を考えるとき、一般的に考えれば、維新に多く貢献したとされている薩長の言葉を中心に造ればいいじゃないかという議論が成り立ちうる。けれど国語は薩摩弁や長州弁にはならなかった。結果的には政権の所在地である東京の、しかも下町ではなくて山の手の言葉をモデルとしていくということになったのです。

――江戸・東京は政治の中心だったということから？

大塚　ところが、そこにはそういった論理的必然性はあまりないんですよ。たまたま、そういうふうになってきたということが舞台の上で非常にうまく再現されている。

言語の問題は大きい。標準化・共通化は地域の文化の多様性を失わせていくことに世界中でなっているのだけれど、よく見るとまだまだ、日本の中でも方言が活きているとも言えますよね。

産業の面で見ると、江戸期にはすでに地場産業がそれぞれの地で盛んだったから、日本の近代的経済の立ち上がりは速かった。一方で言語の地方性は残った。だから近代的発展は、必ずしもすべてが標準化されなければ起こらないということではない、そう見ることもできる。

社会の要素にさまざまなヴェクトルがあり、一斉には同じ方向に動かない。その時のある情勢に沿っているというだけではものごとすべてが決まらない時、多様性の面白さが発見され、それが別の展開への可能性になることがあると思うのです。「さまざまな地場産業がすでにあったから日本の近代化は成った」と単線的に理屈を繋げようとする時、そう反問してみるのは有効だと思う。もっと雑多な原因があったはずだと。

明治における中央集権化という理解に逆行するような地方独自のダイナミズムもあり、たとえば方言という形で今に残っている。それは逆行であると同時に、いわば再帰的に近代化に貢献したという見方だってありうる。

――そう言えば「偶有性」という概念も、よく聞くようになりました。自然科学や社会科学、心理学でも、あるいは技術的発明の用語としてさえも。再帰性、フィードバックの方はたとえばＰＤＣＡサイクルなどと言って、組織を動かしては結果を計量し、行動に修正をかける習慣として推奨されてきた。これは機械の制御と同じことです。ところが営利の世界でも「偶有性っていうこともあるぞ」と言われ始めた。

大塚　明治憲法がどのように成立したかという研究にしても、伊藤博文らがドイツに勉強に行ったという線だけではなく、たとえば五日市《いつかいち》憲法といった明治初期の私擬《しぎ》憲法案が案外影響を与えていたのではないかなど、ダイナミズムを広く見ていくという姿勢がありえるでしょう。五日市憲法にあるような基本的人権の考え方と自由民権運動の関係とか、直接には増税に反対したものだったと言われる秩父事件などの農民蜂起事件と民権運動の関係とか、アクター、要件はものすごくたくさんある中で明治憲法はつくられていった。

　秩父事件で蜂起したのは三〇〇〇人、関連して処罰を受けた者も含めると一万四〇〇〇名とも言われています。それだけの人を糾合するような力がそこで働いたのです。明治憲法体制は淡々と成ったわけではない。そこを忘れていては、その後の歴史への見方も単純化されてしまいかねない。

　日本の近代化の各局面では、大局の動きの中にさまざまな抵抗も葛藤もあり、よく見れば種々の多様性が残存したのではないか。それに比べると、たとえばベネディクト・アンダーソンの『想像の共同体』（原著一九八三年）にも書かれている一九三〇年代のインドネシアの国語統一運動の時には、国家を造っていく中でもともとの多様性が無視されていったということがあるようです。

――　インドネシアは一七世紀、オランダ東インド会社の勢力圏だったところが曲折を経て「国」となったと考えて間違いはないわけですが、東西五〇〇〇km以上にわたる地域に一万以上の大小の島嶼があり、宗教も多様で言語も一〇〇以上あったといいます。

ところがオランダやイギリスに統治される中で、学校制度や経済圏で共通する広い領域が生まれた。ジャカルタ（バタヴィア）を中心として領域支配の構造が生まれるなかで、もともとの住民からもエリート層が形成されてくるわけですが、行政や商業にかかわる共通語はいわゆる混成語・交易語（リンガ・フランカ）で、マレー語に近いものだった。

一九二八年、スカルノらによって創設されたばかりのインドネシア国民党は「青年の誓い」というマニフェストを出します。そこでは唯一の祖国・インドネシア、唯一の民族・インドネシア人、唯一の言語・インドネシア語とのスローガンが謳われています。大島嶼地域の海を介した交易語が「国語」となった。クレオール言語が「標準語」に格上げされたわけですね。

そしてそれは別の角度から見れば、外国の支配の下から逃れ出すように起こってきた、反抗としての強烈な「創造」だった。それだけに、もともとその広い領域にあった非常な多様性、その具体性には出番がなくなっていったのでしょうか。

大塚　むしろ「国語創造」によって言語的、文化的多様性はいっぺんに圧殺されてしまった。インドネシアの場合、文化的に多様ではあっても、たとえば「地場産業」のような、モノと文化の構造物ははっきりしていなかったようなのです。近代化に伴う地理感覚の広域化の際には、少なくとも経済や商流と結びついた構造を持っていないと、文化でも政治でも「中央」への対抗力にはならなかったのではないか。
いわゆる植民地エリートも宗主国の側の文化と権力の末端に糾合され、一本化されてしまうわけですね。それはアフリカでもラテンアメリカでも、植民地化されたあらゆるところで起こり、現在でも経済的な格差の中でそれは続いている。そこでは、ある意味で言えば「近代化」の実はあがっていくわけです。

日本の場合は「国語」誕生の後も、言語的多様性ひとつみてもずっと伏在していて、もちろんその言語は地方の産業や技術、流通の中に活きていた。けれどいまやグローバル化、大量生産・流通品の標準化作用の中で地方の力が弱まり、日本中どこもかしこも同じになっている。教育やテクノロジーは、それに対抗する可能性を持ちながらも、現実には標準化をかえって強める働きをしているように思います。

――「国語とは陸海軍付きの方言である」という言葉を思い出しました。言語学者の田中克彦《たなかかつひこ》さんの本の中に引かれていた言葉です。地理的なある拡がりが言語を通じて結びあわされ、国民軍を持つほどに集権化されるときに「国語」は生み出される。

そしていまや、ポストモダンどころかハイパー近代ですね。都市部に集中した職場の言語は「世界標準」の後を追い、直訳された経済観と組織原理の下でのみ生きることにも重なってきます。その故郷不詳の標準形のもとでは、多くが弱者の立場になっていく。

かつて近代産業においては、それが打ち立てられ競争力を持つとき、資本や設備だけでなくその仕事のために訓練された「人」が必要でした。産業化、軍事化にも不可欠だとして広く教育が施されるようになり、チャップリンが『モダン・タイムス』で深刻な戯画にして警告したように、心と身体の解離がもたらされた。日本でも、職業や階層によって姿勢や歩き方さえバラバラだった人々に集団での体操をさせて型に嵌まるようにし、隊列を組んで移動できるように訓練した。けれどもある時まではまだ「人」の技能がものを言う部分は多くあった。産業においても熟練工はある程度、処遇について交渉力を持ち得たでしょう。軍隊でも――いま思い出したのですが、大西巨人《おおにしきよじん》『神聖喜劇』（光文社、一九七八～一九八〇）の東堂太郎《とうどうたろう》は、超人的な「個人の」能力を使って複雑で混乱した軍紀の文言をすべて暗記し、その理屈の間隙《かんげき》を突いて逆用し、軍という官僚的組織の中で対決的に生き延びるのでしたね。

ハイパー近代の状況では、資本を展開するときにも力のある個人はそんなに要らない。たとえ労働集約性が残っているサービス産業であっても、その頭脳にあたる部分は費用対効果はもちろん、マーケティングの観点からも最適化された情報、マニュアルです。個々人がそれを内に持っている必要は減じられ、実際に働く人間はいくらでも取り替え可能です。

その情報とは無限にコピー可能なものなので、大衆から消費を引き出す強力なマニュアルを設定し得た者たちに、利益は大衆の数の多さに比例して集まる。そうした仕組みでは、本当のマネジメント層というのはほんの一％もいればいい。

近代的生産の威力はなんらかの力、リソースの組織化によるものだったはずですが、いまや特権的なリソースとは唯一「システム」になってしまった。そこで働く人には熟練する機会、あるいは熟練というテーマそのものが与えられない。

「想像の共同体」の「ウチ」と「ソト」

――集権化は「外部」との競争を前提とする近代化の必然だったわけですが、逆方向にヴェクトルを振って考えてみると地域の産品があり、独自の商流があり、そこにそれぞれの地方や人々の特色を具えた財や文化の流通する「くに」というイメージが可能です。そこで人々はどこまでも取り替え可能ということはなく、その土地にいることでその土地の財物や文化の文脈のなかに在り、その人なりの習練を積みながら生きていける。

現存の資本主義の中でもモノからコトへ、量から質へと価値観を見直すことで、経済のしくみを変えられないかということはさかんに言われてきた。しかし価格に表れる、工業的大量生産による効率性を超えて、賢明な消費者の選好性（持続可能な消費）に地球環境の将来をも賭けようとする考えは挫折しました。たとえばイギリスでも、次いで日本でも、よりましな消費行動を選択しうる（消費者主権を持つ）中間層は、そのイメージもろともほぼ消失した。

そしていま、日本が「劣化」しても巨大高収益企業にとってのマスマーケットが存在できるのは、少額ずつでも大勢から集金する際のコストが劇的に下がったからなんですよね。携帯電話の料金は確実に回収できる。お金は純粋に情報として移動するようになり、支払いがなければ情報自体を簡単に止められる。キャッシュレス化というのもそうで、クレジット情報とはライフラインでもある。それが「ＩＴ革命」とか「ＤＸ」（デジタル・トランスフォーメーション）の一側面なのですね。

唐突なようですが、かつて「金権」で地方にインフラを造っていった田中角栄は、地方の自律性も考えていたのかもしれません。なにごとも都市へと集中する流れを断ち切るためには、やはり金権が必要だった。

一九七〇年代、とにかく彼は地方に、空港でも高速道路でもダムでも橋でも大ホールでも、なんでも造らせた。交通網を便利にすれば都会に行きたければいつでも行ける、地方に住んでいてもあらゆる製品も娯楽も文化も手に入る、都市と地方の格差は減じるという企図に、話としてはなっていた。

ところが逆に道路や鉄道や飛行機で人々は都会に吸い出されてしまいました。都市的な文化も「現物」は地方に根付かなかった。

大塚さんは先日、江戸期には大都市で学問が繁盛しただけでなく「田舎」の各地にも、いや各地にこそ驚くような独特な学者がいたということを話されました。都市にひけを取らない文化や思想の水準が、富農などの受け手により達成されていた。それがあったからこそ、幕末から維新への動きのなかでも「議論」が実効性を持った。単に力が勝利したというのではなく、ある集合的な選択として。そして日本のどこにいても、そこで生まれて暮らして、そこから中央に「上って」大成していくという道がありえた。それは結局、日本にはかつて「家郷《かきょう》」があった、という近代後期を貫く問いに繋がってきます。

大塚　ところがその後の、現代に至る推移が実際にどうなっているかというと、地方のリーダー層は常に「一本化しよう」という方向に向いているのです。

アスペン・エグゼクティブ・セミナーという、各界の指導的層が単に経済的発展についてだけでなく、人間の生きる価値についても話し合っていこうというシンポジウムが、一九五〇年にアメリカで始まった。ゲーテ生誕二〇〇年がひとつのきっかけだったから、専門的細分化を批判して総合的な人文の知を、というのが触れ込みだった。日本でも一九九〇年ごろだったか、東北の蔵王でシンポジウムが行われて、それに僕も参加しました。参加者の三分の一くらいが地方の役人や農協、商工会などの幹部、あと三分の一くらいが外国からの参加者、残りの三分の一くらいが東北地域以外から来た日本人という様子でした。

シンポジウムを聞いたり、話し合ったりしていて気がついたのですが、「多様性」を強調する話題に地方の指導層はむしろ反感を持っているのです。地方の独自性を考えるのではなく、日本国家の単一性を強調するばかり。驚くべきことにね。

――「中央」や「世界」の人から「地方の独自性」と言われると、自分たちが辺縁に押しとどめられるように感じるのでしょうか？

大塚　そうだと思う。それはものすごく強固なものなんです。

教育の問題で僕が発言して議論になってしまったのだけれど、それはこういう話でした。その前年、僕はアメリカで一カ月間、いくつかの場所を見に行っていた。「インターナショナル・ビジターズ・リーダーシップ・プログラム（米国国務省人物交流プログラム）」というもので、いろんな分野の、比較的若い人をとにかくアメリカに呼ぶ。そして行きたいところどこでも、基本的に無条件で見てくださいというもの。そういうことを、アメリカはずーっとしてきてるんですよね。

――日本占領時代からあったガリオア・エロア奨学基金から、いまもあるフルブライト奨学金などで「アメリカはこうしている、学んでみないか？」と、割と率直に実験国家「合衆国」を見せてきた。

大塚　そこはもうアメリカの強さでね。つくろうとしている社会の理念についての自信が表れている。

僕がその時見て知りたかったのは、ひとつにはアメリカの初等教育のあり方です。移民の多い国でもあるから、さまざまなマイノリティに対してどういう教育を用意しているか、そこに関心があった。

もうひとつは、これは個人的な趣味に近い関心で、アメリカにある近代建築を見たかった。フランク・ロイド・ライトのものとか。それもちゃんとアレンジして、見られるようにしてくれました。

初等教育のことについてはもう、驚くべきことがたくさんありました。たとえばイリノイ州の大都市・シカゴには、世界各地からいろんな人たちが来ている。産業発展に伴い、古くは一八世紀ヨーロッパから、一九二〇年代以降は南部から多くの黒人住民が流入したし、第一次世界大戦後のヨーロッパからもたくさんの移民が来た。正確な記憶ではないけれど、当時、シカゴの教育当局が示していた数字では、少なくとも数十の言語・文化的背景を持つ人たちがそこにいた。

僕が見せてもらった初等教育、一年生で米国語としての英語を習う授業では、英語の教師の他に少なくとももう一人、そこにいる児童たちに必要な言語、たとえばヴェトナム語を話す人が入ってチームで教えていた。費用がかかって大変だろうと思って学校関係者に聞くと、もちろん負担は非常に大きいと言う。にもかかわらず、アメリカという国の在り方としてこれは当然のことなのだ、最低限やるべきことなのだ、と説明が返ってくる。米語を身につけるためには、その児童がそれまでの成育の背景として持っているそれぞれの言語との関係をつけながらでないと、有効に教えられないと。

もうびっくりした。あとで調べてみたら、その頃はアメリカで多文化共生が政策として具体的に推しすすめられ、実践としてもいわば頂点に達していた、寛容な時代だったようなのですね。やがてアメリカにとっての強みになってくるという根拠で、それが行われていた。

その話をしたら何と、多くは東北地方から来て参加している地方自治体官僚とか、地域の経済や文化のリーダーたちは猛反対なんです。そんなことしたら国の統一性が保てない、混乱するばかりだと言うんだね。

日本人全体の根にある、単一性とか純一性とかいう観念への執着はすごいものだと思った。しかしそれは観念のままで検証はされない。ただの思考の習慣なのです。では、なぜそのように考えるようになってきたのか。日本人や日本文化の単一性、純一性というのは、もともとは主流の考えではなかったはずなんです。東北あり、京都あり、各地方で言葉も習慣も文化も相当に違う。それを維新後、「国語」をつくって、曲がりなりにも言語レベルでは互いに通じうる状態にしていった。

国語の誕生は大きなことであったのはもちろんですが、一方で共通語の創設は「それだけのこと」でもありうるはずだった。言語が共通していても、地方ごとに暮らし方や思考が違うというのはありうることでしょう。ところが国語の誕生とともにそれこそ「想像の共同体」が現出して、それが日本を全体として覆いまとめているという、言ってみれば歴史的将来に向かう希望的錯覚も生まれた。

「想像の共同体」が急速に強力になったことにまちがいなく作用しているのは天皇制です。

――万世一系の天皇のもとに、すべての国民は包括されている。遡り得ぬほどの過去からそうだったのだという、近代に触れた人間の心の寄る辺なさを慰謝してくれるイメージ。

日本の生活習慣や文化に強い「ウチ」「ソト」の峻別も、そのイメージから直接生成され得ますね。なにしろ「もともとこうだった」が原理なのだから、変化とともに新しくやってくる人や文化も、ほんとうの本心では、意識の「ウチ」に入ってこない。

一九八〇年代、中国残留日本人孤児の帰国事業が毎日のようにニュースになっていました。当時の中国は現在のようには強国然としていなかった。人口は巨大だけれど貧しい国、人民服のイメージです。

「孤児」は大人になっており、小さな子どもを連れて帰ってくる人もあれば、夫婦で日本に来る人たちもいます。その子どもたちの日本での生活は、大きな困難を抱えていくことになりました。たとえば、江戸川区で小学校の教諭をしていた善元幸夫《よしもとゆきお》さんなどは、制度を欠くなかで多言語教育を実現させようと奮闘した。当時、日本語を母語として獲得する機会のなかった子どもたちが、東京では江戸川区にとくに集中していた。

「かつて侵した国の残留孤児二世」という前例のない出発点を生きる子どもたちは、やはり自らの生きる根拠となる価値群を結びあわせるのがらくではない。残留孤児二世ばかりで構成された暴走族というのも出てきて、その暴力の激しさで名を馳せもしました。ある書籍の中の写真で見た、不安なのか方角未定の夢なのか、眼を揺れる光に乱された小学生の男の子の名前を、十年ほど後には傷害事件の報道で見る、ということもありました。

自身が育った風景や文化の文脈から断ち切られる形で他国・日本に来た人たちに、単一の言語環境しか選択肢がなければ、その苦しさを暴力としてあらわす者も出てくる。

大塚　まさにそうです。だからこそアメリカで見聞した多文化政策にはほんとうに驚いて、その後もことあるごとに彼我の差を思いました。

「万世一系の」と言う人もほんとうはわかってるわけでしょう。『古事記』や『日本書紀』にある記紀神話を、事実のように考えるとおかしなことになってきてしまう。『日本書紀』は現存した天皇との整合性をややつけようとしているが、『古事記』などはもう混沌とした非常に多様な世界で、純一性なんてどこにもない。神さまと人間と動物さえ区別せずに相交わっているのだから。

――「日本の国、まさに天皇を中心としている神の国であるぞ」と当時の森喜朗《もりよしろう》首相が言ったのは二〇〇〇年です。神道政治連盟の会合でいわば内輪受けで言った面もあるようですが、それだけに本心でもあるはず。いろんなことが検証もなしにいくつもの本心を構成し、それが場の空気によって容易に替わる。

多様性の神話のうえに立国しているはずが、近代戦争を準備しなければならなくなると同じ袋から見事に「単一性の神話」が出てくる。神話的思考が夢の中の出来事のように次々とその色を変えるとすれば、それは非常に豊かなことでもあるが、事実とは何か、という問いにはなじまない。「反天皇制」はありえても「脱天皇制」はなかなか、思考においてもむずかしいという気もします。

大塚 無意識に骨がらみになっているとすれば、思考として取り出すのは困難ということになる。前にも話に出たように、漱石のような天才であっても、その時代の日本の全般的な精神の風土からは逃れることはできなかった。岩波茂雄《いわなみしげお》だって、あれだけ東西の文化に学んで新しい出版を組織する才がありながら、五箇条の御誓文に見られるような、神話と日本近代を接続した価値を後生大事に守っていた側面もある。それほど明治天皇はその時代にとって絶対的な存在だった。

もちろん知識としては、天皇といえども古代の豪族の中から力を持ったものが勝ち抜いてきて、その統治に正統性を与えるために神話と歴史を編纂したことはわかっているし、いまはそう教えてもいる。ところがいまあなたが言った森首相の話のように、神の国、万世一系といういわば気分が、知識とは別にいつの時代でも湧いて出てくる。この分裂は何なのか。

―― それを「分裂」と呼ぶのは西洋近代の自我で、そんな「自我」というようにひとつにまとめられるようなものはわれわれにはない、という開き直りも大いにできそうです。中国の文化や制度にしても西洋のそれにしても、別の文化の枠組みというのが、われわれの心にはほんとうには入ってこない。考えるのがつらくなってくると、いや実は日本古来の精神というのがある、というちゃぶ台返しがいつでも可能性としてある。それは生きるためには悪いことではないのかもしれないし、僕にもあります。

大塚　そう、その通りなんです。だがその時「日本古来の精神」の中に熊襲《くまそ》やアイヌの文化は入ってきようがない。独自性の主張が、そのまま排除の思考になる。

――先日（二〇一八年一月）も日本相撲協会評議員会議長――池坊《いけのぼう》家の人です――がモンゴル出身の力士があまりに勝ちすぎるというので「狩猟民族の戦い方」とか言いだしていました。「外」から来るものを初めは歓迎する。しかしそれが強力すぎて扱いに困ると急に梯子《はしご》を外すんですね。そこではたぶん、自分たちでも意識はしていなかった本音の層が出てくる。「ウチ」と「ソト」を峻別する。しかしなにが根本的な違いなのかということはまさに機微で、日本人にしかわからないことになっている。そんな循環論法が「ウチ」の一本化に、おそるべき不可視の拘束力として働いている。

大塚　たまたま読んだ本があって（『明治維新150年を考える』集英社新書、二〇一七）、この中の石川健治《けんじ》さんという憲法学者の論考は、天皇機関説などを考える時、植民地時代の京城帝大で当時出てきていた考え方に光を当ててみようというもの。目の付け所が面白いのです。

美濃部達吉の天皇機関説はむしろ、当時の天皇制を擁護しようとするものだし、またその目的からすればものすごく良くできている論理なんですね。それがどのように弾圧の対象になっていったか。

――そもそも美濃部達吉は、明治憲法に対して護憲の立場で論じたわけですよね。

大塚　そうなんです。日本天皇制の独特の在り方を反天皇制の議論から護ると同時に、政府側の動きからも護るという形になっている。

―― 明治憲法にある天皇に関わる規定では、実際の行政は執行できない。その天皇制を機能させるための論ですね。

大塚 そうです。また、それは現在の象徴天皇制に至るひとつの径路にもなっていたのですね。二つの憲法をまたいで、基本的には通底しているものがある。

美濃部の考え方は非常に合理的で、歴史的に存在してきた天皇の制度と近代的な政治の体系を接合しようとした。当時の憲法理論としてそうしようと考えたのはよくわかる気もするし、法理論家として天才的な人だったのだと思います。

美濃部の天皇機関説に反対する側の「国体明徴運動《こくたいめいちょう》」はなにをやっていたかというと、もう理論じゃない。万世一系の天皇だから天皇を中心にすることが絶対的に正しいんだと、思考停止なのです。「天皇は機関だ」とか何とか聞きたくない、考えたくもない。理論や言葉で表せるものは関係ないんだという論外の論なんです。

天皇制そのものを思考の対象にしてはいけないのだということになって、実際に思考を停めてきた。天皇制が存続してきた少なくとも一五〇〇年くらいの期間、天皇の制度は思考されないまま絶えず政治利用されてきた。それはもういろいろな勢力が、これこそが天皇の意志だと「錦の御旗《にしきのみはた》」を振りかざしてきた。

―― 戦中、天皇制に関する「顕教《けんきょう》」と「密教《みっきょう》」という言い方が現にされたそうですね。

大塚 そうそう。鶴見俊輔《つるみしゅんすけ》さんや久野収《くのおさむ》さんも繰り返し、その問題を指摘してきました。

――もっと言えば幕末、尊皇攘夷の動きの中ですでに天皇を幕藩制打破、「日本」生成の「玉《ぎょく》」とする発想はあり、明治の元勲にもそれは引き継がれた。そのうえで、明治中期からさきの大戦に向かう時代に「大御心《おおみこころ》」「国体」云々と錦の御旗を振った人たちは「日本主義者」とも呼ばれました。西洋に対抗すべき近代的装置としての日本国の底に、語り得ないありやなしやの根源的本質を求めようとする一種の探求譚、聖杯物語が湧き出した。

国体明徴運動も、その目指すところはやはり天皇親政でした。それは物理的にも不可能だと皆わかっていながら、いざ論争となると一番強い主張は必然的に「大御心」に立つ「天皇親政」にならざるを得ない。しかし天皇の意志を説明するのは不敬になるわけですから、出発点と到達点が同じで、ぐるぐる回っちゃうわけです。

大御心のはたらきを「機関」と位置づけるとは不敬だ、と難ずるわけですが、不敬とは実は不安の謂いでもあった。天皇が測りようもなくオールマイティーだという想念に頼る精神にとって、それは唯一の不動点を失う不安を喚び起こしたのだと思います。

説明はできないことを押し通す。だから暴力に訴えることになる。あるいは社会に現れる暴力を背景画として政治に恫喝《どうかつ》を持ち込む。

ナチス興隆の初期に活発に動いたのは突撃隊（SA《エスアー》）という暴力的集団でしたが、後にヒトラーは親衛隊（SS）を使って突撃隊幹部を粛清する。経済的に低い層からの出身者も多かった突撃隊には社会主義的思想を持つ者もおり、ドイツ国防軍の保守派も取り込もうとしていたヒトラーにとって邪魔になってきた、とされています。これは昭和初期に日本で続いたクーデターやその未遂事件をめぐる構造と共通するところがありますね。

現在のポピュリズムの政治状況も、ここに暴力が加わってきたら一気に言論の身動きが取れないことになるはずです。今、ややあからさまに暴力がちらつき出している。警備当局は、民間のヘイト集団の暴力は取り締まる姿勢を見せていますが、沖縄の基地反対者に対しては暴言と暴力的対応を辞さない。それをテレビやネットで見ている人々は、政権の方針に対立して行動するとああいう目に遭うのだな、と知る。

一方で政権の特定の勢力に付いて利益を得る者は驚くべき不正、あるいは刑事犯罪を行っても訴追もされない。このメッセージは明白で、人々が自由と公正を求めることに深い打撃を与え、世情をシニカルにさせています。


大塚　皇室のあり方に関する議論でも、いまはいろいろな人が好きに語っているが、天皇制の存在そのものを検討の対象にしようとするとたちまち「非国民」という礫《つぶて》が飛んでくるでしょうね。「反逆罪」といった発想が復活するのも、そこから決して遠くはない。

多様性がひとつの鍵だと考える時、そういう単一性とか純一性という仮想の観念、また万世一系が歴史的な正統性を構成するという思考の型は人が思うより危険性が強いと僕は思う。そうした観念や型をあたりまえのように使って議論されてきた歴史と現在に対しては、ひとつひとつ「ほんとうか?」と疑っていく仕事が必要だと思う。

「集団的自衛権」が現憲法に読み込めるという飛躍した論が通用してしまうのも、戦前の治安維持法の経験があるのに「共謀罪」はそれにはつながらないとするのも、もはや論ではないんですね。その意味では、かつてよりもっとひどい状況になっていると理解するべきなんじゃないでしょうか。言論、言葉のやりとりの質というところにそれがまず表れている。僕はそう考えざるを得ない。

――個人情報もいくらでも集められて蓄積されていますし、操作もできますし、身体的に殺されなくても社会的・経済的に生きられないようにされうる。それは簡単だということはみな漠然と、しかし重く感じていると思います。

世界中の経済が強者の都合に支配されているということはみな知っている。トランプのような人が大統領になり、驚くような迷信に満ちた白人至上主義者たちがその背景を覆うように浮上してきている。階層も利害も異なるはずの人たちが、共通の敵を名指すことで合同する。

グローバル化が情報のみならず実体経済にも浸透した世界とは、巨大な資本、巨大な軍事力のぶつかり合いが予感的に下敷きとされた、激しく闘争的な世界です。それはたとえば東シナ海での「警備行動」の角逐《かくちく》に表れている。これは前世紀末にはあまり予想されていなかったことではないでしょうか。「歴史の終わり」(フランシス・フクヤマ)が来るという話だったはずなんですが。

日本の政治はそれを理解して、アメリカ側にますます寄っていますが、資本間・国家間闘争が東アジアで発火すると日本は壊滅する可能性がある。姿勢は寄っても国土は動きませんから。そんな非対称的な布置のまま日米軍事一体化するのは危険です。たとえば、台湾には現在では米軍基地がないことを思い出してみてはどうでしょう。台湾海峡で何かあればアメリカ軍は日本の基地を大きな根拠地として、自衛隊も日本国民もそこに自動的に参加することになる。大陸中国の敵国になるのです。

中国の台頭が人によってはいかに愉快なことではなかろうとも、これは、よく付き合っていくほかはないと思います。

大塚　それぞれの国民にとって勝者はありえない紛争・戦争なのですね。その可能性を巡って利益を得ているのは軍事を含んだ経済で、権力はその上に乗っかっている。米中とも「死の商人」としてその経済を膨らませている側面が抜き難い。「ハイテク」のすべてを含めてね。日本もその一角で供給国としての利益に与ろうとしてはみるが、やはり露骨に軍事的秘密の問題にもなるので、いままではなかなか参入が難しかった。

――武器輸出ではなく「防衛装備の移転」と言い換えるのですね。国民を事態に直面させないようにしながら既成事実をつくっていく。国民の多くも、実は分かっていても認識はしたくないのかもしれない。

大塚　一方で原発も輸出しようとしていますね。民主主義国ということになっているアメリカや日本のリーダー層が、軍事も含む利権に深く足を突っ込んだところから生成しているというのは、後世から見れば国民の責任も大きいということになる。

時代の空気が「すり替わった」

――私は一九六〇年の生まれですが、ものごころついて以来の暮らしに関わる気分の光景……それが今世紀になるころからか、根元から変わったような気がします。気分と言うより、おそらくゲームの規則のようなものが「すり替わった」。

長い間、与党といえば自民党だったのですが、その与党自民党もかつては懐《ふところ》が深かったとも言われます。なぜそうだったかという説明としては、自民党の中にもいろいろな考え方があり、その拮抗《きっこう》が与党の枠内である程度まで多様な議論を可能にしていた、そして最終的に採用される政策にも複数の落としどころを用意してきた面があるとされていますね。与党の中の複雑なヴェクトルを通じて、対抗するに足る数も力もあった野党からの要求事項も、妥協とともに実現されるという実態があった。

現在は自民党の「一強」で、連立しつつ牽制するはずの与党第二党も根本的な批判はできない。国民には丁寧にご説明、と口で言うだけ。いまの自民党は法の面では革命政党です。

一方で、かつて五五年体制の中で数でも伯仲する野党が権力を監視・牽制し、その集中を防いできたと言われてきましたが、実際にはそんなに奇麗な話ではなく、一種の狎《な》れ合いでもあったことが判明し、野党の機能というものが信用されなくなった。

大塚　一九六〇年といえば安保改定の年ですね。あれは日米関係、あるいは世界と日本との関係が大きく異なった視点から対立的に議論されたひとつのピークだったのかもしれない。ところが六〇年安保で提起された問題はいまもなお、基本的に進展はなく、政治的な構図は全然変わっていない。

野党側、アンチを言う立場が当時は左翼とされていたけれど、その一角はたとえば赤軍派のように尖鋭化し、現実的にまったく力を持ち得なくなったでしょう。そして、社会党などの既成政党もどんどん力を失っていく。姿勢を変えないということをいわば神話化してポジションとしてアンチを維持しているのは共産党くらいで、政府が置き換えられる可能性はあまりない。

政府がもし替わっても継続するのは官僚組織ですが、政権がなかなか代わらない中、現政権と指向性の合う省庁や官僚が力を肥大させている。だから絶対に突き崩せないような状況になっていますね。

民主党は一度は政権を担当したけれど、官僚を敵にするばかりでうまく使うということがまったくできなかった。官僚群の思考の、法令や規則を介した一体性から来る強さに勝てなかった。

――「アンチ」の議会内での最後の切り札とも思われる日本共産党も、その存立からしてものすごく近代主義的ですよね。

大塚　象徴的なのは、日本共産党の委員長にも東大出が多いことです。日本国の官僚トップ層と共産党のトップ層はしばしば同じ東京大学を経ている。笑っちゃうような話だけど、おそろしいことです。

宇沢弘文さんとよく話していたのだけど、上田耕一郎と不破《ふわ》哲三《てつぞう》の兄弟と宇沢さんはほぼ同世代なんです。宇沢さんも一時期、短期間ですが党員で、日本共産党の上位メンバーである彼らにしばしば指導されたそうなのです。「君程度のマルクス主義理解ではまっとうな共産党員にはなれない」と怒られたって。国の行政でも共産党でも、幹部になる競争においてはその体系における能力主義に従うことになるというのは同じで、いわば裏返しの世界なのですね。

――幹部官僚のなかで、私が編集の仕事上で知り得た人々のなかに「よい官僚」は稀におられました。法の正しい執行に専心する官僚像ですね。ヴェーバーは、そのためにこそ官僚は強く身分保障されなければならないと述べています。

　八〇年代、かつて警察官として最高位に近くありながら、常態化した不正経理の問題を、自らもそれを止められなかったという悔恨とともに明らかにした松橋忠光さん。さきにも触れましたが、九〇年代からの「ゆとり教育」論議のなかで「ミスター文部省」とも呼ばれ、戦後の教育基本法の予示したはずの社会を実現しようとしている寺脇研さん。『世界』ではそういう人に誌面に出ていただきながら、自分自身が生きる社会の「公共圏」に期待を繋ごうとしていました。彼らの行動は、後続の警察官や文部行政官への励ましになるはずだと思ってのことです。

大塚　そもそも、世の中を何らかの意味で良くしたいと思って公務員を目指す人は多いはずです。その中には、能力的にも相当に優れた人はいるでしょうが、単一の思考の中でしかその能力を発揮できないようになっている、ということはある。

――　現今では、経産省と財務省の構想する社会と整合性があります、というかたちでしか施策を通せないのではないでしょうか。

「ゆとり」教育とはメディアの造語で、これが誤解を招き続けているのですが、もともと、急成長の時代が終わった後の日本の価値観、必要な人材との関連で経済界も求めたものでした。一九八七年の臨時教育審議会答申は「個性尊重、生涯学習、変化への対応」を謳った。

大塚　あの時代は、銀行の頭取までそういうことを言い出していた。

――　それが「ポストモダン」状況への日本社会の適応の試みだったはずです。

しかしいまや、単一的価値観、単一の思考の覇権が戻っている。その中で生きるのが息苦しくなった者は周縁に追いやられる仕組みが社会全般の意志のように機能している。若い人の中には、近代の繰り返しのような価値観に最初からデタッチの態度をとる人もあるようですが、それで社会を維持し、生きていけるかどうかはまだ誰にもわからない。

今後の対話では、やはり人格とか主体の概念の再検討をしたいと希望しています。「共感」についての話が可能になるのは、その後かもしれません。

リズムと共感

大塚　彼自身は共感という言葉はそれほど使わなかったけれど、僕は中村雄二郎さんをやはり思い出します。passion は情熱とか激情と訳されるが、受苦、さらには共感という感情まで含むそうです。

受苦ということにおそらく繫がって、中村さんは「哲学はリズムである」ということをおっしゃっていた。生命・宇宙のリズムと一体化することが、哲学にとって根本的に重要なことだという意味なんだね。リズムなどと言い出すと、なに言ってるんだ、という話になりかねないんだけど。

——リズム、波は終わりを想定しない概念ですね。直線的思考をほぐし得るのかもしれません。中村さんはあれだけ幅広く学んで、しかもその蓄積に留まることなく自身の感覚を使って世界を捉え直そうとしていたのですね。

大塚　彼は社会的栄達を求めなかった。組織の長のような役割はことごとく断って自分の仕事だけを中心にやったというのは、大学にいる人の中ではほんとに稀ですね。ただね、ちょっとおっちょこちょいのところがあるから、知らない人には怪しいと言われる。

リズムの話は「宇宙の音楽を聴く」というところから始まるのです。電波望遠鏡に入ってくる宇宙からの背景電波を音に変換して聴いたりしていた。

――新しいパースペクティブを創り出す人は一種の感激屋であったりします。まず驚くことができる。開かれている。防御に固まっていると、現象に眼も思考も開かれない。自分にとってあらたな観念や感覚に身心を委ねるというのは、自己意識の保持とのあわいで、怖いことでもありますから。そういえば中村さんが「言語のことを言語で考えてると、ほんとうに頭がくるいそうになるんだよ」と言ったのを私も聞きました。

大塚　そういういわば変性意識状態に近づくようなことを素直に受け入れる。たとえばバリ島の土着的な演劇を山口昌男さんや大江健三郎さんなど、みんなで観に行ったわけだけど、中村さんはそこにわれわれとは異なる宇宙観や人間観がダイナミックに織り込まれているのにすぐに気がついて、感激するんです。それが『魔女ランダ考』（岩波書店、一九八三）といった仕事に結実していく。

中村雄二郎『魔女ランダ考』
（岩波書店、1983）

――自我の鎧を外してみることができるんですね。近代のキーワードは「武装」なのかもしれません。外に対しても、自分自身の内面についても。

線的思考からは線の終端が自動的に想像され、それは恐怖を呼ぶ。量的思考でも量の減少、ひいては消尽への恐れがある。自己を開いて、宇宙のリズムに委ねるなんて考えたらそれは近代的自我の死に等しい。

一方で、個人、個体が「閉じている」ことを前提とするなら、あらゆる認識論はそこで止まらざるを得ないでしょうね。

大塚　中村さんの理論の展開は、リズムというあらゆる文化や習俗に観察されることへの気づきから、共振という共感の始まりにあるはずのところに行くんです。共感という意識できることがらの前に共振ということがあり、そこで言語以前のコミュニケーションが成り立っているはずだと考えていく。中村さんが言い出した「演劇的知」「臨床の知」というあり方にはそういうことが含まれている。

——　仮想的にでも分割して、観察した断片を還元論的に再度結びつける習慣に立ったのが近代的な分析知だとすれば、中村雄二郎さんが「演劇的知」「臨床の知」を言われる前提には「無意識の発見」があり、ユングの集合的無意識やシンクロニシティ、日本での河合隼雄さんの仕事の広がりもある。

大塚　当然そこにつながっている。現象学とも。

——　中村さんはパトスの知ということも言われました。近年ではネガティブ・ケイパビリティーという考え方が知られるようになっていますが、そこには共通するところがあると思うのです。

すべてを理解することはできないという状態に耐える力、受苦ということにそれは関わると思うのですね。

主体としての個人という観念や、科学による世界の把握に綻びが生じているという気配は多くの人が感じとっているでしょう。思考により仮構された近代的主体に、科学では説明しきれないことがらが気づかれ侵入してくることに人は不安を感じるのだと思いますが、いや、それは必ずしも恐れるべきことではないかもしれないよ、と囁《ささや》くような気がするんですね。それらの言葉は。

大塚　あなたの言い方で言えば、やはりある種の武装解除が起こるべくして起こるんだと思う。そこには何らかの決定的な体験が必要なのでしょうね。美術や音楽、演劇にもそういう働きがたまさかある。

デカルトと反デカルト、そして西田幾多郎

――「パレオロジック（古論理）」という言葉を最近知って、なんだかわからないまま喚起的だなあ、と思ったのですが。

大塚　それは相当危ない議論でもあるんですよ、正直に言うとね。しかし、なぜそれを調べるのに意味があるかというと、デカルト的な推論のあり方に対するひとつの違った見方を提供しうるということだと思います。

例えばデカルトと同時代にナポリにいた、ジャンバッティスタ・ヴィーコの考え方。岩波文庫にもなっている（『学問の方法』一九八七）。

あなたがそういう問題を出してくれたから思い出したのだけれど、デカルト的な論理があまりに圧倒し、以降全部デカルト式になってしまっているということへの懸念、あるいは直観的なところから来る反撥が、デカルトが生きている時代からすでにあったということですよね。

デカルトの思考は問題を解くのに有効性を持っているということで拡がったのだろうけれど、その場合の問題を解くとは要するに、技術に適用しやすい形で解くということだった。思考の多様性ということを思えば、そこからはちょっと外れる、たとえば想像力を加味しなければ解いたことにはならない問題というのは、人間には圧倒的に多いわけじゃないですか。そういうものはデカルト的にクリアカットにしても捉えらず、漏れ落ちてしまうものも多い。

――デカルト的主体というものを前提にしないことには、現代の法律も作れませんね。技術的に。

大塚　そう。技術的思考には大いに使えるけれども、同時にそこから外れるものは排除するようにできている。そうでないもののありようをどう探していくかと考えると、案外難しい。西田幾《にしだき》多郎《たろう》が偉かったのは、それを一生懸命探していたということです。どこまで成果があったかというと議論が分かれるでしょうが。

――三〇代はじめのころ、戦没学徒のことを調べていると、京都学派ということがどうしても関係してくるので西田幾多郎も読もうとしましたが、もちろんぜんぜんわからない。いまはちょっと、わからないでもない感じがあります。戦没学徒の遺した文章の中には時に「世界史の哲学」への言及があり、林尹夫《はやしただお》（一九四五年七月、四国、室戸《むろと》岬沖を夜間索敵哨戒飛行中、攻撃を受け墜死）という極めて頭の切れる人も、そこに自己の運命の必然性を見ようとしたことが、いまも読めばわかる。木村久夫（一九四六年五月、シンガポール・チャンギー刑務所で戦犯とされ刑死）も、田辺元《たなべはじめ》の『哲学通論』のページの余白にびっしりと、自らの死の理由を捜し求め、処刑の前夜まで長い文を書きつづけていた。

田辺元は当時の大哲学者で学生への影響がとても大きかったそうですが、京都帝大で時局を踏まえた講義を行い、それは『歴史的現実』というタイトルで、一九四〇（昭和一五）年に岩波書店から出ています。その中では、過去の積み重ねから来た「歴史的現実」を選ぶことはできない。当為（あるべき姿）としての未来から現在は規定される。だがその歴史的時間の構造を自覚することで偶然は必然となり、不自由は絶対的自由となる。「現実の中に自己を失って現実と一になった私が行為する」などと言っています。

これはハイデガーの「現存在」という考え方にもつながりますね。それを同時代的に踏まえている。夜間飛行中に墜死した林尹夫は、こう書いています。

一つの真実のゆえに、他の真実を殺すほかはない。
それを説明するものは、なんだろう。一つには、「おれは歴史のゆえに、こうせざるを得ない」ということだ。そして我々は、「歴史より離れて生くるを得ぬものなるゆえに、しかせざるべからず」と考える。
ゆえにある人々のように、おれには恨むなどということはできないのだ。

いったい、恨むといっても、誰を恨むのだ。世界史を恨みとおすためには、我々は死ぬほかはない。

（『わがいのち月明に燃ゆ』筑摩書房、一九八〇。昭和一九年六月二五日の日記の項）

また改めて同書を繰ると、昭和一五年の夏期休暇に読んだ本として、第三高等学校一年生であった林尹夫は『歴史的現実』を挙げています。

大塚　西田幾多郎は自分なりの言葉で考えたんですね。用語をつくりなおすところまで遡っての哲学だから非常にわかりにくい。当時の優れた学生もどこまで理解していたのか、それはわからない。しかし田辺元というのはものすごく頭のいい人で、ある意味でわかりやすく、わかるように書いたわけですよ。だから学生なんかはそれに縋《すが》るように、時代と自分との関係に根拠を求めたのだろうと思います。結局田辺元も、敗戦を予期した昭和一九年になって『懺悔道《ざんげどう》としての哲学』を書かざるを得なかった。

――『懺悔道としての哲学』は読むべきものですか？

大塚　いや、読まない方がいいかもしれない。学生を引きつけた『哲学入門』などはすごくいいですよ。ものすごくうまくできている。一番最後、宗教哲学の問題にまで行くのです。

心の多様性を探る

――さきの大戦は、近代日本にとってその底まで割れるほどの破断界を成したと思っているのです。物量における総力戦だったのはもちろんですが、精神も言葉もすべて動員してしまった。戦艦の名に「大和」とつけて、それが沈められてしまうんですから。艦や作戦の名に自然の樹木や名山や大河、自然と精神の関わりで起きる現象の名をどんどん付けて、それらがことごとく敗れていく。だから戦後はスッカラカンです。

そこでは風景と心との関わりが消尽された。同じようなことを再び引き起こさないためにも、この列島の広い意味でのトポスのなかで、人々の内面はどのようにつくられてきたのかを知ることが、過去からの書物を読むひとつの意味だと思っています。

まさにトポスと人間の心という話なのですが、スティーヴン・ミズンは『心の先史時代』(青土社、一九九八)で、意識の考古学とも言えることをやっています。そこでは現代の心理学や脳科学などの知見を用い、原始の環境や生活のうち考古学的に判明していることと併せ、人間の精神、その働きを可能とする脳組織がなぜ、そしてどのような順序で造られたのかを探求しています。現在の研究でわかってきたことから時間を逆行させて推論し、考古学的に判明していないことをも仮定的に埋めてみて、そこからまた時間を順行するという方法。読む者も想像力を使うことになります。

論理で遡り、思い返して実感に至る。マーヴィン・ミンスキー『心の社会』(産業図書、一九九〇)もそれに近い方法を使っているのですね。複雑に見える知性や精神の活動も「積み木を並べる」「持つ」「ひとつをもうひとつに重ねる」といった「エージェント」の行動の積層として説明でき、心という捉えがたいものも、その原因はエージェントの活動に還元できるという。ミンス

ジュリアン・ジェインズ『神々の沈黙』（紀伊國屋書店、2005）

キーは人工知能の父と言われていますね。

　ミンスキーは徹底してデカルト的科学で人間の精神を説き明かしているのですが、私としては、いくらエージェントの働きを積層していっても、たとえば「電源を切られると嫌だな」という感情をＡＩは持ちうるのだろうか、と未練がましくも思ってしまいます。「電源を切られると嫌だな」と「思い」、「その阻止行動をする」という論理形式をＡＩに与えて持たせることはできるでしょう。しかしそれと人間の感情は同じものなのか。ミンスキーの考えでは同じなのでしょう。違うと言えばまた、精神とは物質的根拠に拠らないエーテルのようなもの、という話に戻りかねないのではありますが。

　しかしＡＩと人間では、何が入力されるかというのはいまのところ違いますね。人間の脳のみならず、身心全体に刺激として入るものがどれだけあるのか、それがどのように情動あるいは判断、心に影響するのか、少なくとも定量的にはわかっていない。ＡＩは入力されたことからはアルゴリズムを駆使して推論に似たこともできますが、皮膚感覚や内臓感覚、反射感覚——存在しているという「感じ」を裏打ちしている——をどうＡＩに入力するかは、たぶんまだわからない。生きた人のなかで何が起こっているのかも、ほんの一部しかわかっていないのだから。

大塚　ここに興味ぶかい本があってね、このジュリアン・ジェインズという心理学者は実に重要な問題に触れている（『神々の沈黙——意識の誕生と文明の興亡』柴田《しばた》裕之《やすし》訳、紀伊國屋書店、二〇〇五)。これは人間の、右脳と左脳の問題を究明しようとする本なんですね。

たいていの人は左脳に言語野があり、主に発話に関わるのがブローカ野、聴き取りと理解に関わるのがウェルニッケ野と、場所と働きまで含めて解明されている。これを脳機能局在論と言いますね。

ところが反対の半球、右脳のそこに相当する広範囲の部分がどういう役割をしているかが謎なのです。ジュリアン・ジェインズは、かつては右脳が人間生活のなかで現在よりも大きく働いていたのではないか? と着想する。彼の考え方によると、考古学的事実や碑文などを見ていくと、紀元前一〇〇〇年ぐらいから、心の意識化された部分の生成の原因でもある言語の多用によって、右脳的なものが見えなくなっていったという。これがかなり、具体的で説得的なんです。

それまで右脳が何をやっていたかというと、社会統制のひとつの方法として「神の声」を人々は聴いていたのだと。現在、それは法律など言語化した諸概念に拠っているけれど、紀元前一〇〇〇年あたりのころには左脳の言語は重要ではなかったし、「個」という問題もいまのようにはなかった。そして主体性云々なんてこともまったく、なかった。

そこにあったのは右脳から聞こえる「神の命令」で、人々はそれに従って動いていただけ。ホメーロスの叙事詩やマヤ、インカなどの古代文明のありようを見ると、彼の説明というのは実にうまくできているんですよ。

超越的なものによって人間は動いていて、それは言葉や時間の観念に分割されていない右脳の世界からそれぞれの心に聞こえてきて、それが即ち社会統制のルールだった。世界の古い文明にそれは非常に普遍的だとジェインズは指摘している。social controlという概念で結ぶと、神の声と現代の法律の役割は完全に合致するというんだね。

――季節とかリズムとか、そこにかかわる習俗や儀式にも繋がる。

大塚 そうそう。そうすると過去の人類の文化のありよう、国家のありようが現在とはまったく異なるものとして理解できてくる。たとえばマチュ・ピチュをなぜあんなとんでもなく不便なところに造ったのか、そういう疑問に答えてくれる。なかなかのものですよ。

天国への扉

――現在でも狩猟民のなかには、左脳的な認知に頼る都市民にはぜんぜん見えず何も感じられない、遥か先にいる獲物の気配を感じ取り、それが何かまでわかる人がいるという。そうした話にも繋がりますね。個人の独立より深い層の、基本的なところになにかつながった集合的感覚があるはずだということも傍証するかもしれない。

TED(ニューヨークに本部がある非営利団体で、カナダ・バンクーバーで毎年大規模な講演会「TED Conference」を開催している)という活動があります。いろいろな分野の人がプレゼンテーション(発表)をしてそれがインターネットで配信されている。そのある回で、ジル・ボルト・テイラーという脳科学者のプレゼンテーションがあったのです。彼女は脳出血で左脳の機能を大きく失うのですが、その後八年かけて回復する。本人が脳科学者なので、専門家としての知見で、ほぼ右脳を中心に生きていた期間の状態を記述していく。これは『奇跡の脳』(新潮社、二〇一二)という本にもなっています。

彼女は左脳の弁別的機能を失っている間、無時間的な、ものすごい幸福感の絶頂の中に生きていたと言うのです。右脳的世界では、自分は思うだけでどこにでも行ける。世界と自分の区別がなく、すべてが一体として遍在している。クロノスではなく、カイロスとしての時間のなかで生きていたという感じが、彼女の話の様子からわかりました。われわれでも、夢の中などでそういう状態になることはありますね。「悟り」の体験というのも、これと関係するように思います。

右脳による認識は左脳によるそれとは別種の明晰さを持っているようです。『奇跡の脳』には脳卒中発作直後、テイラーが浴槽の壁に手をついて身体をようやく支えながら、こう感じたという記述があります。

「脳は体重を支えて動く下肢の筋肉の塊りの全てを調整し、倒れないようにまた調整をする。自分の脳の内部的な活動をハッキリ感じるのが奇妙に思えました。こういった自動的なからだの反応を感じるのも、もはや知的な概念化によるものではありません。それどころか、脳とからだの五〇兆個の細胞が完全に協調し、肉体的な形態の柔軟さと全体のまとまりを維持すべく、どんなに力を尽くしているかを一瞬にして悟ったのです。人間の設計（デザイン）って、なんて壮大なの！　畏敬の念をもって、神経系が、あらゆる関節の角度を計算し続ける自律機能に目を瞠りました。」

細部まで一気《いっき》通貫《つうかん》して全体が在る、幹から枝から葉脈までも、その細胞の構造までも理解できている、摑めているという感覚。概念としてではなく、全体のままの全体。言語による線的な記述ではあらわすことのできない把握。

この前、帰り際にテンプル・グランディンという人の体験についてちょっとお話ししました。『我、自閉症に生まれて』（マーガレット・M・スカリアーノ共著、カニングハム久子訳、学研、一九九四）など、著書がいくつかあります。いわゆる自閉スペクトラム症と名付けられる一連の傾向のうちの、ある特性を持つ人です。

彼女は、食肉にするために殺されていく牛たちを見て、牛たちが安楽の中で死んでいけるようにする装置を設計し、造るんですね。ベジタリアンになるとか、それを見ないようにするというのではなく。その装置は牛の殺される場所への入り口に設置され、牛の身体を「適度に」締め付けるんです。そうすると牛はおとなしくなる。この締め付けの強さや拡がりの度合いについては、彼女自身が、締め付けられて身体の自由がある程度制限されることで安心するという感覚を用いて厳密に調整されます。

私の友人に身心障害学を専攻した者がいるのですが、彼も「自閉症」がいまよりもさらに理解されていなかったころ、パニックを起こした今で言う自閉スペクトラム症の子どもを、とにかくぎゅっと強く抱きしめることで落ち着かせるという試行錯誤をしていました。一九八〇年代の後半のことです。

自閉スペクトラム症の人のなかには「自己」の範囲と濃度をつかむのに支障を来《きた》している場合

があるのかな、と想像します。聴覚や視覚などの情報を適度に意識化し、かつ無視する機能に問題があり、結果として情報が大量に入りすぎるのか、聴覚過敏が現れたり、視覚などの刺激に疲労したり、場所や予定の変化に混乱するということもあるようです。

テンプル・グランディンは用具の設計に才能を示し、牧場や精肉工場などの家畜を扱う設備の設計者として成功するんですね。そしてこんなことも書いています。

「人間には自らの行為の結果と意味を理解できる、良心というものがある。動物の命の終わりは敬意をもって扱われるべきである。それは私自身の存在意義をより認識させることになるのである。理解を深めるために、私は牛を屠殺《とさつ》できなければならなかった。また、同時に彼らに対する優しい態度と敬意も、維持しなければならない。屠殺は無情な行為ではあるが、無情は自然の摂理でもある。優しさもまた。」

また、「こだわり」による反復行動のストレスに苦しむ中、彼女はある決定的な体験をしている。学校の礼拝の時間に、牧師のこんな言葉を聞くんですね。

「あなた方一人ひとりの前に、天国に続く扉があるのです。開きなさい。そうすれば救われます。」

そして彼女は思った。

「多くの自閉症児がそうであるように、私はすべてを文字どおりにとった。私の心はひとつのことに集中した——『扉』。天国へ続く扉。通り抜ければ私を助けてくれる扉。」

イメージや抽象としてではなく、個別的現実としてその言葉を受け取った彼女は、その通りのかたちの扉を探し出さなければならないと考える。そうしてある日、学校の寮のそばに建築中の別棟に、それを見つける——。

「はしごが架かっていたので、本を下に置いて、四階まで登ってみた。そこから小さな渡しが突き出ていたので、上がってみた。あった！　扉が！　それは小さな木の扉で、屋上に抜けられるようになっていた。足を踏み入れた場所は小さな物見塔であった。山々を望む三つの観察窓があった」

「やっと探り当てたのだ！　目で見られる象徴を。私がするべきだったことは、この扉を歩き抜けることだったのだ。もちろん、当時は、私が目で見て考える人間で、抽象的なものを概念化するためには、具体的な象徴が必要であることに、気づいていなかったのである」

通常、人がイメージを言語化する時には、同時にそのイメージの価値や是非の認識を伴わざるを得ない。ところが彼女の「天国への扉」のイメージは文字通りの――ここに「文字通り」という言葉があたるのは一種の逆説ですが――天国への扉で、善悪可否以前の根源的なところで共有されうるような像です。そういう認知・認識（cognition）というものもまたありうるのだ、という手がかりが病者や障碍者《しょうがいしゃ》とされる人の体験を通じて、得られることがしばしばあります。

大塚さんのお話を伺いながら、いきなり「反近代」に脱出口を求めたりするのは勘違いだと自分でもはっきりしてきました。近代のつくってきた価値はそうたやすく否定できるものではない。しかし例えば「調和」と言ったり考えたりするとき、それが観念語にとどまり内実を欠くということは起こりがちだと思います。一方、近代が標準、あたりまえとして措定した人間精神の像とは異なる分化をしたテンプル・グランディンさんの心の中では、残酷さと優しさが同居して「調和」していた。

右脳中心の意識状態にあったジル・ボルト・テイラーさんの心にも、分析・還元とは異なる、しかし確かな cognition の状態が起こっていた。そして人格として成立していた。そうしたことをどう考えるか――それは芸術全体のテーマでもありますし、時には方法でもあると思います。

さまざまな意識の状態と人類的な旧い記憶との関係。それを想像してみることは、心の多様性を見つけ直していくうえで、役に立つことかもしれません。

第5章
「主体」の観念、以前

（二〇一八・三・一七）

——一九八〇年代の末頃だっただろうか、「旧来の岩波文化を破壊する」という言葉、あるいは思潮であり符丁のようなものが大塚編集部長周辺から——あるいは大塚さん本人からだったか——感じられていたことがあった。その時には「旧来の岩波文化」という言が何を名指そうとしているのかさえ、僕にはわかっていない。

戦後民主主義とともに再度力を得た教養主義を、出版の世界で代表し圧倒的な力を持っていた岩波書店。しかし、戦前の教養主義が一部の人のものに留まり、ついに戦争への滑落を防ぐに足りなかった、反省はかつて文化の中にあったという。そういうことと関係あるのかな？　くらいの認識だった。

だが前回、ジャンバッティスタ・ヴィーコの話が図らずも出てきたように、それはさらに広く、人間の知と思考のありかたを始点から問うという企図に立つらしいことがわかってきた。

モラルと人格の起源

――岩波新書の『モラルの起源』（二〇一七）を読みました。著者の亀田達也さんは「実験社会科学」という考え方を提案しておられるのですね。生命体としての人類が条件変化を取り込みながら適応を重ねて社会をつくり、つくった社会に適応し、変化しながら文化をつくる。

ミツバチの「集合知」の話が出てきます。ミツバチは個体それぞれがではなく、群れがいわば一つの個体として環境を探知し、判断していくかのように行動している。

一方、人間については、ホッブズの言う「万人の万人に対する闘争」「自然状態」から社会がつくられていく流れの簡単なおさらいが書かれる一方で、「利他性」「共感」といった、類人猿の時代からの進化史に繋がる「自己と他者」「個と社会」の相互創成から生まれたのであろう、心的特質についても触れられています。

『正義論』（原著は一九七一年）で有名なロールズやゲーム理論への言及もあり、文化相対主義にも触れている。アントニオ・ダマシオらが近年、脳神経科学の面からあらためて光を当てた、フィニアス・ゲージの話も出てきます。

円満・活発な人格で職業人としても信頼されていたアメリカの鉄道技術者のフィニアス・ゲージは一八四八年、爆発事故で飛んできた鉄棒が頭蓋骨を貫いて脳に損傷を負って以来、一命は取り留め身体的には回復したものの、共感性も社会性も欠けた人間に変わってしまった。心理学や脳科学では著名な事例ですが、ダマシオらは一九九四年、ゲージに類似した脳損傷で似た症状を持っていた人物の頭蓋骨の傷を調べ、知性と感情と意志決定を連携させる脳部位が損傷して人格が変わったのだ、それは前頭葉の中でも眼窩《がんか》前頭皮質である、との説を出しています。いまでは多くの異論も提出されているようですが、脳機能の局在性と情動とを結びつけた画期的な研究です。

大塚　あなたの提起のなかには、人間の「主体」というものの成り立ちへの問い、それが最初からありましたね。問いというよりやや強く、人々が前提にしているような主体なんてほんとうにあるのか？　という疑いなのかもしれないけれど。それはとくに、近代以降の人間の知識の歴史のなかでずっと問われてきたことでもありますが、依然として確たる解答はないのだと思います。

前回お話ししたジュリアン・ジェインズは、脳が右半球と左半球に分かれていることから**bicameral mind**（ふたつの部屋の心）という言葉を紡ぎ出すのです。**camera obscura**（暗い小部屋）が語源になったことでわかるように、カメラという言葉には「室」という意味があります。すっきりと日本語に翻訳するのは難しいけれど『神々の沈黙』では「二分心」いう言葉にしてあります。

人間の主体性の如何《いかん》を考えるとき、この大きな問題に必ずぶつかる。現代人が思うような「自己」の認識は、基本的に脳の左半球の仕事だとされています。左脳は言語脳であり、意識を成立させる場所で、さらには「時間」は左脳的機能の中にあるとも。ジェインズの見方だと紀元前七〜八世紀、ギリシャでタレスなどが出てきた頃に左脳的機能の存在が気づかれていた。

しかしそれに先立つ厖大な人類史の時間がある。もっと古くからシリアとかエジプトとか、い

映画『戦場のメリークリスマス』（1983）よりハラ軍曹

ろんなところに大文明ができていた。その頃の人々はどういう意識構造を持っていたのか？　それを考えたのがこの本の一大特色なんです。

続きがあってね、『神々の沈黙』を読んでいて「神々の意志を実行する」人間像というのをイメージするうちに、僕には、一見すると別の話、しかし明快に連想される話があったのです。

それはヴァン・デル・ポストの『影の獄にて』（新思索社、二〇〇六）という本のことです。これは『戦場のメリークリスマス』（一九八三）という大島渚が監督し、デヴィッド・ボウイや坂本龍一が出演して評判になった映画の原作になった話を含むものなのですね。

物語の中のローレンス中佐には、オランダ領東インド（インドネシア）で、実際に日本軍の捕虜になったヴァン・デル・ポスト本人の体験が投影されている。捕虜収容所でハラ軍曹（映画ではビートたけし）という下士官が捕虜を虐《いじ》めるんですね。非人道的だと、周りの英国やオランダの兵士は憤る。ところがローレンスは、ハラはただ粗暴で暴力的だということではないのではないか、とずっと考えている。もともと南アフリカ生まれのアフリカーナー（主にオランダ系の白人）であるヴァン・デル・ポストはそれまでにも、いろいろな民族との関わりを体験している。その上で日本人の特殊性ということを考えていくのです。

それを究極的に表すと、アマテラス以来、つまり歴史を遡るその始原から、日本人は天照大神《あまてらすおおみかみ》という太陽神でありながら女神である非常に特殊な存在の中に包摂されて生きてきた。つまり彼は、戦前の日本人は『神々の沈黙』が記す世界と同じように、アマテラスの声を聴いてきた、と言うわけです。

捕虜を虐待するのだけれど、同時に誠実で私心がない。それらが同時に成立するというのは西洋の自我観からはありえないことだとローレンス、つまりヴァン・デル・ポストは観察し続ける。そしてついに、ハラに対して一種の親しみが湧いてくるようになる。

――アルカイック、という言葉が浮かんで来ます。善にも悪にも属さない微笑み。

大塚 そう、両面を持っている。そこに一種の友情が芽生える。最終的には、お互いがその違いとともに理解し合えるところまでくる。

日本軍は負けて捕虜虐待は裁かれることになるのだけれど、ハラは一切自己弁護をしないんです。「私は与えられたことを誠実にやっただけだ」と言い、ローレンスからの助命の証言も拒絶する。結局絞首刑になるのですね。そして死刑にされる前、ハラは満面の笑みと美しい素朴な瞳で「ローレンスさん、メリークリスマス」と言う。

ヴァン・デル・ポストは、その成り立ちからして違う異文化の間で人間の了解、それが生じたと感じたのだと思います。

――大貫恵美子さんの象徴人類学的分析の話のところで、思わず「月に照らされた大地という風景が、あらゆる人間の精神の根柢に伏在している」と私は言いました。ここで、また繋がってくるんじゃないですか？　ハラは女性の太陽神に照らされる大地で、覚醒した無意識で生きていた。赤子として、善にも悪にも属さず。撞着語法《オクシモロン》ですが、語義矛盾は言語の基礎にある二分法を迂回した光を、事物に当てて見せることがある。

ユング的思考

大塚　河合隼雄さんはユング研究所の資格論文として、日本神話の分析を書いた。その中では、アマテラスという神がいることの意味を明らかにするということが、非常に重要な要素になっている。一九六五年のことですから「日本神話」なんて右翼の専有物のように扱われていた。それもあって河合さんのその論文は長い間一般には公表されなかったのです。現在は『日本神話と心の構造』（岩波書店、二〇〇九）という、英語の原文も収載した本になっています。

　ヴァン・デル・ポストはユングと親交があって『ユングと、われわれの時代の物語』（Jung and the Story of Our Time, 1975　未訳）という本も書いています。たまたまその本を昔読んでいたので、そういう理解をできたのだけれど、やっぱりそういうところが繋がってくるんです。

　日本の、維新後七五年間の戦争の歴史を考えてみると、西洋列強を中心とした世界中が左脳の世界に行っている中で、二〇世紀に至っても、アジアには右脳的特性をもった精神文化と行動が残っていたということも関係しているのではないか。右脳を中心とした「神の命令」によって人々は動いていた面もあった。しかしある意味ではそこにこそ「自由」があって、日本人にとっての「主体性」とはそういうものだったのではないかという考え方です。もちろんそういう気づきや発想は、当時の学問や出版の世界では危なくて表明できない。

――「神の命令」にみんなが従っているならば、個人の心の苦悩という近代の一大テーマもない。身分社会の現実にも適合し、階層の固定は疑問の種にもならない。あるいはそういう社会だったからこそ、神の命令は聞こえ続けたのかもしれない。

大塚 そういう問題も含めて、主体ということを再考せざるを得なくなる。下手をすれば、基本的人権や個人の権利の概念を敵視するタイプの右翼や「日本会議」などがいま異様に拡がりを持ってきているのも……

――わからないでもない。

大塚 そうなってしまいかねないのです。だからこそ、人間の主体性とは実際なんなのかということを、いろいろな側面から考えないといけない。『神々の沈黙』が提起しているのは単に近代以前の人間像だと表面的に否定しても有効ではない。では近代とは、近代の人間とはなんなのか、とすぐさま問いが返ってくるばかりなのです。

――われわれが簡便にも主体性とか名付けて論じてきた時、その材料は、輸入された思想に触発され急造された観念がほぼすべてであった。ところが人間の心とはそんなに身軽に西へ行ったり東に行ったりできない。夏目漱石も自らの近代的な半身も自覚し、そこには織り込めないもう半身も自覚し、消化不良に苦しみながら書いていた。

マルクス主義が入ってきたときでもすぐに「主体」云々が問題となり、戦後には哲学や文化の全般に拡がった「主体性論争」というものがあったそうですね。いま思えば、私が高校生から大学生の頃も、雑誌にも掲示物にも「主体性」「主体的」という言葉が過剰にありました。

主体的かどうか自信が持てないからこそ、「主体」が叫ばれたのかもしれない。開国、さらには敗戦による占領以来の反米の気分の底から、「主体」云々という発想が出てきたのかもしれない。

昔の話どころではなく現在もまた人が主体的でありにくい文化、空気、あるいは社会経済的状況であることは確かです。それらは相互に絡みあいながら現状を固定している。

ではなにが有効なのか。個人とか自我、主体が意思の座としてどこまで確かなのか、追究することは大切でしょう。そのためにはそこから、何千年何万年の過去にまで拡がった視点の導入が必要なのかもしれません。

大塚 その意味で言っても、河合隼雄さんもヴァン・デル・ポストも圧倒的に影響を受けたのはやはりカール・グスタフ・ユングからなのです。ユングというとすぐに「集合的無意識」ということになりますが、彼が考えていたことの、ほんとうのところはよくわからない。錬金術の研究までして思考の始原を求めたというけれど、その時ユングは何をイメージしていたのか、実はわからない。

―― 心も現象も、還元論だけでは語れないということは私も感じます。大塚さんに教えていただいてアントニオ・ダマシオを初めて読んで、それがこれまでの常識とは違っていて、しかも明快なのにびっくりしました。多くの事象の理解に妥当する見方を提供する。ですがそのダマシオにしても、私にも理解しやすい部分はやはり還元論的なんですね。

人間は知的に理解する以前に情動で、より全体的に無意識的に素早く「判断」しているという発見を彼は提起しているわけですが、その際、系統発生的な歴史が脳の構造と機能の中にあることをあらためて証拠立てようとしている。古い脳に属するとされる情動が先取的に判断を下していることと、脳の進化論的構造が繋がるという説明はやはり一種の還元論でもある。

デジタルの世界では、その作法を「マッピング」とも呼んでいますね。ものごととほかのものごとは一対一対応していると仮定することによって、すべての問題が情報処理になじむようになる。

そのうえでもダマシオの説は説得的で、生物の行動においてその「意味」の認知は後付けになっているという。指摘されてみるともっともな話で、たとえば捕食者に出会う危険を察知して、逃げるにしても反撃するにしても、行動を決定することは実はほとんど情動だけがやっている。考えていたら逃げ遅れるから。そのように動物はみな、旧い脳の機能で生き延びてきた。自分は考えて行動している、などと考えられるのは大脳皮質が極端に発達した人間だけです。

ユング自身が書いたものはむずかしい、わからないと言われますが、どうしてわからないかはなんとなくわかる。事物同士が一対一でマッピングされていない。何かの原因が何かに還元されない。もっといえば「事物」ということが、個別の事物に切り分けられないことを前提に思考している。

思考の届かない場所や時まで含めた関係性が、すべての事物に含まれていると語りたいらしい。しかしそれを語ろうとすると、近代的な論理という筋からすると飛躍し、かえって断片に切断されているように見える。言葉にするということは、そういうことにならざるを得ない。そのもどかしさに真実の別の貌《かたち》があるかもしれないというのが、素人がユングを読むときに感じる意外性の明るみと重さの理由のように思えます。

大塚　ええ。いまのはあなたの言葉だけれど、僕も僕なりの道筋で、その辺りの問題はたとえば「共時性」ということを手がかりに考えるのが面白いんじゃないかという感じがしています。

暗い時代の明るい絵

大塚　ところで、僕は長谷川利行《としゆき》という画家のことが長らく気になって調べているんです。長谷川利行の生年は一八九一（明治二四）年ですが、生まれた日付にはいくつか説があってはっきりしない。若い頃は和歌に凝っていて、何冊かの歌集を自費出版している。

一九二一（大正一〇）年に三〇歳で東京に出てくるのだけれど、いつから絵を描き始めたのかは不詳で、没年が一九四〇年、太平洋戦争突入直前ですから、絵描きとしての活動をしていたのは一五年間くらいしかない。

大正デモクラシーと言われたが、政党政治が腐敗し、五・一五、二・二六などのクーデター事件が続き、陸軍大臣現役武官制（一九三六）が決まり、軍に政治の急所が押さえられてしまった。暗い時代です。治安維持法の下、特高《とっこう》が猛烈な力を持ち、一九三三（昭和八）年には小林多喜二が警察に文字通り虐殺される。

そういう時代に長谷川利行はなぜか明るい絵を描いているのです。原色を使った明るい色彩から「日本のゴッホ」とも言われた。線が伸びやかで、鬱屈していない。とらわれていないんです。

当時の他の画家たちの絵は、当然どんどん暗くなっていった。典型的には松本竣介《しゅんすけ》（一九一二―一九四八）ですね。彼は一九四一年、軍部の美術への干渉に抗議する「生きてゐる画家」という文章を美術雑誌の『みずゑ』に書いたことでも知られるのだけれど、もちろん画家として非常に才能のあった人です。その松本竣介も昭和初年あたりまでは美しい、シャガールばりと言ってもいいくらいの色彩で都会の風景を描いている。ところが戦時の閉塞した空気に応ずるかのように絵がどんどん暗くなり、色がなくなっていく。

また、当時から功成り名を遂げていた画家たちが何をしていたかというと、戦意高揚の絵を描かされ、あるいは描いていた。その後、戦意高揚画を装いながらそこには戦争の醜さや悲惨さが描かれていたのだ、と評されるようになる絵もあるにはありました。たとえば藤田嗣治《つぐはる》（一八八

大塚信一『津田青楓』（作品社、2023）

松本竣介『都会』（1939、愛知県美術館蔵）

六－一九六八）だけれど、彼の「アッツ島玉砕」を観て戦意が高揚されるような人は確かに誰もいないでしょう。まさに屍体の山が描かれているけれど、やはり戦争画を描いたという事実の重さは無視できない。藤田は係累に陸軍関係者が多かったことも関係して、陸軍美術協会理事長も務めたのですし。

――　実際の戦争は絵に描けるようなものではない、という異議もありえますね。

大塚　少なくとも戦争画が美しいわけがない。どんな意図を持っていたとしても、美しくなんか描けるわけがない。小林多喜二を主題に描いた日本画家の津田青楓《つだせいふう》（一八八〇～一九七八）のような人もいたにはいたけれど、その絵もまた美しいはずはない（前頁書影参照）。虐殺された姿を美しく描けるはずがない。

大部分の絵描きは戦争画を描かなかったけれど、戦争を直接否定するメッセージも描けなかったというのが実際のところでした。そして戦争以外が主題であっても、その時代に描かれる絵は暗い絵であるほかはなかった。そういうなかで独り長谷川利行だけが、言ってみれば能天気であるかのように明るい絵を描いている。しかも当時の「貧民窟」で。どうしてそれができたのかというのが、僕の調べて考えているテーマなのです。

利行が上京して暮らした貧民街には、資本主義から弾き飛ばされた人たちがいたわけでしょう。全部「落ちこぼれ」なんですよ。利行はそういうところでしか生きられなかった。それでも毎年二科展《にかてん》に応募して、画家としての登竜門のひとつだった樗牛賞《ちょぎゅうしょう》なども受けている。ドヤ街に住んで安酒に酔っ払ってスケッチを描いて、五〇銭だ、一円だ、と売りつけながら暮らしている。そういう人間がいた、ということをどういうふうに理解するか。

――時代に背を向けるにしても、暮らすには困らなかった永井荷風とはまた違うんですね。

大塚 全然違うのですよ。川端康成も、その頃浅草に通い詰めて『浅草紅団《あさくさくれないだん》』を新聞に連載(一九二九～一九三〇)したり、カジノ・フォーリーという軽演劇・レビュー団の踊り子たちと交流したりしている。『浅草紅団』は浅草の不良少年・少女たちを川端が「散歩者、旅行者」としての目で描いた(川端は「私は浅草になじむことも、浅草にはいることも出来なかった」と書いている)という体裁のものですが、長谷川利行の方は「浅草辺りの不良」そのものでもあったのです。

これはもちろん仮説に過ぎないけれども、僕はどう考えても利行の、時代から落ちこぼれ、ときには反道徳的な生き方と、暗い時代に明るい絵を描けたことが強く関係しているとしか思えない。

――時代が暗く厳しくなれば、それを敏感に反映して暗い表現になっていくのが芸術家の感受性に期待されること、のように思われがちですが、そうとばかりは言えないということですね。逆転の表現もある。

永井荷風も谷崎潤一郎も川端康成も、時代からデタッチしようとしていたのでしょうが、そこで文章を成り立たせるには伝統美なり流行美なり、道具立てを必要とした。

戦争の空気から離れたい、逃れたいと思っていた人たちはいろいろな形でいたのですが、社会全体は全面化する資本主義世界への参入と闘争を理由として、戦時態勢へ突き進んでいく。「蜂とは違って人間には『集合知』がないからなあ」と、『モラルの起源』に書かれていたことをまた思いました。集団になると、むしろ方向を誤る。

個人というものがある、「かのように」

大塚　ヴァン・デル・ポストもそこを言っていたんです。他のヨーロッパ諸国と比べても、日本はナチス的なものと親和性があると。日本には一方で、アマテラス以来の母性的な精神の支配があるのは確かなのだけれど、もう一方には皇紀二六〇〇年にわたる「父」の支配がある。それをまさに「蜂」の比喩で述べているんです。

「集団としてみれば、日本人は、雄の女王蜂である天皇を中心とする、一種の蜂たちの超社会だった」

「日本人たちは、彼らの現実の、また空想上の過去に、あまりに埋まりこみ、あまりに盲目的に、無心に過去におちこんでいるために、彼らの人生観は、われわれ西洋人の切迫した時間とはそりが合わない。とりわけ、ますます大きな、もっと几帳面な個人の分化を要求する、やけっぱちの二十世紀の声に、こたえることができないのだ。彼らの人生観は個人的になることを拒むのだ」（『影の獄にて』由良《ゆら》君美《きみよし》・富山《とみやま》太佳夫《たかお》訳）

蜂には個々の個体としての意思はない、あるいは個体の存在のみでは意味を成さない。『神々の沈黙』が言っているbicameralな精神の在り方と非常に近いと、僕は思います。

個人の脳や心理の特性の解明が進んできている一方で、それら個々の特性と集団や社会との相互生成の関係をどう理解していくか。個人の心理の分析ということと、集団の心理の分析をどう織り合わせていくか。ナチズムやファシズムのことにしても、これまでの社会心理学は個人のアナロジーに頼りすぎてきたと思うのです。

ナチズムの分析で最も有名なのは前にも触れたエーリッヒ・フロムの『自由からの逃走』だと思いますが、そこでは下層中産階級が熱狂的にナチスを支持したという指摘がされているのですね。経済的に脆弱なところに置かれている個人は、不安になると何か強力なものに飛びつきたがるというのは、それはそうなのですが、個人の心理学をそのまま集団に適用するのはほんとうに妥当なことなのか？　集団としてナチスを支持した人々の中には、もっと別のものも働いていたのではないか。そうでないと、当時のドイツ人個人の価値観とナチス・ドイツ全体がやったことの乖離はうまく説明できない、と僕はずっと不思議に思っていた。

歴史家のノーマン・コーン（一九一五〜二〇〇七、『千年王国の追求』『魔女狩りの社会史』等）などはドイツ農民戦争で極まる千年王国論の研究をして、それをナチスの解明にも援用し「マスヒステリア」という言葉で説明したけれど、これも個人のヒステリー症状のアナロジーなのですね。

それが、ジュリアン・ジェインズが『神々の沈黙』で鍵概念としたbicameralな心、そして蜂の群れの比喩に出会って、はっとした。「神の声」を聴くのだから、どんな残虐なことも悩むことなくできたのかもしれない、と理解できるように思ったのです。

――そういう「大きな絵」が一方に間違いなくある。

その上で戦争中の日本で何が起こったのか。どんなに破局的な状況でも人間は個人の、細かい損得勘定で行動している面もあります。配給の食糧をどれだけ多く得るかは生存の可能性に直結する。だから情実やごまかしであっても使えるものは使う。

意識的に、手段と結果の関係を検討する。個人として。それは当然の判断とも言えるでしょう。しかし集団になると、それぞれが私的な損得勘定をしていることの隠れ蓑として、あるいは心的補償として「大義」が持ち出されて話し合いも判断も何もなくなってしまうのではないか。

ダニエル・ゴールドハーゲンという人の『普通のドイツ人とホロコースト』（ミネルヴァ書房、二〇〇七）という本には、ポーランドでユダヤ人を迫害し、トレブリンカで大量殺人を実行した第一〇一警察大隊に関連してこう書かれています。

「初めは血や内臓に震えあがるが倫理的には立派な仕事であると考える医学生と同様に、この隊員は自らの職務の不愉快な側面にいとも簡単に順応していった。その仕事に道徳的認可が与えられていたことが、なぜ同大隊のごくわずかの隊員しか殺戮免除を願いでなかったのか、またなぜ将校が殺戮分隊を志願者でもって充当したかを説明するものとなる。それゆえこの大隊においては、ユダヤ人殺戮は言葉の両義における規範であった。そうであればこそ、医療隊員さえも殺戮に参加した。」

もちろんその前提にはヨーロッパの反ユダヤ主義の長い歴史が積み重なっており、ヒトラーと彼がつくった暴力装置はそれを詐術によって「規範」に仕立てていたわけです。ここには、それが「大義」とされると殺戮にさえ人は慣れるということが示されていますが、そのようにしないと、自分が生き残る可能性が減ずるという計算も必ずある。

ヴァン・デル・ポストが描いた「ハラ軍曹」には計算はなかった。自分とは世界の部分でしかなかったから、消えていくことへの恐怖もなかった。対して、アイヒマンには近代人としての計算はあったでしょう。彼は計算して行動するあまり、自分自身を見失う。

戦争の時代、大部分の人々は「大きな絵」と小さな利害の混合状態を生きていて、しかもそれを自己分裂とは思わなかったのではないでしょうか。

大塚　個人の心理学を集団の振る舞いの説明に援用するというのは、そもそも分析的な考え方なのです。仮にでも「個人」というものが独立してあるかのように考えないと、分析という概念も分析的態度も成り立ちえない。

bicameral mindという発想は、個人というものが成立しうると考えられる以前の状態をそのまま見ることを促すのですね。「はたして本当かな?」と思うような要素もあるのだけれど、思えばわれわれが近代において経験した日本ファシズムを見ても、丸山眞男さんが指摘するように、その動因に分析的・合理的なものはまったくないというのが特色なのですからね。

『影の獄にて』の中に、こういうセリフがあるのです。ローレンスの話を聞きながらの、旧友の語りとして。

「『とにかく、彼の両眼をちょっとのぞいてみることだ』とローレンスは言った。『あの眼には一点の下劣さも不誠実さの影もさしていない。太古の光を宿しているだけだ。現代の油を補給され、光を増した、明るく輝く太古の光がね。あの男には、なんとなく好きになれる、尊敬したくなるなにかがあるな』」

残響する「古代」と「死者」

――それは大戦で日本が滅亡しようとした時代の知的な青年たちにも、あったことでした。

大塚さんはよくご存知のように、岩波書店に在職中の一九九三年、私は『三〇代が読んだ「わだつみ」』（築地書館）という本を出させていただきました。『きけ　わだつみのこえ』（東京大学協同組合出版部、一九四九。のち岩波文庫。さまざまな編集の版がある）を読み、父の世代について、自分の考えたことを書いたものです。大塚さんは社外での活動を難ずるでもなく「こういう仕事も大事だ」と言って下さったのを覚えています。

学生兵士らの日記や遺書を読む中で印象深かったのは、彼らが自らの死の必然に近い可能性を受け容れようと苦しむとき、母親や、姉、妹たちへの言及が多く出てくることです。「母や、妹の住むくにを護《まも》る」という表現になってくる。日本、天皇といった言葉はむしろ付け足りだと思えるほどに。

日本、天皇よりも母親や妹、母性や女性性の方が当人の心の歴史にとって古く深い、という考えてみれば当然のことがそこには反映しているように思います。もちろん古代的なものへの言及もありますが、それは母や妹の存在の、さらに基底にあるイメージと見ることもできる。が、その古代からの「国土」とは実際に自分たちがその足元に踏みしめているものなのか、あるいは想像のどこかに浮くものなのか。いまひとつ不確かな、あえて言えば頼りなさが時に感じられる。それは近代を享けて育った者が古代を探す、逆向きの旅の迷いのようです。

ご存知のように『きけ　わだつみのこえ』は戦後の民主主義と反戦運動の高揚に大きく役立てられた。そうした流れのなかでとくに好まれた文章は、たとえば上原良司《うえはらりょうじ》（昭和二〇年五月、沖縄で特攻死。二二歳）のものです。彼はこう書いています。

「私は明確に言えば自由主義に憧れていました。日本が真に永久に続くためには自由主義が必要であると思ったからです。これは馬鹿な事に見えるかも知れません。それは現在日本が全体主義的な気分に包まれているからです。しかし、真に大きな眼を開き、人間の本性を考えた時、自由主義こそ合理的になる主義だと思います。

戦争において勝敗をえんとすればその国の主義を見れば事前において判明すると思います。人間の本性に合った自然な主義を持った国の勝戦は火を見るより明らかであると思います」

戦後の思潮の文脈に置くにはぴったりなのですが、よく読むと上原良司さんはもっと多角的な状況を悩んでいたことがわかります。彼は別の箇所ではこうも書いています。

「吾人現在の希望を述べんならば、一刻も早く米英ソを屈服せしめて、彼らに勝る文化生活を展開し、往年のイギリスの如く世界何処の地に行くも日章旗の威力厳として存し、日本語を以て世界語となすに在り」

その気概も論理も、当時の青年俊秀のものとして理解できる。ところが「戦後」は彼の思考から都合のいいところだけを切り取ったのですね。『三〇代が読んだ「わだつみ」』を書くために調べ物をしているうちにそうした事情に気づいた。それで、当時すでに岩波書店の編集全体の責任者だった大塚さんのデスクに「岩波文庫の『きけ　わだつみのこえ』は訂正・改版すべきです」と申しに行ったのでした。大塚さんはもちろん、そうした原文との異同の問題を知っておられ「その通り。しかしね、君の思うほどそれは容易《たやす》いことではないんだよ」とおっしゃいましたが。

大塚　問題なのはつい七〇年前まで、ハラが生きていたような精神の世界が日本でははっきりと生きていたということです。それはたった七〇年前で、実に驚くべきことだと僕は感じます。

――「神の声を聴く」のに近い状態が戦中まであったとして、敗戦でそれがガラッと変わるなどということがありうるのでしょうか。

ひとつの説明は、戦後それが物神崇拝に変わったというものです。アメリカの圧倒的な消費文明に目を眩ませながら。

戦争が可視的な形では終結し、平和、再建、復興、貧しさからの脱出が国民的テーマとなりました。国土と経済の荒廃は全面的だったから、まずは生きるために働き始めることに疑問はなかった。ところが高度成長が続き、ある程度まで生存のためのインフラも整い、今度は生き方、生活の質を思い始めるときになっても、ただただ働くということは止まらなかった。

経済が要請し、消費文化が次々繰り出してくる「モノ」の幻惑が生の空虚さを埋めるということは確かにあったでしょう。また、繁栄していると見える社会の背後に戦争による全的破壊の暗い記憶が塗り込められ、それが顔を出そうとすることから目を背けるように、人々は新奇な物品や文化の消費にのめり込んでいくということもあったのかもしれません。なにしろ繁栄の時代とは同時に、冷戦の時代でもありましたから。

一方で、それとはまた異なる理由と態度で、戦後の空しさを生きた人たちがいることも後になって知りました。前にもお話しした河原宏先生はこんなことを言っておられた。

「戦後、経済学の分野で、アメリカで生まれた『達成理論』というのが浸透してくるんだけど、それは、富を得ることが達成で、それが経済の原動力になる、ということ。その、富を得た者を讃え、さらに多くの富を追求する、達成理論では日本は成長できない、という趣旨の論文を、僕は書いたことがある。

達成理論は一見手際よく経済成長の動因を説明しているのだけれど、僕は日本の戦後はそれだけでは説明できないと思った。ある一点を、とり逃がしているように思えた。敗戦時、日本の大都市・中都市のほとんどは焼け野原だった。戦後の日本人はここから働き始めて、やがては経済大国と呼ばれるまでになるのだけれど、そこには欧米人の目には『見えないもの』があったと思うんだよ。

焼け跡の廃墟に残された、見えないもの、というのは、死者の魂と、生者の傷心。そういうものは統計にも数字にも表れないけれど、日本人は死者の魂と共に働き始めたのだと思う。戦争に行った多くの人は、戦場に死んだ戦友を残し、帰国しても家族は四散していたり、多くは空襲犠牲者となって、既に亡かった。彼らは心の中に悲しみを、鎮魂の情を抱えながら、我を忘れてただ、働くことが救いだった、ということがあるのじゃないか。それは外から見れば憑依とも見える、自己滅却的な働き方で、だからこそ外国人はこの行動を理解できず、一種不気味さを感じて、『兎小屋に住む働き蜂』とか、『エコノミック・アニマル』という言葉を投げたのではないだろうか」（堀切和雅『なぜ友は死に　俺は生きたのか』新潮社、二〇一〇）

戦争の時代に青年であった一研究者には、戦後はそのように見えることがあった。戦中と戦後は表面では断絶しているようでいて、街路の地下に沈んだ水路のようなところでは、死者を通じて繋がっている。そして忘れるため、気を紛らわすために働く。

戦争で死んだ同世代というのは、生き残った戦中派にとってのカムパネルラなのかもしれない。「よい人たちが、自分よりりっぱな、優れた人たちが死んで行った」と、生き残りの人から聞くことがありました。

私が「後期戦中派」について調べ考えていたその頃には学徒出陣世代もまだ七〇歳前後で、彼らの言葉を実際に聞くことができた。そこには思いがけないほどの共感もあったのです。ところがまさにその一九九〇年代初頭にバブルが崩壊した後、結果として「失われた二〇年」と呼ばれるようになった時期については、その連続性も切れているのではないかと私は疑うのです。

戦争の時代の体験者は去っていくし、戦時体制が反転したかと見えしかし実はメビウスの輪のように重ね合わさっていった戦後的な進歩・拡張の精神もまた、さまざまな局面で有効性を失う社会になっていった。ひとつの時代が解明され反省的に受け継がれることもないまま、また次の、別の原理が支配する時代が来たのです。

「力」や「発展」を活力とした文化が軸を成していくことは、大局としてはもうありえない。近代国家という文脈においては日本は老いた国、老いた社会になったから。「失われた」年月に生まれ育ってきた者たちはそれに気づいているはずでしょう。一九九五年に大きな事件に至ったオウム真理教の不意を突かれるような拡がりも、その観点から説明できるところがあるような気がします。

そしてもはや「失われた三〇年」になろうとしている。「国民」としてはあらゆるエネルギーが——精神的なものも経済的なものも——流出する形勢にある。新自由主義経済というのはもともと、社会の成員の全部にとってありがたい性質のものではない。受身でいるしかない大多数はますます寄る辺なく、政治的には「劣化」する。世界のあちこちの古い「先進国」で排外主義が強まるのもその表現だと思います。「市民」はいない。ただモッブ（群衆）だけがある。そして集団は判断を誤るということを毎日のニュースが、あるいはニュースを流すメディアのあり方自体が証明している。

するとこういう考えも盛り上がってきますね。民主主義など機能しない。外国の脅威もある。だからオリガーキーは必ずしも悪くないのだと。日本の政権には「国民主権がいけない」と言う政治家もいます。

エリートが統べなければならない、さもなくば国家は零落するという考え方はそれこそ、プラトン以来ずっと表明されてきたし、妥当する面もあるとさえ思います。民主主義への疑念はこれからもいろいろな形で表面化するでしょう。

しかもまずいことに、民主制のなかで嘘や不法と共棲《きょうせい》する政権が、結局は軍の指揮権をも握っている。国家という形態が引き続き必要な世界の仕組みのなかで、潜在するこの動態が発動すると極めて危ない。文明生活の基盤とは非常に脆弱で、電力や水の供給やインターネットが停まればすぐに破局的なことになる。破局をもたらそうとする者を物理的に抑えうるのが結局は軍事や監視のシステムだということになると、国家が所有する物理的強制力を支配する政治権力が以前よりさらに隙もなく、圧倒的な力を持つことになる。

歴史的に新しい問題と人文学

大塚　困りましたね。明らかに、新しい問題がどんどん出てきている。それらは従来の知見では解決できないのかもしれません。ケインズ主義かハイエクの市場主義か、といった経済学による社会へのアプローチも役に立たなくなってしまった観があります。経済学は生産力や資金力など、諸力を分析してその運用のされ方を考えようとするわけですが「諸力」の構成自体が変わってきた状況です。たとえば軍事ひとつとっても、ＩＴとの結合によってその意味は大幅に変わっている。

あの経済学者の伊東光晴《いとうみつはる》さんが電話を下さって「僕の時代は終わりました」なんて言われるのですから。

――伊東光晴さんは一九二七年生まれですから、もう九〇歳をこえていらっしゃるわけですね。私がまだ岩波にいるころにも、よく約束もなく顔パスで編集フロアまでやってこられて誰彼となく檄を飛ばしていいました。時折、新聞などでお見かけすると「僕はケインジアンですから」と変わらず言明しておられる。

ところが実際には、たとえある国がケインズ主義的政策で雇用を創出し、シビルミニマムが護られる経済社会をつくろうと思っても、国境など無関係に利を図る投資家たちの都合でそれはいつでも覆されうる。頭の切れる人たちがどんどん、実体経済とは別の世界に行ってしまっているようです。

そのせいか、人文学なんていうのは贅沢だ、という発想まで出てきました。それどころかその背後には、人文学に一定の敬意を置き、協働しようとする本来の「社会科学」を否定し、データに切り揃えて「効果」を計量できるタイプの社会科学だけが「科学」だとする似非プラグマティズムの蔓延《はびこ》りが見てとれます。

最初に言及した亀田達也さんの『モラルの起源』に戻るのですが、亀田さんも、この本を書いたきっかけは二〇一五年六月八日付けの文科省通達だったと書いている。その文科省通達は「ミッションの再定義」と題されていたそうです。

特に教員養成系学部・大学院、人文社会科学系学部・大学院については、一八才人口の減少や人材需要、教育研究水準の確保、国立大学としての役割等を踏まえた組織見直し計画を策定し、組織の廃止や社会的要請の高い分野への転換に積極的に取り組むよう努めることとする。(「国立大学法人等の組織及び業務全般の見直しについて」)

理工系、それも応用的なもの——装置や新しい物質の開発であったり金融工学であったり——では、機能、効果、効用、効率をより高く生み出すのが優れた頭脳の使い方であることになっていますね。計量可能で、他を圧倒するもの。それに対して亀田さんは文系——なかでも人文学とは「人が人である所以を研究する学問である」と述べている。

「人が人である所以」からは「規範」という言葉も導き出せるでしょう。しかし規範と言ってもそれは支配の話ではなく、類人猿以来、人類が共生のしくみをも持った社会的動物であること、その必然的理由を再発見的に明らかにするために「モラル」の再検討が必要だ、ということなのです。

ところが寡頭制に回帰する世界とは、言ってみれば万人の万人に対する闘争状態で、だからこそ強力な国王権力が必要だというホッブズの時代定義に戻っている観がある。

知的な中間層というのは容易く吹っ飛ばされた

――本当のグローバルエリートはごく少数で、かつその優位性は強まるという世界になりました。中間の層はきわめて薄くなっていて、すぐにもその下に突き抜けてしまう。

大塚　暮らしのなかでなにを考え択ぶのか、選択肢がないのですね。その結果、知的な基盤の衰弱は甚だしい。

――エリートが社会・国家を牽引していくという構えさえ失われましたね。分断を現実として手法を語る知的エリートはいるが、一方で、何かしら突出して優れた人にとって、もう日本という場は選択肢のひとつに過ぎない。

わずかに残された中間層は社会、また国の構成とはデタッチの状態になっていく。ある程度の財力に恵まれた人たちは、国の頽落に巻き込まれまいと自分と家族に学歴や人脈、時には居住国や国籍選択の保険をかけておこうとする。そんな選択肢もない人たちの一部はネット上に、国防の問題があるんだからこの政権でないといけないんだ、と書き込む。それは結局、魯迅も悩んだ大衆の事大主義でしかない。

ＳＮＳ（ソーシャル・ネットワーク・サービス）というのは便利なもので、思いがけず昔の友人と連絡がとれるようになったりします。それでつい使うのですが、社会学者の岸政彦さんは『断片的なものの社会学』（朝日出版社、二〇一五）で、こういうことを書いています。

「それまで普通のひとだった知り合いや友人が、とつぜん韓国や中国を激しく罵り出したり、誰もそんな話をしていないのに、あの戦争は間違ってなかったと言い出すことがある。

強い恐怖を感じるが、いつも思うのは、むこうからしたら私たちも同じように見えているだろう、ということだ」

これはまさに私も経験していることです。ネット上で「反日」などという言葉を使っている昔の同窓に驚き、深い溝を思うのですが何もできない。いまの政権と異なる考えを持つのが反日ということらしいのです。話してもどうにもならないだろうと思い、出会い、関わること自体ができない人が増える。誰がいつ敵になるかわからないと怯え、居住地でも勤務先でもサイバー空間でも意見の表出は抑えて生きることになる。

第6章
「心」——変性するもの

（二〇一八・四・二八）

——前回の対話から今回までの間に、大塚さんは「東アジア出版人会議」のため台湾に行ってこられた（二〇一八年四月一七、一八日　台南市で開催）。半年に一度、各国・地域持ち回りで開催されて、もう第二四回。二〇一六年からは、ひとつの文化的まとまりを持つ地域として「日本」の枠とは別建てで沖縄の出版人も参加するようになった。

日本のヴェテラン出版人が呼びかけ人となって始まったこの会議だが、資料に添えられた写真を見ると、アジア諸地域や沖縄からの参加者たちは総じて、若い。

時代と場所と「事実」

大塚　台南はアジアの中でもある種、シンボリックな土地なのです。台湾は近代にかけていろいろな外国に幾たびも侵略されてきたでしょう、オランダとか清朝時代の明の遺臣、鄭成功《ていせいこう》とか日

旧ハヤシ百貨店（台南）

本に。それが台南の街の風景の中に、層となって積み重なっている。

日本時代の影響も強く残っていて、その頃の様式の建物がいろいろな形でいまも利用されている。僕たちが会場として使わせていただいた国立台湾文学館も基本的には日本時代の建物で、かつては台南州庁舎だった。向かいにある台南市美術館一館（一号館）は日本時代は台南警察署庁舎だったもの。台湾の建築会社と日本の建築家の坂茂《ばんしげる》が組んで近年、リノベーションされたそうです。

僕たちが泊まったホテルの前には、旧ハヤシ百貨店という一九三〇年代の典型的なアール・デコ様式の五階建ての建物が残っていて、改修され非常に洗練されたショッピングセンターになっていました。

―― 旧満州の大都市でもそうですが、一九三〇年代に日本では挫折したスタイリッシュなモダンへの夢が、植民地という特殊な空間では特権者のためには実現していたのですね。

大塚　台湾の人たちはそれを読み替えて、多様な人の集まる場所にしているように見えます。「東アジア出版人会議」の次の集まりは韓国で。その次が沖縄で開催される予定なのですが、それぞれに異なる歴史の引き受け方をそこであらためて見ることも、この会議の持ち回り方式の効用だろうと思っています。

――この本、ちょっと面白いんです（與那覇潤《よなはじゅん》『中国化する日本』文藝春秋、二〇一一）。これまで、西洋との関係で日本は近代化されてきたのだという議論がほとんどでしたけれど、中国や朝鮮との関係のほうがずっと長いし、深いのはあたりまえだという観点で書いている。日本の近代化は、中国や朝鮮の近代化への努力と少なくとも、併行ないし雁行の関係は結んでいる。まったく切れているはずはない。

『神々の沈黙』も続けて読んでいます。人類はずっと、現代人のような意識だけを持っていたはずはない。大塚さんは中村雄二郎さんの『魔女ランダ考』をつくられたご経験からも、儀式・儀礼やそれに伴う踊りや演劇などで起こるトランス（変性意識）状態と、人間の旧い時代の意識の在り方との関わりを思われたこともあったでしょう。

それは祭礼や、異界と結ぶ習俗の中に現れるばかりではない。近代になってくるとスポーツや軍隊の行進、あるいは戦闘そのものの中に、やはり変性意識状態が多かれ少なかれ関わってくるのだと思います。心とはなんだろう。あらためて古代、近代、近代後を通して考えてみたい。

大塚　たいへんな問題ですね。この対話を始めるにあたってあなたが書いてくれたメモなどを読み直していて、おそらくそういう問題にまで至るだろうと予想はしていました。

が、心とか意識とか内面、あるいは人間の主体性を論じるとき、真っ正面から考える前に、僕がもともと関心のあるいくつかの問題と絡めて考えてみたらどうかな、というこれは提案です。

ひとつはまず「時代」なのです。もうひとつは「場所」。さらには、時代と場所が交錯するところに生じる「事実、現実」。そういう三つの項で考えてみるというのが有効なのではないか。

――「トポス」という時、それは場所と時間の両方を含み得ますね。

大塚　ええ。「トポス」はとても広がりをもちうる言葉です。ここではとくに時代と場所という観点にまず中心を置いて、その文脈で「事実」「現実」の意味するところは何なのだろうと考えていくと、意識とか主体という、つまり自己そのものに関係する問題に近づくことができると思うのです。

前回お話ししたように、長谷川利行という絵描きのことを調べて書いていることも、僕にとっては「時代」と「意識」「事実」ということを巡る具体的なアプローチのひとつになっているのですね。そして、長谷川利行について書こうとしているその内容が、まさに君が提起してくれている問題につながるんです。

ちょうどいま（二〇一八年）、明治維新から数えると一五〇年ほどに当たります。その一五〇年間の前半の約七五年間というのは、いわば登り坂の時代だった。近代化、工業化、軍事強国化という面では成功を得て、日清戦争、日露戦争に世界が思いがけもしなかったような勝利をし、台湾と朝鮮を植民地化する。さらに覇権を拡大しようと満州国という傀儡《かいらい》政権もつくった。満州にまで手を突っ込んだ結果、日中戦争が熾烈になり、日本と同様に大陸に勢力を拡げようとする欧米列強と競争しなくてはならない形になって、結局は太平洋戦争にまで至ってしまう。その間、東南アジアや南洋を広く占領したりしたけれども、最後、二発の原爆を落とされて、すべてが終わりになってしまった。

前半の七五年、登り坂を登った。そこに価値を認めるとしても、その道が最後に失敗に通じていたことは見ておかなければならない。しかも失敗の程度が甚だしいものだった。日本の国がほとんどなくなりかねない、という危機だったのですよ。それは池袋の焼け野原で育った私としては「事実」として実感しています。共同体として、国家として、相当深刻なことになってしまったのです。

だからこそ、日本文化・文明のあらゆる場所に骨絡みになっていることは確かな、天皇制の問題までもが戦後はかなり論じられた。それは真にラディカルな問いであった。しかし結局はあいまいな形で天皇制は残されました。

その意味は別に論じなければならない。論じていけば、それはヨーロッパ的な近代が想定した人間の主体性の可能性、それを前提とした哲学や言説を、福沢諭吉以来、われわれがどこまで自分のものにし得たのか、あるいは（あえて）しなかったのかという深い議論につながっていくでしょう。またそれは、ヨーロッパ近代的なもの自体への疑い、一神教のアイディアを基盤にした人間の意識、そこから仮設された主体性の観念を疑う、というところまで原理的に行かざるを得ない。哲学の底を掘って神学をも通貫する、根源的な問いに至るほかはない。

「坂の上の雲」を目指すことは具体的には軍、とくに陸軍が支配や占領の地域を拡大していくことによって裏打ちされていました。軍は世論の熱狂にも乗っかって、盧溝橋《ろこうきょう》事件では理由をでっち上げまでして日中戦争の端緒をつくった。戦争と軍の拡大をほとんど自己目的化し、陸軍自身が陸軍を止められないような状況に突っ込んでいった。

その暗い時代にほとんど唯一、長谷川利行だけが暗くない絵を描いていた。市井の人々の姿を明るく、軽やかに捉えているようにその絵は見える。

流れから脱落していればこそ

大塚　彼がどういう場所で生きていたかというと、荒川、南千住、三河島といったいわゆる下町で、浅草や吉原という歓楽街も含めた場所です。関東大震災後はさらにこの地域に、なんとか生きるのに精一杯の人たちが流入して人口が増えていたといわれています。そこにはまず、長谷川利行の絵における「場所」の問題を見ることができる。

そこで彼は関東大震災に遭うのです。壊滅の光景のなかで利行は「灰かき」、つまり震災の焼け跡の片付けの、今で言うボランティアをする。たくさんの屍体も見たのでしょうね。そのあと具合が悪くなって、三日間寝込んだという。

長谷川利行の歌集には、幼な児の歌などがあります。本当に家族や子どもがあって身辺を歌ったのか、想像によるものなのかはっきりしないのだけれど、歌の基調には身近な暖かいものへの愛や後悔のようなものがある。震災に遭ったことでなにかが断ち切られたのか、それともそれ以前に彼の生活から喪われたものがあるのかはわからないのですが、彼がある時期に大きな喪失を体験したことは間違いないのです。

個人的な喪失の体験が、社会が崩壊するような震災の中で強められたのかもしれない。いずれにしても、彼の中でニヒリズム的なものが鍛えられていくのですね。震災後の東京をうたったものも含めて彼の歌を読んでいくと、実際にそれが読み取れてくるのです。

ニヒリズム的なものによって現実と対峙する姿勢が、彼の中に醸成されていったのだと僕は考える。彼が見た現実とは、日本の首都の下町の貧しい人々の暮らしだった。寄り集まってその日暮らしで生きて、死んでいく人たち。

長谷川利行自身もそこではまったくのその日暮らしでしたが、一方では二科展とか一九三〇年協会展とか権威ある展覧会に出品して入選する。けれど彼は完全に浮浪者の風体だし、画壇のようなものからは嫌われ、遠ざけられる。

安井曾太郎《やすいそうたろう》とか梅原龍三郎《うめはらりゅうざぶろう》とか、画壇の当時の大先生たちは、絵を評価するのではなくて長谷川利行の生活態度とか「奇行」の噂で、もう彼を相手にしない。しかも長谷川は絵の正式なトレーニングはまったく受けていない。自己流なんです。黒田清輝《くろだせいき》に象徴されるような日本の西洋画のアカデミックな伝統からすれば、どうしようもない、認めるに値しないと、ある意味では当然の無視に遭う。ところが熊谷守一《くまがいもりかず》と正宗得三郎《まさむねとくさぶろう》の二人だけは、最初から長谷川の絵を強く支持するんです。これはすごい絵だ、と。

正宗得三郎という人は、いまではあまり語られていないようですが、おもしろい人で、フランスに学びに行ってマチスなどと親交があったのですね。マチスを最初に日本に紹介したひとりとなった。自身は日本に帰国後、あらためて南画の勉強を始めたりして、東洋的な絵画の手法を身につけていった。それでいて鮮やかな色遣いをしていて「色彩の画家」とも言われた。画壇でも篤実《とくじつ》な人として遇されていた。そういう人が、長谷川利行という無名かつ生活態度の面ではまったく正反対だと言ってもいい若者の絵を高く評価した。

長谷川利行が絵描きとして直面していたのは、日本の近代の「破綻しつつある姿」だと言ってもいいと僕は思うのです。彼が目の前に見ている貧民窟をも生み出さざるを得ないのが近代だ、と気づいていたのでしょう。

それを思うとき、アントナン・アルトーのゴッホ論を思い出すのですね。実はだいぶ以前にも読んでいたのだけれど、その時には面白さがわからなかった。ところが長谷川利行のことを調べていてその必要からよく読み直したら、非常におもしろい。『ヴァン・ゴッホ』(粟津《あわつ》則雄《のりお》訳、一九七二)というタイトルで、いまはちくま学芸文庫に入っています(一九九七)。たとえばこういう文章がある。

「私は思うのだが、ゴーギャンは、芸術家というものは象徴や神話を探究し、生の事実を神話にまで拡大しなければならぬ、と考えていたのだ。一方、ヴァン・ゴッホは、生における最も卑俗な事実から、神話を導き出すことができなければならぬ、と考えていた」

「私には、この点で、ゴッホはとてつもなく正しかったと思われる」

「なぜなら、現実とは、いっさいの歴史、いっさいの物語、いっさいの神聖、いっさいの超現実性をおそろしいほど上まわっているからである」

これを長谷川利行の絵のあり方に当てはめて考えてみると、本当にぴったりなんです。たとえばこんなふうに。

「利行の現実とは、維新七〇年という歴史と、欧米列強と肩を並べるという物語、万世一系の天皇という神聖、八紘一宇という超現実性、それらを恐ろしいほど上回っていた」

時代と場所と事実、その三つをどうやって相互に繋がりのあるものとしていわば有機的に理解するか。それを考えながら長谷川利行の生涯を辿っていると、彼の個人的な体験と関東大震災のような社会の規模の体験、それらの重なりを潜りながら、彼が世界を見る目を鍛えていった、その線がおぼろげに見えてくるように思うのです。

個人的な悔いを歌に詠んで作品にしていた。そこから脱却して、さらに大きな規模の後悔の念を、何と言うべきか——材料にして、現実に対峙するようになる。ニヒリズムというひとつの精神のあり方を自らのものにし、それによって現実を把握し、絵として作品化することができるようになっていく。

時代から生み出された貧民街という場で、芸人や活弁士とか、売春婦、いろいろな人と付き合うなか、画壇に住む人には見えることのなかった現実に気づくことになる。それは結局、利行自身が彼の生きた時代からドロップアウトしていたからこそだと僕は思うのです。翼賛体制に参加して国家のために絵を描けとも言われない。何かの「役に立つ」とは思われないのですね。長谷川利行自身の心に、自己管理ができなくなるほどの闇が、傷があったということもあるでしょう。だがその上で、敢えて「落ちこぼれる」ことで、明治がもたらそうとしていた破局から身をもぎ離していたという見方もできると思うのです。

彼の絵の中に岸田國士《きしだくにお》の肖像画があり、いまは国立近代美術館に収蔵されています。その絵が描かれた経緯を調べていても、肖像画を描いた後も利行は岸田の家に入り浸るんですね。そして宿賃を貸してくださいだの、毎日のように小銭をせびる。岸田がいまはない、女房も居ないしわからないと言っても聞かない。そんなに言うなら、ここにある僕の本を持って行きなさいよと仕方なく岸田が言うと、利行はほんとうに岸田の蔵書を風呂敷を借りて持っていって、売り払っちゃうんです。

長谷川利行はそういう不躾な行動を繰り返すのだけれど、それは皆、世間的にも偉くなった人に対してなんですね。岸田國士は大政翼賛会の文化部長まで務めることになるしね。

一方、まったく同じ時期に、長谷川利行より二〇歳くらい若い画学生や絵描きたちで、利行を尊敬して私淑していた人たちがいた。彼らも利行と同じような生活をして、利行のいる木賃宿なんかを訪ねて集まっていた。

彼らにとっては、利行が栄達《えいたつ》を求めないのはもちろん、いつも汚いのも酔っ払っているのも、ある純粋さの現れと見えたのではないか。

これには、神話学的理解が有効なのではないかと思います。一六世紀のエラスムスは、神話や伝説を引く形で痴愚神について書き、愚かさや狂気こそが真実を明らかにするという可能性を示した。日本でも、乞食と托鉢僧はそうはっきりと区別できるものではなく、物乞いには、相互関係の中に生きることを体得する行という側面が与えられていた。売春のはじまりについても、醜業とか賤業というだけではない解釈があります。

欠如が教える全体性

大塚　柳田國男も、眼病の「ものもらい」についての文章を書いていますね。ものもらいを治すためには、他の家から何か食べ物をお裾分けしてもらい、一緒に食べるという話が採集されている（「モノモライの話」）。それは村落社会における乞食の位置づけとも関係していて、ものもらいを「メコジキ」と呼ぶ地方もあった。ここには、人は関係性の中に生きているという日常の教えがあったようです。そこでは持たざること、足りないことは必ずしもマイナスの刻印だけを帯びているわけではない。

レヴィ＝ストロースも世界の様々な文化から、いわば欠落の力を示す話を採集しています。そもそも神話の中の英雄には不具の者がかなり多いのですね。ギリシャ神話の炉の神へパイストスは「両脚曲がりの神」とされ、プロメテウスはこのへパイストスから火を盗み出して人間に与えたと言われている。日本でも、現在の中国地方を中心に製鉄や鍛冶《かじ》をしていた「たたら」の人々の信仰する金屋《かなや》子《ご》神《かみ》は、片目・片足であった。

それらは欠如、マイナスを身に帯びることによって逆に、あるべき全体性を彷彿させる契機になる存在なのです。文化には、つねにそうしたものが必要なのではないか。

ある意味では欠如でもある、ニヒリズムを根拠にして折り返したところに現れる、長谷川利行の明るい絵。現実は暗いのだから、暗い絵はむしろ描けない。利行は胃癌を宣告されるのですが治療も拒み、最後は路傍に倒れ、行路病者などを収容していた板橋の養育院で誰にも看取られず亡くなります。

―― 突然のようですが、お話をうかがっていて、大江健三郎さんが文章のなかで時々「微光」という表現を使っておられたことを思いだしました。そこには明瞭な利はないが、微光をおびている。そんなイメージです。

個人的なことですが、障碍をもっていて、自立とか財の生産に寄与するということはほぼ考えられない自分の娘について、ずっと「きみは、楽しく生きることが仕事なんだよ」と考えてきました。

自立というのはむしろ特殊な時代の特別な状況の謂いなのかもしれません。多様性、価値の交換のなかに生きること、それを貴いと考える世の中をつくっていけば「楽しく生きているだけでいい」ということもありえなくはないのではないか。人間存在の根底にあるはずの互恵性、社会的動物として重要な本性を忘れないための視点に、それはなりうるのではないか。

大塚 日本の民話にも、その多様性の価値を教えるとも読める材料が無限といってもいいほどにある。たとえば「物くさ太郎」がそうですね。また、龍宮説話の舞台を山に移したようなこんな話もある。

お爺さんが山に芝刈りに行くと、そこに大きな穴がある。人でも落ちたら危ないし、と老人がせっかく刈った芝を穴に押し込むと、いくらでも無限のように入っていってしまう。もっともっと芝を押し込んで、とうとう穴は塞がるのですが、すると穴の中から美しい女性が現れて、穴を塞いで下さってありがとうございましたと言う。そして、お礼としてこの子を差し上げますと、洟《はな》を垂らして臍《へそ》も出た、見た目のよくない子どもを差し出す。お爺さんは仕方なく連れ帰るのですが、その子どもがあらゆる願いを叶える力を持っている。異界から来た醜いもの、不完全なものが豊かさをもたらすのです。

大晦日の夜に汚らしい格好をした旅人を泊めるという、やはり各地にある話もそうでしょう。昔は、旅の者を家に泊めるのは習慣として普通のことだったから、泊める。それで竈《かまど》の間に寝かせたら、夜の間に竈の周りにたくさん糞をしている。ところが新年の朝になったら、それが全部黄金に変わっていたとか。

それは年が改まるということの力を表しているとも言えるだろうし、異界、異俗との接触が思いがけない果実をもたらす、という言い伝えでもあるのでしょう。

―― 汚いもの、異質なもの、何かが欠けたものをそれこそ強迫的に排除して近代人の清潔、健康、生存が成り立っているとされている。その身体の秩序や行動の斉一性から組織的な工業、桁違いの物理力、軍事力が導出される。だがそれは行き詰まる。

神話や民話の結構には、行き詰まりを打開する逆転の契機がときにあるのですね。

ニヒリズムを根拠とした明るさ、そういう精神も確実にありうる。

これまた突如ですが、ドストエフスキーを連想しました。ドストエフスキーはニヒリズムとともにあるのかもしれない、いわば変性意識状態をも知り、生涯いろいろな非決定の極をさまよい続けたのだと思いますが、「神」のことを意外とまっすぐ書いた「メモ」を最近見つけて。

ドストエフスキー「一八九四年のメモ」
人間は、偉大なる科学の成果により、多様性から〈総合〉へと、多くの事実からそれらの一般化および認識へと向かう。一方、神の本性は別のものである。これは、あらゆる存在の完全な総合であり、多様性の中に〈分析〉の中に、自身の姿を見出すのである。

あらゆる細部に神が、ということでもある。スピノザのようですね。これは仏教哲学にも通じることで、人格神を置くのかどうかとか、あるいは神の、言語的・ロゴス的な側面とは別のことなんですね。

大塚　人間にとって、あらゆる細部というのはほんとに悲惨な現実でもあるわけです。そこから本当に新しい神話を創り出すことができたのがヴァン・ゴッホだったというふうにアルトーは捉えている。長谷川利行についても、私はその可能性を思っています。

――　しかしニヒリズムは、別の場合にはアイロニカルなロマン主義にも向かっていく。さきほどの「メモ」ですが、ドストエフスキー自身は父なる人格神がいるとしたのかどうか、最後までわからないですよね。それでも一元論的な全能の神を想定する場合には、その思考の前提自体から「細部に宿る神」という気づきがどうしても出てくる。『罪と罰』ならば娼婦ソーニャの中に。

想像に過ぎないのですが、長谷川利行の場合、崩壊状況の中で明るいニヒリズムに向かったことの芯にあったのは、初期の短歌で詠われていたという愛や善への信頼、あるいは執心ではないか。心の基盤になにが育っているかによって、崩壊状況を前にしても、世界の見方の選択肢が変わってくるように思います。

大塚　ほんとうにそうですね。近代が暗転していく時代と、その象徴のような貧民街という場所が交錯して独自の表現、一種の精神的な知恵が生まれた。そう考えると長谷川の絵を理解できるように思うのです。

人間の心や意識について考えるときも、たとえば時代と場所と現実、事実といった視点を措定しながら見ていかないと、あまりに空漠としてしまう。また心を論ずるときには、そこに性急に因果関係を求めようとしてしまう危険性が絶えずありますね。

なかでも僕が関心を持っているのは「場所」の問題なのです。西田幾多郎の場所論はほんとうに決定的な、基礎になる論だと思いますが、理解が難しく、一筋縄ではいかない。あるいは、いわゆる西田学派のやっている場所論は非常に恣意的に、形而上学の内側での議論になってしまっていると思います。

――　論理哲学の側から「場所」の問題に行こうとしてもどうにもならないのでしょうね。言語という枠がすでに嵌まっているから。論理哲学は言語、記号が引っかけてくる正体がまだ不明のものやことを排除するところに成り立つ。言語の組み合わせがたまたま道端に居た霊のように連れてくることのある、意味の反響・余剰――これがゲシュタルトとなることもある――それらを故意に剔抉《てっけつ》しないかぎり、言語は純粋な論理の具ではない。

生命と「原初の設定」

大塚　それはもう論外でしょう。私が可能性を感じているのはたとえば、前にもちょっとお話しした清水博さんという方が展開している、生命科学に関わる場所論なのです。
これは清水さんの『〈いのち〉の自己組織』（東京大学出版会　二〇一六）という本。非常に面白い。が、必要な概念を新しくつくりだしながら論じているので、既成の科学と接合する形では簡単には使えないところもある。

――（少し眺めながら）生命というものに、いろいろな方向から近づこうとされていますね。人間が得てきた知見を、分野を問わず総動員しているように見えます。

大塚　広い意味の場所論について、いま哲学で扱えるようになったのには、やはり中村雄二郎さんの仕事があったのが大きかった。また、上田閑照《うえだしずてる》さんは十牛図《じゅうぎゅうず》を使って場の論を展開しましたね。その仕事は、西田哲学の分析という面から見てもしっかりしている。その中では禅の公案《こうあん》の分析などもしています。わけのわからないもの、とされている禅の公案が、どうしてそのような形になるのかと。しかもドイツの神秘主義との対比でそれを論じている。
僕が『思想』編集部に入ってまだ間もないころ、筑摩書房の禅の講座の中で、上田さんがエックハルト（中世ドイツで、神との合一⟷神性の「無」を説く）と禅の比較をしているのを読んでびっくりして京都に会いに行って以来、長い間お世話になりました。

――禅の公案には、因果で物事を捉えることから脱しようとするところがあるのかもしれません。一例ですが、心が時間と空間を覚知するからあるとも言えるし、時間と空間があるから心の存在が可能だとも思う。どうしても因果の順序におさまらないことは多くある。それらは人間にとっていわば「原初の設定」であり、なぜそうなっているのか問うても解答は出てきようがない。
　西田哲学は、言語を曲芸のように組み合わせて使うことで言語の枠を脱しようとしたのかもしれない。絶対矛盾的自己同一とか絶対無の場所とか、そんなふうに組み合わせた言葉の外の何かを指し示そうとしているとしか思えない、おかしな語法です。

大塚　時間内存在である人間としては、そこに属さないものごとを理解するには、どうしても通常とは違った論理を組み込む必要があります。ただ、それはこれまでの人間の知とどこかで接続しうるものでないと、ただの空想的理論になってしまいますね。一方、そこがうまく行っている場合には、われわれが自明のものとしている現実も、新しい概念によって全然違って見えてきます。

――　言語を使う場合、さきにも申しましたが、語義矛盾、撞着《どうちゃく》語法によって言外のものを指す効果が生まれることがある。一方、カントは、論理で厳密に詰めていった果てに「これ以上はわからない」と言い、その先に行けるとしたら芸術や宗教によってだとしましたね。

大塚　神秘主義もそうですね。

――　芸術や宗教、神秘体験によってもたらされる「理解」も、ありていに言ってしまえば変性意識状態によって成り立つとも言えます。人の心、魂というのは明らかに、それを必要としている。

大塚　だからこそ先ほど申し上げたように、たとえば場所、時代、事件といった幾つかの参照点を用意してから議論しないと、心をめぐる話やイメージはとめどがなくなる。その危険があるので、河合隼雄さんなどは「物語」という筋で、ある意味で限定をかけながら述べていったのだと私は理解しています。意識的にそうした人は、なかなかいなかった。「心」をほんとうに考えるのは、ときに怖ろしいことです。どんな拡散も逸脱も崩壊も起こりうる。

河合さんは日本人の心について考える時、日本の民話という枠、あるいは芯を置こうとした。古い民話を理解するために国文学も猛烈に勉強して、専門家の先生の説に対しても、自分の解釈を問うことまでしておられました。

――　私は演劇をいくつかつくってきましたが、通常、舞台には始まりと終わりがある。これはすごいことだと、だんだん思うようになりました。始まりと終わりがある舞台において、作り手も観客もひとつの世界を外側から見ている。それはあまり意識されませんが、民話もそうですね。始まりと終わりがある。

こうして語っているわれわれの生もいつか終わると知ってはいるのですから、いつでも、視点が入れ子状になっているのです。

物語や演劇というのは、人間には本来見られないものを見えるようにするための仕組みだとさえ思います。人間には自我意識が生まれ、それに終わりがあるということを、まるで外部から見ているように想像できるようになった。そこに伴う当惑や苦しみが、生の大きなテーマになっています。だとすると、それをさらに外部から見られるのかもしれない物語や演劇は、理屈の接合はよくできないままでも、つまり逸脱が多少はあっても「物語による癒やし」の構造として重要なものになりうるのだと思います。

大塚 演劇は相当面白いモデルになりますね。始めと終わりがある、ということから何が生まれてくるか。始まりと終わりとをつくることができるということ自体も、人間に対して、お前は誰なんだ？ と一種の謎かけをしているような感じがある。

思考のトポスとトピックス

――ところで今さらながら、トポスという言葉はトピックスという言葉と関係があるのですか？

大塚 もちろん深い関係があります。アリストテレスの『トピカ』はトポス論ですけれど「場所」には「観点」という意味も入ってくる。

弁論術で知られたキケロは、いろいろなトピックス（主題）を、頭の中につくったトポスに配置して記憶の整理に用いたと言われています。フランセス・イエイツ（一八九九～一九八一）の『記憶術』（水声社、一九九三）にも、そうしたことが書かれています。

トポス、トピックス双方の意味での「場所」が思考には必要で、そこから創造的なもの、初めてのものも出てくるのだと思います。清水博さんも生命について、そこを考えておられるのですね。生命は場所によって生まれ、形づくられ、活動する。あなたのやっている演劇なども、まさにそうでしょう。

――はじめは自分のなかで考えることを形にしていましたが、それにも倦《う》むと、今度は逆に物語が演じられることになる場所を出発点にして脚本を書くようになりました。この舞台、あるいはこの屋外、この倉庫……ではなにが起こりうるか、起こってきたと想像できるか。

人間にとって宇宙は広漠としており、そこで思考をただ自由に巡らそうとしてもそのエネルギーの集中線はやがて尽きる。あるいはただ反復になる。ベイトソンは「純粋なトートロジーの中には時間もなく、展開も議論もない」（『精神と自然』原著は一九七九年）と言いました。対して、意味の置き所を「人外に」何か設けると、そこからいろんなものが出てきます。むしろ、そうしないと物語は生成できないのですね。

大塚　場所自体に意味があるのではなく、そこに、活きようとする何かが置かれたときに意味が生ずる。

――一九八〇年代でしょうか、フラクタル図形について一般にも紹介されるようになり、マンデルブロ集合とかコッホ曲線とか、数学的には単純な式から複雑な形が生まれることに人々は驚かされました。これは生命や自然の根本にある何かと関係していると直感した。それでフィボナッチ数列と花弁の数の必然的な関係が言われたり、プリゴジンの散逸構造論と生命の発生原因を結びつける考え方も出てきました。

一方で、単純なルールのプログラムをパソコン上で走らせると、そこに現れた形がまるで生物のように増殖したり食い合ったりする「ライフゲーム」は七〇年代から知られていて、いったい生命というものは複雑さと単純性のどちらから生まれてきたものなのか――両方であるわけですが――見方に迷う、という状況がありました。私も素人なりに、そのテーマで舞台をつくったくらいです。

思えば、カオスや素粒子物理学の非決定性（に見えるもの）をめぐる衝撃も驚異も、一神を戴く精神に因るものでもあると感じます。西洋的な思考の型にはどうしても、決定論へ迫っていこうという執心が見える。

そこを考えると「場所の哲学」が関心を呼ぶというのは、日本に特徴的なことなのかもしれません。ものごとの出来《しゅつたい》の記述に論証的、アルゴリズム的であることを厳しく求めずとも「そういうことはあるはずだ」と全体として納得する傾向がある。行動の一貫性が信用できるような神もいなかった日本の精神風土には、それが合っている。さらには鴨長明や吉田兼好以来、すべては流れ去り「真実」は固定されることはない、ということになっていますから。

大塚　西田幾多郎も、出発点としては「意識の流れ」を提唱したウィリアム・ジェイムズ（一八四二～一九一〇）やアンリ・ベルクソン（一八五九～一九四一）の哲学に依拠しているのですね。が、日本の精神風土に持ってきて初めて、西田哲学における「場の論理」というあの形になるのです。その変化を見ることで、むしろ西洋哲学の流れにおける「純粋経験」の理解について示唆を得ることができる。

――「純粋経験」とは主観・客観が区別される以前の直接経験で、知性による反省を含まないということのようですが、私などにはカントが「ものそのもの」と呼んで定義上も人間には理解できない、その存在は神によってのみ保証される領野があると示したことを、それでも見ようという企て、のような感じがします。ところが西田の「場の論理」では、主観・客観が区別される以前の直接経験が「場」において成される。人格神は介在しないと。そういうことでしょうか？

大塚　外れてはいないでしょうね。ベルクソンの「純粋持続」という観念もヨーロッパの風土でこそ生まれてきたものだし、ウィリアム・ジェイムズの宗教体験（『宗教的経験の諸相』）もキリスト教の地盤から現れるものでしょう。

あなたが言ったとおりですよ。日本では、諸行無常とか、流れ去って姿も意味も変わるということが、むしろ意味の本質というくらいの力を持っている。そういうわけのわからないものが西洋の思想と出会うと、逆に非常に面白い考え方が出てくるのですね。

――　拠り所のなさを拠り所にしているので、融通無碍《ゆうづうむげ》でもある。芯が言語化されていないから「和魂洋才《わこんようさい》」と言いなせば変わり身の速さは恥ではなく、それがうまく働いた局面では進取の気性として表れ、アジアの中では速く近代化した。

しかし、日本でもいまやグローバリズム下の企業などでは、ものごとは数値的かつ厳密に説明せよとされる「場」も増えてきているようです。

俗論かもしれませんが、砂漠の宗教と言われた一神教では、その生まれてきた地域のトポス、つまり風景が平坦かつ広漠、あるいは極度に峻険であった。砂漠や曠野《こうや》や岩山に居たならば、夜、空に輝く星や地平線、そうした絶対的な抽象度を持ちうるものを基盤にして精神と風土との対象関係をがっちりと幾何学的に組み上げてやらないと、落ち着きようがないのだと想像します。

日本の地形では山や谷、沢、森、池などどこにでも、心が柔らかいまま収まってしまう。心とトポスが相互につくられ、物語が生まれるのですね。
これは生物学者の今西錦司《いまにしきんじ》の棲み分け理論を思い出しながら言っています。優勝劣敗の進化だけではなく多様な進化、分化が谷ごと森ごとの棲み分けにより処を得る。他では生きられないものにも生きる余地が見つかる。それが日本の風土で起こってきたことではないでしょうか。

大塚　そこに加えて天皇制も不思議なもので、あらゆるところに棲みつけるようになっているのですね。だから多様であるはずの風土に全国的に浸透し、機能してしまう。

——一木一草《いちぼくいっそう》に宿る天皇制。里にも山にも道にも、無数の草の葉の無数の水滴に映し出される単一の像の無限の繰り返しのようなもの。

多神教の風土の中に顕れた「一」なるもの、という特異な観念については近代以降、西洋発の学問がやってきたことすべてのカウンターになりかねないような、強さを想定しなければならない。汎神論のような構造をも具えた多神の社会なのだとしたら、もうどんなふうにでも、意識や観念の飛躍と再構造化はありうることになりますね。それと「すべては流れ去る」という感覚はどう綯《な》い合わさってきたのか。

なおかつ天皇制には、遡りうる限りの過去をいつの間にか飛び越え、実際には遡れない無限と同じ過去からある、という物語の設《しつら》えがある。イザナギ・イザナミの国生み神話とアマテラスの話はおそらく、もとは別々にあったのでしょう。しかし『日本書紀』以来、皇祖皇宗はこの世界の始まりの神話に直結している。奇想天外でダイナミックな神話的不条理と現実の暦年がそこでは接合されている。

これは魔法というべきものであって、われわれの使ってきた用語としての「歴史」とは別のものです。魔法の力は善悪どちらに強力に働くか、予測も制御もできないものなので「神武天皇が実在」したというような話には、そう簡単に「まあそれもいいじゃないか」とは言えない。

第7章
ポストモダン思想の淵源

（二〇一八・五・二六）

ロマーン・ヤコブソン

大塚　前に、あなたが「フランス現代思想などのポストモダンの本を読んでいると、その背後にロシアがちらちら、ちらちらちらするような気がする」と言いましたね。それは実に鋭い直感だと思う。それでアレクサンドル・コジェーヴ（ロシア出身のフランスの哲学者。一九〇二～一九六八。『ヘーゲル読解入門』など）のことをちょっとお話ししたのでした。

二〇世紀の学問の中でも人文系の学問が大きく展開したことの基底にあって、リードしていたのはロシアではないかと、僕も個人的にずっと思っていた。そういうことを言う人はあまり多くはないのですが。たとえば言語学者のロマーン・ヤコブソン（一八九六－一九八二）。彼はモスクワに在りながらフランスのソシュールの考え方を早くから理解し、音韻論《おんいん》を中心とした構造主義的な言語学を展開していた。ところが一九二〇年頃の政変が続く状況から、亡命のよう

ロマーン・ヤコブソン

にしてプラハへ移った。そこで後にプラハ学派と呼ばれるものができるのです。

やがてナチスの侵攻でヤコブソンはアメリカに逃れるのですけれども、そこにはフランスの大学から逃れてきた人たちもいて、プラハ学派にあったものが、クロード・レヴィ＝ストロースなどの構造主義的な人類学の考え方と合体する。ひとつの新しい学問――ひとことで言ってしまうと記号論、記号学という学問が展開していく。

それが結局、二〇世紀後半の学問・思想の世界を大きく変えていくのです。ロラン・バルトなどその後のフランス系の思想家の基本にあるのも、構造主義と記号論の考え方なのですね。

―― ロシア革命の衝撃がヨーロッパに波及する中で、ロンドンからサンクトペテルブルク、モスクワまでが繋がり、規模の感覚が拡張した。フランス、ドイツ、チェコ、ポーランド……トランス＝ヨーロッパのレベルで、知識や思想に震動が起こったのですね。それが亡命先のアメリカで再結合し、世界的なものになっていった。そのように世界が拡がる時には、言語という問題が、再度人類学的に問われることになるのは思えば必然ですね。

大塚 そういうことです。ヤコブソンの足跡を見るだけでも、大戦に至る状況のなかロシアから東欧へ、また北欧へと移動し、そして大西洋を渡ってアメリカに行く。ユダヤ系ということもあって、ヨーロッパに居られない、あるいは学問ができない状況になったのですね。しかしその間も、各地に学問の種を蒔いていく。

一九四一年に彼がニューヨークで参画したのはニュー・スクール・フォー・ソシアル・リサーチ（NSSR）です。これは、第一次世界大戦へのアメリカの参戦に反対したコロンビア大学の教師たちが、コロンビア大から分裂する形でつくった大学なのです。聴講生にはさまざまな分野で働く社会人も多く、一種の市民大学でもあった。

ＮＳＳＲは第二次世界大戦の当時、一九三〇年代から四〇年代にかけてはユニバーシティ・オブ・エグザイル（いわば亡命者大学）というかたちで、主にヨーロッパからの亡命知識人たちを受け入れた。そこでヤコブソンとレヴィ＝ストロースとの学問的交流も生まれた。ＮＳＳＲに関わった人たちがその後、世界中に影響を拡げていくことになるのです。ハンナ・アレントも、ゲシュタルト心理学のマックス・ヴェルトハイマーもそこにいて、非常に学際的な場だった（紀平英作『ニュースクール』岩波書店、二〇一七に詳しい）。

ヤコブソンがロシアの地で、フランスの記号論の影響を受けつつ育てていた言語学が、そのように時代の趨勢を受けて地理的にも拡張し、二〇世紀後半の学問の一角の基本的な前提を成していった。その辺りの筋を理解していくと、また非常に面白くなってくるのです。

一九七〇年代の末から「岩波現代選書」のシリーズを始めたころ、ラインナップを見た人たちから「記号論選書じゃないか」と冗談でからかわれたりもしました。たしかにたくさん出しましたね。ジョナサン・カラーの『ソシュール』とかウンベルト・エーコの『記号論』、ロシアや北欧の新しい記号論に関したものなど何冊も。それは言語に関わる問題を考えていくことが、文化や芸術、民俗や民族、あらゆる分野で仕事をしている人たちの考え方にも総合されてきた流れを知ったからなのです。いろいろなものが記号論によって読み直される可能性が明らかになってきた。

ロシアから出現した理論

大塚　実は人文系に限ることなく、ロシアの二〇世紀のサイエンスというのは非常に面白い。個人的にもとても興味があって『へるめす』でもアレクサンドル・フリードマンという宇宙物理学者の小特集を組んだことがありました。

フリードマンはサンクトペテルブルクにいた人で、活躍したのは二〇世紀初頭です。アインシュタインと同時期に相対性理論を理解していて、それを基に膨張宇宙論を提唱した。そして彼のレニングラード大学での弟子がジョージ・ガモフなのです。

ガモフもロシアからイギリスを経てアメリカに逃れて『不思議の国のトムキンス』（原著一九四〇年）など啓蒙的な仕事もたくさんしました。ガモフはフリードマンの膨張宇宙モデルを精緻化し、いわゆるビッグバン理論をつくりあげた。

僕は『火の神話学』という本をまとめるために調べているとき、火のもっとも根源的な出自は何か、ということを考えました。そこでガモフの「火の玉宇宙」論を改めて意識し、それがロシアの人から出てきたことを面白いと思いました。

ロシアではサンクトペテルブルクが宇宙論や物理学、数学の中心になるのですが、一方でヤコブソンの音韻学的言語学など新しい人文学の中心はモスクワにあって、その両方が補い合うような形で、二〇世紀の学問の本当に根幹的な部分をつくっていったと僕は認識しているのです。

また、やはり同じ時代にサンクトペテルブルク国立経済・財務大学が設立されていて、そこで会計学の大きな進歩があったというのです。実際、帝政時代の一八〇〇年代初めからロシアには国家統計というのがあって、統計局ははじめ警察省（のち内務省）の下にあり、徴税や財務計画の基礎になっていた。それはソヴィエト時代の計画経済にまでおそらくは繋がっていて、善かれ悪しかれ「西側」とは異なる国家観、行政組織観のもと、いわば「もうひとつの可能性」を示唆し続けたわけですよね。

どうしてサンクトペテルブルクなのか。そこには様々な種類の学問が会合していて、異能とも言うべき人たちが出会っていたようなのです。

——サンクトペテルブルクというと語頭に「聖」と付いているわけですが、そこで壮大なスケールの宇宙論が生まれる。それは基本的に無神論的な企てであり、しかし逆説的には神学の積層をジャンプ台として人間精神の拡張として起きることなのだと思うのです。「神の視点」に人間を置いてはじめて出てくる発想というものがある。

また「分けること」のすぐ続きとして、数え上げる、カウントするということはおそらく、自己意識の誕生とともに始まったことではないのか。そしてそのことは人間の精神の根柢に、もちろん生活の構成においても、基礎にある。数えることは象徴的行為であると同時に実質の行為でもあり、神話知、宗教知から近代知に至る知の根源にある。

精神が初めて意識した数は「2」だと私は思うのです。1を数だと思うためには、1ではないという「こと」が必要だった。3もあると気づけばその瞬間に数とは観念になり、無限に増殖する。もちろんこれは起こったことの時間的順序ではなくいわば幾何学的な順序で、0が見つかるのはずっと後のことでしたね。そしたらもう抽象の速度でどこまでも行ける。ビッグバンで宇宙、空間と時間が生まれたというけれど、それでもその「前は」なに？　だとか。止まらなくなる。

またここで、ドストエフスキーを思い出すのです。大塚さんは「フランス現代思想の背後にロシアがちらちらするような気がする」と私が言ったことに注意を向けてくださいましたが、それは『悪霊』を読んではっきり思ったことなのです。

ご存知のようにステパン・ヴェルホーヴェンスキー氏という西欧文化志向の教養人が出てきて、彼はいつでも理想を語る善良な人なのですが、ロシア語にフランス語をやたらと挟みながら話す。彼はロシアが嫌なんですね。それに対してスタヴローギンの度外れた生命力は、ロシアそのものというふうにも読める。ロシア的生命力は創造にしても破壊にしても、極限的なところへ行く、と『悪霊』は言っているように思ったのです。

ステパン・ヴェルホーヴェンスキー氏は革命前のロシアにおいて、当時は遠かったヨーロッパを進歩の理想郷として想ったが、ロシアの教養人が「西」に憧れただけではなく、逆にロシア的なものがヨーロッパ全体に浸透していった面もあるのだと『悪霊』は示唆しています。ヨーロッパは、あるいはヨーロッパを見るわれわれは、それを認識から抑圧している感じがあります。

スタヴローギンの異常に強力な知性は、計算を人々が平穏に生きる方途としては使わないが、破滅への工程表、善悪を超えた力の解放に向けては自己計画するのでした。

大塚　なるほど。さきの会計学の話はほんの耳学問で、論拠にしようもないのだけれど、記号論・構造主義の大もとの流れがそこにあったということは間違いないでしょう。しかも「革命と戦争の世紀」と言われている二〇世紀の後半にそれが「亡命」という形を介して、世界中に伝播していった。

そこは押さえておかないと、なぜフランスに現代思想と呼ばれるものの中心のひとつができたか、それもわからない。また、その後なぜ東欧や北欧の、それまでは「辺境」と考えられてきた地域からさまざまな興味深い学者が続々と出てきているのか、理解がむずかしいでしょう。僕の見知るところではそれらの現象は、明らかにヤコブソンの軌跡と重なっているのです。

彼は文学者との交流もずいぶんあって、詩の分析などもやっている。そのことも、後のロラン・バルトや、それこそポストモダンの代表のようなデリダなどのテキスト論の底流を成しているのですね。

――『悪霊』にこだわるようですが、フランスかぶれのステパン・ヴェルホーヴェンスキー氏は、多少滑稽なユマニストとして描かれています。ところが人によってはヴェルホーヴェンスキー氏こそが『悪霊』の主役だと解説する。根源的破壊者であるスタヴローギンこそが精彩を放つ主役で、彼は無神論に覆われていくその後のヨーロッパと世界の予兆として現れた人物だと、多くの人は読むわけですが。

ドストエフスキー

人知や善意と、それを超えるとにかく巨《おお》きなもの、精神分析の用語で言えばヌーメンというドストエフスキー的な対置がここにも出てくる。

ユマニスムの運命と無神論がもたらすものの、どちらを筋として読むかということでしょうか。

文学者でも人文学者でも、大きな問いを問うている人に、素人の読者としては惹かれます。ともかくも世界の全体性ということに立ち向かうことから、魂が揺さぶられるようなものが生まれてくるのかもしれない。

大塚 学問的な巨きさ、幅広さ、つまり面白さという点ではヤコブソンは後の人の追随を許さないと思いますね。ヤコブソンの影響はロシアの内部や近邦に向けてももちろん及んでいて、カザン大学（タタールスタン）、タルトゥ大学（エストニア）などが拠点となっているのですね。それぞれの地で、民族学・民俗学的発想と結びついて独自の展開をしている。

―― ミハイル・バフチンもそこに関係している？

大塚 それはもう、ヤコブソンの記号論との関係が明らかですね。

―― 若い時期、ポリフォニックという言葉が、大江健三郎さんがバフチンのドストエフスキー論を巡って書いた文章で頭に残っていて、何十年か経って自分が子どもを持ったとき、レフ・ヴィゴツキーの言語発達理論とか「発達の最近接領域」といういわば気づきが、深く気にかかるようになりました。心の問題に関心を持つようになって、フィンランドの一地方で始まった「オープンダイアローグ」という精神療法の方法について読んでいると、その柱のひとつにバフチンの理論があることを知ったりする。おお、またロシアが、こんなところにも、と驚きます。

大塚 ヨーロッパとロシアを通貫した大きな理論的展開とともに、その流れがロシアのいわば未開性、土着性と再度関係・反応して生まれてくる学問というのがあったわけですね。これまでの、またこれからの学問の見通しを考える時、前提にこのことを置いておかないと、うまく開けていかないと思うのです。

右脳はものごとを名付けない

大塚　そろそろ、君がはじめからテーマにしたいと言っていた、こころの問題に入らないといけないね。

こころを考える時、ふたつの大きな問題群が考えられると思います。ひとつは機械論と生気論のような、心の生まれてくる原因、淵源を問うもの。もうひとつは、これも君がさかんに知ろうとしている、人格というものは一体何なのか、それは本当にあるのか、という問題。それは時代の文化との関わりで、ずいぶん変化するものだとは思います。

――『神々の沈黙』は、古代のある時まで、現在で言う人格などというものはないに等しかったと示唆していましたね。

脳の構造と「人格」概念への関心の続きで『〈わたし〉はどこにあるのか』（マイケル・S・ガザニガ、紀伊國屋書店、二〇一四）という本を読みました。それによれば、霊長類は、脳が急速に大きくなった割には左右両半球間の結びつきが弱いというのです。右脳・左脳それぞれの発達に、それを繋ぐ脳梁《のうりょう》の太さが追いついていない。これはいろいろなことを考えさせます。

右脳は推論が苦手なのだそうです。つまり理屈がない。事物をそのままに瞬時に、正確に受け取る。一方、左脳はパターンを認識するのが得意らしく、これは経験したことのない物事の布置《ふち》や、普段とは微妙に異なるコンテクストのようなものを読みとり、危機を推測し、たとえば捕食者に襲われる危険を避けるのに役立ったらしい。左脳の左脳性は、そういうところから発達しはじめた。

そして左脳のパターン認知は言葉、論理の淵源になったのだろうと推測できます。言語にまで至らなくとも、いろいろな動物の、パターンとその頻度を見分ける能力は、行動主義心理学の学習理論の前提となっていました。

ちょっとこんがらがって来るのですが、一方で、情動脳である右脳は細部を区別するというのですね。これはさきほど触れた「事物をそのままに瞬時に、正確に」という特性として考えると、わかるような気がします。

前にお話しした、脳科学者のジル・ボルト・テイラーは脳卒中で左脳の機能を大きく失いながら浴室の壁に手をつき、全身の筋肉の正確な搐動をはっきりと全体的にそして細部まで、感じたのでした。それは「直観」のみで認識された世界と言えるのかもしれません。連想ですが、自閉スペクトラム症と言われる人のなかには、情報をまるで写真のようにそのまま記憶する方がときにいますね。

いずれにせよ現代の人間の多くには、何かを判断する時、神の声、直観は幽《かす》かにしか届かないようです。

右脳の「神の声」は情動であり意志の前提であり、いわばインプットという性質がある。左脳はそれを解釈し、ナラティブを構築する。人がヴァーチャル・リアリティの映像だとわかっていてもそれに反応することを修正できないのは、右脳はあくまで知覚したままを左脳に伝えてくるためだそうです。ゲシュタルト心理学で研究されたさまざまな錯覚、錯視もおそらくそうですね。そんなはずはない、といくら考えても、どうしてもそのように見えてしまう。

ダマシオも、情動が意識に先立つとはっきり言っていました。たとえば蛇のようなものを見ると判断以前に情動が動き、「思わず」後ずさりして退避する。それが「恐怖」であるというような解釈、意味は後付けでつくられる。情動なしには意味は生まれないのだと。

グレゴリー・ベイトソンの『精神と自然』にも、右脳はものの名前と名付けられたものとの区別ができない、逆に言えば、言語脳が特殊なことをしている、という記述がありました。

総合すると、右脳は細部を細部のまま見て、そして名付けない。左脳はパターンを見つけ、似たものをまとめる。つまり概念化するというのです。

突然のようですが、河合隼雄さんが用いていた意味での「物語」というものは、右脳的なものと左脳的なものの双方を架け橋するようにして生まれてくるのではないか。「物語」に必ずついてまわるのが「時間」だと私は思うのですが、そこには右脳的な「無時間性」と左脳的な「進行する時間」の両方が含まれている。そして、一方向に時間が経つということがどういうことなのか、われわれにも結局はわからない。因果関係と時間とは、果たしてほんとうに厳密にくっついているのか？

数学や宇宙物理学で、虚の時間軸の導入とともにグラフがきれいな線を描いたり、量子論の不確定性や因果律の揺れを聞き知ると、戦慄に近いものを感じます。熱力学の第二法則やニュートン力学では不可逆的であるはずの時間というものに、逆の向きもあることになっている。

さきほどの『〈わたし〉はどこにあるのか』にも、非常にわかりにくいですが、こんな文章がありました。

物理学の微視的な方程式は時間対称であり、それゆえ概念上では可逆性がある。したがって因果関係というか不可逆性の概念は、微子物理学の法則では正式な裏づけたりえない。どうしても法則を使うのであれば、あくまで主観に基づいて言葉で法則を解釈することになる……この時間対称性ゆえに、可逆的な力学で記述される系は、測定、記録、記憶、制御、原因など本質的に不可逆な特性を形式として（統語論的に）生みだしえない……したがって因果関係、とくに下方の因果関係といった概念は、微子物理学の法則のレベルでは、根本的に説明要素としての価値をほとんど持たない。

よく見るとものすごいことを言っているのですが、そのとき統語論という概念が鍵になっているのですね。文法的に収まった瞬間に意味は確定するが、その「瞬間」が時間的にどこにあるのかは、ことの最後のようでいて、そうとも言えないだろうと、揺らいできました。

統とは閉じることでもあるのでしょう。それにも因果として閉じるのと、パターン、幾何的に閉じるのとがある。いずれにせよ、分節していかないと左脳的意味としては扱えない。その限界は、作業記憶のサイズということとも関係があるのでしょう。

言語的に意味が成立する瞬間を言語で考えようとすると、たしかに気が変になりそうですね。ですが、一語一音を問うのではなくズームを引いて大きく構造を見ると、物語による説き明かしというものは自己意識の継続、統一感をもたらす。因果も時間的順序もときに前後しながら、蔵された記憶を意識のテーブルに並べ、そこに文脈を再発見し、または新たに見つける。

河合隼雄さんは「コンステレーション」（星座・布置）ということをおっしゃいました。偶然とは、必然のことだった。その逆もまた真。それが物語による癒しということだと思っています。

無意識と「未開」の発見

大塚　脳科学という分野ができ、いくらかのことがわかってくるにつれて、脳の機能の側から問題にアプローチすることも重要になってきていますね。しかし、その前に検討しておくべき課題というのがまだあると思うのです。

ヤコブソンなどの考え方の意味を明らかにするためにも、二〇世紀の人文系の流れをまず基本的に押さえておいて、その上でいま君が言ったような問題群、知見を相互にどのように活かせるかということになってくる。

僕の問題意識は、もともとそのあたりが強くてね。河合さんの物語論についても、非常に共感するところがまずあって、その上でもちろん、物足りないところもあるのです。

よく言われるように、二〇世紀というのは無意識を発見した世紀だった。また、ほとんど平行するように「未開」ということを発見した。前者は精神医学から始まって、フロイト、ユングらの心理学へと発展した。後者は文化人類学という領域の誕生とともに始まった。

日本に話を持ってくると、同じコンテクストで言えるのは柳田國男らの民俗学の成立です。なぜ二〇世紀にそういう関心が高まったのか。一九世紀よりも二〇世紀に近代の科学的思考の支配がさらに進んだとして、だからこそ未開に対する関心が出てきたわけでしょう。文明化するほど、逆に古層に意識が向いていく。

――「自分たち」とは何か、どうできあがって来たのか知りたいと?

大塚 そうそう。存在の、見えない部分、あるいは隠された部分に対する関心が非常に強くなってきたのですね。それ以前の一九世紀までは、そんなことは全然問題にもならなかったと言っていい。

――見えない部分は神が見ていてくれたから。

大塚 おそらくそうなのです。そのうえで、二〇世紀になって可能になってきた探究の対象は、図式化して言えば「意識」と「無意識」、「文明」と「未開」なのですね。それらの概念はいずれも「括弧付き」であって、概念や図式で語ることは一応できても、とてもすべては語り切れない。その語り切れていない部分をどう埋めていくか、ということがその後の展開になっていったのだと思うのです。

たとえば人類学のなかでも、ヤコブソンに淵源を持つ構造主義人類学というものが出てきた。単に文明に対する未開という捉え方ではなく、人間にとって神話とは何か、といった人間の精神の根源に関わることに関心が向いていく。

精神医学と心理学の分野でもそうですね。フロイトは人間の行動の根源は性的リビドー（エネルギー）としましたが、それがすべてだと言うわけにはいかない。性の多様性を肯定すべき人間観のなかでは、一九世紀のフロイトの論には頼れない。そういう形では納まりがつかないわけです。

二一世紀になり、二〇世紀にはまがりなりにも語り得たことになっていたのが、語り得なくなってきた。そこにわれわれは立ち会っているのではないか。そういう問題を明白に突きつけてきたものは何か。どういう現象か。ひとつは、二〇世紀が造り出した大規模な制度や集団なのですね。その多くは害をも為した。ナチズム、スターリニズム、文化大革命……いくらでもあります。それらを見れば、文明と未開などという図式化はすっ飛んでしまう。文明こそが最も野蛮だったということにもなるのです。

科学技術が進むことと、それらの問題の規模の極大化は直接関係している。極大化と同時に問題の複雑化、問いの精緻化も起こる。たとえばジェンダーということにしても、明らかになっていくほど性は多様であることが見えてきて、問い自体がより複雑になる。

――ものごとの輪郭は、そんなにがっちり決まったものではなかったと、わかってくるのですね。

大塚　そういうことです。極大化の方では核兵器が登場し、ある意味、それを超えるものがなくなってしまった。科学というのは人間存在をさまざまな面から解明するはずだった。しかしそうではなくなっている。技術が独走し、人間が制御しうる範囲を超えてしまっている。

科学技術の強大化、経済や金融の力の巨大化・高速化のなかで、普通の人間の無力感が蔓延している。まさに、人類が初めて経験する世界です。こうなってくると、個人の意識とか無意識の探究、あるいは価値をめぐる議論も、どこまで意味を持ちうるのか。そういう事態になっていきます。

第8章
リアリズム・ニヒリズム・ファンタジー

（二〇一八・七・七）

「目を嵌め込む」

――先日ご教示いただいた計見《けんみ》一雄《かずお》さんの『こころは内臓である』（講談社、二〇一八）を読みました。「スキゾフレニアを腑分けする」とサブタイトルが付いていますが、精神科医として実際に経験することに始まりながら大胆な仮説に拡がる、おもしろい書き方の本ですね。

統合失調症の前駆として現れることのある離人感《りじんかん》や既視感（デジャヴ）は、時間感覚の変調と関係しているのではないかとし、「この種のちょっとした異変は、異変と呼ぶほどのものでもなく、感受性の鋭い人にはよくあることに違いない」と書いています。

精神症状と時間感覚の特性との関係については、木村敏さんがつとに提起されていますね。「祭りの前」（アンテ・フェストゥム）「祭りの後」（ポスト・フェストゥム）「祭りのさなか」（イントラ・フェストゥム）という表象がそれぞれ統合失調症的、躁鬱《そううつ》病（双極性障害）的、てんかん的な状態と関連付けられています。

もっと拡げて、発達障害や気分障害（抑鬱、双極性障害）と呼ばれる症候のなかにも、時間感覚の特性の違いはあるのではないかと想像します。自閉スペクトラム症にもＡＤＨＤ（注意欠如・多動症）にも、それぞれの人により時間の感じの違いというのはあると思う。

風邪を引いて鼻が利かないと、食物の味はまったく変わってしまいますよね。自分自身の感覚だって、意外にあっけなくあやうい。そういう感覚の共通性の上で人々は理解し合おうとしている。

近代と脱近代とはどういうことだったのか、そのときに社会とはどういうものであるのか、そして最後に人間の「こころ」とは？　というふうに大塚さんと話をしたいと思ってきましたが、そんなふうに問題は切れないし、章立てすることもできないと気づきました。時代があって社会があって、そのなかの人間に心があり、またその心から反転して社会も時代も認識され、構成されていく。

前回お目にかかった後、日比谷での大塚さんの講演を聞きに伺いました。長谷川利行を巡るお話で、一柳慧《いちやなぎとし》さんらの日本・フィンランド新音楽協会の主催でした。講演を聞きながら、演壇の傍らに掲げられた「長谷川利行展」のポスターの絵を見て、こういうことを思っていました。ニヒリズムに至った人間の表現というのは仮借《かしゃく》ないリアリズムになるか、ファンタジーになるかのどちらかなのではないか。そして、そのふたつは区別がつかないのではないか。

長谷川利行が貧民窟で美を見たとして、それはリアリズムとしてそう認識しているのか。あるいは願いや投影としてのファンタジーなのか。そういう問いは一応は成り立ちますが、厳密に両者の区別はできない。

大塚　なるほど。前にお話ししたように、利行はごく若い頃にプライベートな人間関係での挫折があったところに、上京して関東大震災に遭遇し、さらに決定的な精神的打撃を受けてしまったと思われるのです。その挫折や打撃が深かったことの背景として考えられることが何かというと、利行には神さまに頼るとか、政治的なイデオロギーに依拠するとか、そういうことがまったくないんですよね。

　支えもなく裸のままで存在しているようなものですよ。そしてニヒリズムで自分を覆ってしまう、防備したという感じを受けるのです。彫刻家の飯田義国さんは、利行についてそういうことを書いている。ニヒリズムの強烈な毒によって感性の「防腐」を行おうとしたと。だからどんな状況でも、純粋で明るい絵を描くことができたのではないかと。

――傷に塩を塗り込むようにして痛みの極限になると、なにか澄んでくる。痛いまま冴《さ》えてくる。想像ですが。

長谷川利行《自画像》

大塚　それを身につけてしまった。震災の年の暮れには彼は京都に戻るのですが、自分の故郷の家ではなく、借家を転々とするのです。そうして二年間沈潜の生活を送る。唯一とも言える友だちに、速水御舟《はやみぎょしゅう》や安田《やすだ》靫《ゆき》彦《ひこ》らに師事した日本画家の後藤芳仙《ごとうほうせん》がいて、彼とは交流していた。

　ある時後藤が利行の転居先に行ったら、家の中に何もなかったという。当時の京都では、借家人が家具や障子や襖《ふすま》、畳、寝具も自分で調達することになっていた。それらが何もない。床の材木剝き出しの上に一部だけ茣蓙《ござ》を敷いて、汚れた毛布が一枚あるだけ。

そんな無為のような生活の期間を過ごし、二年後、利行は自画像を描くのです。その一枚の絵には、利行のその後の作品のすべての要素が入っていると言っていい。原色を重ねて絡み合わせて使うという特徴的な技法もすでに現れている。まっすぐ正面を見据えた、睨《にら》むような眼の自画像なのですが、その絵が睨み付けているのは何か。見ていると、その眼がしめすのはニヒリズムによって現実を見る、そういう意志なんじゃないかと思えてくる。

この絵については利行自身が「この眼はハメ込んでやったのです」ということを話している。自分の顔の絵に自分で目玉を嵌め込むという、すごい表現です。その眼で現実を直視することは、利行にとってそれまでの自分の人としての在り方を毀損《きそん》する、壊すということだと彼は自覚していた。

この自画像を描くことができたから、ようやく本物の絵描きとして利行は出発できたのだと僕は思うのです。そして彼は再び上京して貧民街で暮らすようになり、貧しい人々のなかに、非常にリアルに、明治以来の日本の近代化のツケの集積を見ることになる。

リアルと言っても、そのままに見たら美しく描かれることにはならない。しかし現実の背後の存在そのものに透徹していけるならば、芸術本来の力が、絶望的な存在そのものからある明るさを引き出してくる。

——それは人間存在を「荘厳《しょうごん》する」とも言えるでしょうか。仏教用語で「飾る」という意味のその言葉を、私は「死者を荘厳する」というふうに使うことがあります。外形的に現実は苦悶に充ち、死者はただ死んでいるのだとしても、認知と認識の隙間で「意味」を変えることができます。利行はそうした意味で「透徹して見た」と。

大塚 そうなんだと思う。彼にとっての事物の本質を見通したということなのだと思うのです。前にもアントナン・アルトーのゴッホ論についてお話ししましたが、私の思う長谷川利行とも関連させて考えられるところが多いのです。

「……ヴァン・ゴッホは、すぐれた透視力をそなえた人間のひとりであって、この透視力が、彼に、どのような状態にあっても、事実のつくる直接的で外見的な現実よりももっとさきを見させるからだ、危険なほどにはるかさきの方まで見通させるからだ」

「〈ゴッホの絵は〉……事物や、人物や、素材や、要素の、なんともきたない単純さから、あのさまざまなオルガンの歌や、花火や、大気中のさまざまな顕現や、さらにはまた、永遠にくりかえされる時ならぬ変質作用のための〈化金石〉を引出したことを、思い起こさせるに足りるのである」(『ヴァン・ゴッホ』)

利行も、椅子とか机、花、田舎の寂《さび》れた道、まったくあたりまえのものを描いて、結果として美しい絵になっている。その細部から、いや細部からこそ、輝きが溢れるように見えてくる。もっとも卑俗なものから、僕の言葉で言えば「神話」を導き出した。

――さきほど私は、リアリズムとファンタジーは実はうまく区別できないということを申しましたが、いまの話を伺っても、それらはお互いの別の呼び名でしかない、という言明は維持されるように思うのです。たとえば「彼の透徹した眼が、貧民街の人々の中にこそある本来の美を捉えた」というと昔の左翼風の言説になってしまいますね。理念が先にあって表現を説明することになる。

大塚　それとは明らかに違うものだね。

ニヒリズムのさまざまな帰結

――ちょっと横にずれるようですが、アンソニー・ストーの本で「三大還元主義」という言葉にぶつかり、ややおかしみを含むその命名に感心しました。ストーに言わせると、フロイトもマルクスも本質的に還元主義的であると。現象を名指すばかりでなく、それに対応する「理由」を即座に見つけようとするというのですね。

サイエンスを生み出したのは還元主義ですが、還元主義の思考法が度を超して人間精神や文化の全面に拡がってきたのが近代だと。本にはこんな言葉もありました。

「だが、科学の仮説にとって、証明は二次的な過程である。科学の思考は幻想に起源をもつものであり、物語やその他の創造的な活動と同じである。アインシュタインの成功は、数学者や物理学者の才能に起因しているのではなく、彼の想像力によっている」

このような捉え方にも、長谷川利行について大塚さんがおっしゃっている、本質とかリアリティということとの関連を感じます。それらは、それぞれの心とともにしか在り得ない。

一方で、利行の時代以後、昭和の大戦争に突入していくなかで、日本浪曼派というものが私たちの文化の中から出てくる。ニヒリズム、イロニイと言いながら、崩壊の状況に先取りされたロマンチシズムを投影して、滅びの美を歌う。

大塚　しかもそれを日本のある連綿とした、繋がっているとされるもののイメージに絡めて展開したんだね。

――　最後のところは別の原因に還元できない、絶対の観念に求める。だから滅亡に対してもある種の判断停止をして美に昇華するという態度を取ることができる。しかもその態度自体がアイロニーだと。これは無限後退ともいうべきですね。日本にしかないとされた天皇制と絡めたからこそ、「日本浪曼派」と自己規定したのでしょうか。

大塚　そうです。日本の土壌に生きてきて、それもひとつの立場としてありうるだろうなとは思います。

それに対して、この絵描きの場合はそういうものをまったく求めないんですね。変わらぬ美的観念とか不滅性の根拠のようなものを。

――　彼が見て、描いたのは「金閣寺」ではなかった。

長谷川利行は、自らの意志で自分の絵に、現実をそのままに見る眼を嵌め込んだ。しかしその眼で見るのが完全な無かというと、そうではない。だから絵が描けたのでしょう。そう思うと『ユング自伝』にあったこのような言葉が、自然に思い出されてくるのです。

人間は、もの言わぬ魚にはならぬと決心していた。
人間は天命に直面したときでさえ、常に何らかの精神的な留保をもつものだ。さもなければ、どこに人間の自由が存在するのか。

大塚 あなたの言うそれは、必ずしも外れてはいないと思う。これは核心のところで関連してくると思うのですが、子どもの無垢《むく》なありようというのは、ニーチェが『ツァラトゥストラ』で書いているように、超人であることの条件なんですよ。永劫回帰に向き合いうるものは、名誉心でも名声でもない。前提を置かない認識の透徹であり、そしてそれは強いニヒリズムに至る。

―― おそらくは意図的に地位や名声を棄てていった。が、一番棄てたかったのはかつてあった（のかもしれない）家族への哀惜や後悔だったのかもしれませんね。だからこそ、ニヒリズムに入っていく以外の選択肢はなかった。

「死者を荘厳する」ということがありうるのだと、さきほど私は申しました。これは『きけ　わだつみのこえ』を読みながら本を書いていたとき、気づいたことです。死者にあった、善いところを想い出し、記憶しておく。これは時代的事実を枉《ま》げるのとはちがうことなのですね。

しかしたとえば軍歌やある種の戦争画、日本浪曼派の文章は現実を荘厳してしまうことがあったのだと思います。それは真実と離れることで、なおかつそれに「いかれる」感覚はわれわれの内部にどうしてもある。そこが厄介ですね。

大塚　ちょっと余計な話になるかもしれないけれど、ロマン主義のなかには人間の放恣《ほうし》さとか欲望と親和性のある部分もあるから、もともとの作家や作品には力があっても、それが拡がるときにはものすごく俗っぽい受け取られ方が可能になってしまうんですね。つまり俗情と結託する。日本会議とか安倍さんとか、ロマンチックでしょう。

近代とは人間が機械に恋してしまった時代

――大正期、日本でもモダニズムが興って、とくに絵画やグラフィック、あるいは建築の分野では大きな変化が起こりましたね。これまでの生活を取り巻いてきた空気のあちこちから、跳びだしてしまうようにして。

大塚　たとえばロシアでは、絵画におけるフォルマリズムという形でモダニズムが鮮烈に現れた。それは伝統的なものからすると、明らかに異端になるわけです。演劇で言っても、スタニスラフスキーまでは許容できたけれども、そこで仕事をしていたメイエルホリドが独立して、コメディア・デラルテとか歌舞伎の手法とか、当時のロシアの芸術界から見ればゲテモノ同然に見られていたものもどんどん取り入れて、いわばとんでもない下世話《げせわ》なサーカスみたいな表現をした。それがアバンギャルドだ、として。

――そういうことはどうしても、革命とか権威の破壊につながりますね。

大塚　当然そうです。一九三〇年代に入ると、当局の方からフォルマリズム批判が出てくる。それはスターリニズムの拡大とぴったり歩調が合っていて、いみじくも一九三九年、メイエルホリドは殺されるんですね。

――芸術は自由で、個々の人間はこんなふうにも考えられる、感じられるということを、それこそ異化効果で示そうとしていた。しかし個人の感覚の自由が拡がる勢いが出てくると、同じく近代主義の側にあるスターリニズムがそれを潰しに来る。

大塚　その意味で非常に微妙な形になったのがイタリアの未来派です。モダニズムでありファシズムでもあり、両者が重なっている独特のもの。過去からの共同体がなくなってしまったマシーン・エイジ以降の近代の、孤独な空気感と奇妙に透明な光というものを実にうまく表現している。

――モダニズムの芯には解放された個人の感覚の称揚という側面と同時に、機械化・集団化による力への賛仰の双方があると感じます。そして、デザインとしては否定しがたく格好がいい。それらの現象は、重工業化の時代そのものからあらわれたのだと思います。当時も工業技術の最先端にあったのは兵器で、そこに表象されるのは機械化・集合化による「力」が到達し得た究極の形態だった。

むかし、岩波書店の出版部（装幀・造本などを担当）のフロアに『ＦＲＯＮＴ』（大戦期の日本の対外プロパガンダ雑誌）の復刻版が置いてあったのを見て、あまりのかっこよさに目眩《めまい》がするようだったのを覚えています。

大塚　モダニズム、フォルマリズムというのもまた両刃《もろは》の剣《つるぎ》なのですね。メイエルホリドの例で言ったように、あるところまでは体制批判として機能する。しかし最終的には実質的な意味は全部捨象されて、形態やシステムだけが残る。

――デヴィッド・バーンという英国出身のミュージシャンのアルバムのライナーノーツに「近代とは人間が機械に恋してしまった時代」という意味の言葉を見つけて、なるほど、と思ったことがあります。

大塚　それは面白い問題ですね。しかし日本のモダニズムのことを考えると逆に、非常に中途半端な感じがする。君が言った『ＦＲＯＮＴ』でも、機械力を数値的に誇示するだけではなく、デザインそのものに美とか精神が持ち込まれているよね。ほんとうにモダニズムを徹底すれば、メイエルホリドのようにモダニズム自体への批判もするようになるはずなのだけれど、日本の場合、モダニズムがなんなのかということさえはっきりしない。

雑誌『FRONT』No.1-2合併号（海軍号）

――出版部フロアまで何度もめくりに行った『ＦＲＯＮＴ』ですが、遠くを見る水兵の横顔が異様なほどのアップでデザインに落とし込まれた頁《ページ》があった。涙が滲《にじ》みそうにさえなるけれど、これはきっと万葉の古代から変わらないことなのですね。

災害をつくり出す社会

――夏の豪雨被害がとんでもないことになっています（平成三〇年七月豪雨）。今年は関東に住んでいる者にも、恐怖を感じる状況がありました。

大塚　もはや災害ということを無視して、現代社会は語れないと思う。また三・一一に典型的に現れたように、天災である津波と人工物である原発の存在は分けて考えられないものになっている。世界の気候変動という規模でも、人災、社会が生み出した災害が起きるところまで来た。

――それに対して、国土強靭化などと言っていますね。国土を強靭にするって、どういう意味なのだろうか。

大塚　天災に対しては、基本的に人間はどうしようもなくて、祈るしかないという次元です。しかし原発事故や、気候変動もある部分は人災なので本当は食い止められるはずです。そこを腑分けして議論しないとおかしなことになってしまうのに、いまは自然の問題と人間がつくりだした問題が、いろんな場面で混同されてしまっていると思う。

三・一一の時はあとちょっとしたことで、東関東は住めない場所になる瀬戸際だったと言います。日本にいた外国人は続々と脱出したし。あの時、僕はたまたま中国にいたのですが、中国の人たちはもう東京はアウトだね、などと言っていました。

――少し前まで、日本にとっての危機の代表は北朝鮮のミサイルだと思われていました。もちろんその状況自体は変わっていないのですが、一方で海岸線近くに原発を五四基も建てていたのでは国防など語り得ない。地震や事故ばかりではなく、戦争行為で原発がひとつでも破壊されたら国土が破滅的なことになると、三・一一ではっきりした。

先日、大塚さんに白井聡《しらいさとし》さんの『国体論』（集英社、二〇一八）をお薦めいただいて読みました。戦争の時は天皇制が国体だったのが、戦後はアメリカと安保体制が「国体」になったというだけで精神のしくみは変化していない、といった論で「ほんとかなあ」とも思いましたが、日米「同盟」のもたらしうる不均衡な結果ということを思うと、それはほんとうかもしれない。

しかし別の道を探る試みを思うこともできず「最後はアメリカが助けてくれる」と思っている、またはそういうことにしておく。日米原子力協定を通して、アメリカは原子力について、日本にかなりの技術移転をした。つまり原発をつくってもいいという意味でした。プルトニウムも管理下でならば扱ってもいいということにまでなった。けれどももちろん究極的な運命は共有しない。

東南海地震と呼ばれるものが来た時、各地の原発が稼働していたら何が起こるのか。大地震はいつか来るだろうし、富士山も噴火するでしょう。さきほど大塚さんが言われたように「祈るしかない」天災の可能性、むしろ必然性があるなかで原発を動かす。それが利益だ、というのはあまりにも特殊な尺度での計算だと思います。

大塚　日本海側の原発銀座といわれるところがありますね。そこにミサイルなり一発でも当てられたら目も当てられない。京都だって大阪だって人が住めなくなる。あらためて見るとほんとに近距離ですから。ずいぶんいいかげんな考え方をして、人々の生活の基盤を決めてしまうことが通用していますね。

―― それは「国策」は中央が決める仕組みになっているからでもありますね。沖縄に基地が集中するのもそう。ウルリッヒ・ベックの言うように、出来事の規模が世界中で繋がって拡大するリスク社会になりました。それをどうやって少しでもコントロールするかという観点からも、地方が決めた方が有効なことがある。生存に直接関わることはとくに。

松下圭一さんがその実現に努力されていたように、地方の自律性に立ったシステムでないと、いざというときにうまく機能しない。物資や救援の準備とロジスティックスの構築は国が責任をもち先導すべきだとしても、何がどれだけ、どこに必要なのかという判断は地方が行わないと、有効なものにはならないでしょう。

大塚 われわれが住んでいる地球に関するごく基本的な知識と、それに基づく自然観と社会観が、なぜか大きく欠けているのではないかと思います。地殻の下には厚さ数百キロのマントルが対流していて、ドロドロに熔けた岩石が動いている。だとしたら地表で噴火が時に起こるのも、地震が起こるのも当然と言っていい。それなのに大地は安定している、という感覚でいる。

―― 地球の内部について、せっかくいくらか推定して解明して、歴史的にも大災害の記録で知ってきたのに、やっぱりリニア新幹線は進めようとするのですね。

大塚 『火の神話学』を私が書こうと思ったきっかけも三・一一なのです。原子炉は巨大な火のようなものだとすれば、ロウソクから核の火まで、本質には同じところがあるはずだと。

人間は火を手に入れることによって加熱調理をするようになった。栄養を効率よく摂れるようになり、それがやがて体格や顔貌も変えてきた。大きかった顎が小さくなり、頭蓋骨の形も変わっていき、脳室の容量が拡大していった。考えてみれば当たり前なのですが、人間の進化や文化のすべてに、火がかかわっているんですね。

高度成長直前のころまでは、田舎にはどこにでも、見える形で火があった。竈があり、蠟燭《ろうそく》の明かりも松明《たいまつ》も焚き火も、そこここにあった。歴史の長い射程で見ればつい昨日と言ってもいい時代まで、火は生活の中にあった。だからこそ火の両義的な本質を、人々は身に沁みる形で識っていた。

ところが今、火は日常に見えない。火の匂いも煙の匂いもしない。火を肌に感じることは、いまも各地にある火祭りの時や、せいぜいがバーベキューやキャンプの時にしかない。しかし見えないところで、原発という巨大な火が実は動いている。

火というものからの恩恵は多いけれど、一方で火は制御のむずかしいものでもある。火事の恐さばかりではないんですね。たとえば情念を語る時、火のような、という比喩が出てくる。烈火の如く怒る、あるいは炎のような恋とか。だからこそ人間が初めて火を手に入れるということが、多くの民族で神話になっている。プロメテウス神話でも、火とは人間にとってはどこかから盗んでくるもので、制御できない部分を持ったものになっているのですね。

――火はいまはほぼ、電気の形で電線の中を流れていると言えます。家庭のコンセントからとる一〇〇Vと言っても、いまは漏電ブレーカーが即座に働くので多くの場合は死亡事故にはならない。それであまり怖ろしがらなくなっていますが、流れ続ける一〇〇V・数十アンペアの電気に触れれば痙攣して、自分の意志では手をもぎ離せないそうです。

一〇Vかそこらのスマートフォンの充電ひとつ取ってみても、電子機器を使って整流など複雑なことをしている。それがうまく行われないと、かつてよくあったように充電池が突然燃え出したり爆発したりする。

エネルギーが貯められた状態に対しては、つねに繊細な操作をし続けなければならない。ダムの水として貯められた重力による位置エネルギーでもそうですね。ダムの構造が健全で、放流を計画的にできないと大惨事になりうる。かつてダムは、戦争になれば真っ先に砲爆撃されることを警戒しなければならないものだった。ましてや原子炉は、巨大なエネルギーを精確に制御しなければならぬ最たるもののひとつでしょう。核反応のコントロールのために制御棒を動かしたり注水したりするのも、結局はモーターやポンプで電力を使って行っているわけですから、微細な制御装置の塊でもあるのですね。

大塚　こういうことを話しているとふと思い出すのですが、河合隼雄さんは、マントルの話から個人の不幸のことまで、すごい距離をひとつの繋がりにして考えることのできる人でした。頭の中でどのように調整しているのか不思議でしたね。とにかくすごかった。

――　私たちも、実感として統合されているかどうかは別として、極大から極微に至る知識や気づかいの範囲を生きていますね。今晩何を食べようかと考えていたかと思うと、宇宙の年齢は一八〇億年くらいだそうだな、とか考えている。

人間はそれほどに、範囲としては広い知識を得てきたわけですが、人類自体もまたいずれ滅びるということも知っている。佐藤文隆さんは『科学と幸福』（岩波現代文庫　二〇〇〇）で、人類が存在する期間は数百万年のオーダーとみている、と書いておられました。

大塚　太陽系だってあと五〇億年ですから。

——五〇億年ほどで、太陽が膨張して赤色巨星になる過程で、その大きさが現在の地球の軌道まで達するという。どうしよう、と思うがどうしようもない。そんなことまで知ることになったのが人類で、知ってもどうしようもないことをも知ることになった。なぜなのか？　私の演劇のテーマも、ずっとそういうことでした。

第9章
トポスと人物

（二〇一八・九・一）

マスはいつでもモッブになる

——この対話では、毎回大塚さんにテーマを問いかけています。それぞれに大きな問題で、どれが一番の中心だと言うこともまだできません。

しかし結論を予感してみるならば、多様性という言葉をいかに活きたものとして、思想の中にも社会の中にも位置づけるかということではないかと思うようになりました。暮らしの中、精神のあり方に多様性を実装する。それを考えることが、目指すところのひとつだと思います。具体的に考えはじめようとすると、どうしても「大衆」という問題が前提となってくる。オルテガ・イ・ガセットが『大衆の反逆』（原著、一九二九）で書いたような問題群です。

近代がどんなに教育を広く一般化しても、現在もかかわらず、マスはいつでもモッブになりうる。マスが発信力を持つ世の中は、思い描いていたような民主主義ではなかった。超大国アメリカはグローバル化の徹底の中でさらに、世界が常にその意図を測らなければならない存在になっている。そして中国が新興超大国の強引な振る舞いをもって登場してきた。アメリカは少なくとも多様性を称揚することを表向き目指してきましたが、それも近年急速に怪しくなってきましたね。底が割れた、という印象があります。

かつて「中堅国家」構想が唱えられました。核保有国による国際政治の寡占的支配をいかにして相対化するかという文脈において出てきた発想です。北欧諸国やカナダなど、自らは大国になろうという志向を持たないが、国連などの国際機関における連携も活かしつつ一定の影響力を及ぼしうる「ミドルパワー」のネットワークで、国際政治における多様性を維持しようという考え方ですね。

ところが、世界化し一元化した情報・金融資本主義のなかで、決定の主体はいったいどこにいるのかわからない。意志による選択ではなく、数値の流れがすべてを決めるという侮辱は人間にとって深い。一元化してしまった「力」を分割したり繋ぎ替えたりすることで、意味ある選択の余地をつくっていくことはできないものだろうか。

大塚　それはとてつもなく重要なテーマかもしれない。『松下圭一　日本を変える』を書いた関係で地方自治の勉強会に呼んでいただく機会がある、と前にもお話ししました。そこで受けてきた刺激とつながる話だと思いました。

しかしその前に、あなたが以前、対話のテーマの例として挙げていた「心の近現代史」「河合隼雄の出現」という話から始めた方が、問題として深いところに繋がるような気が直感的にします。

――「近代とは人が内面を見つめすぎた時代」という意味の言葉をどこかで読んだことがあり、

そうかもしれない、と思いました。

私もときには野山を歩き、風景の中に居たくなることがある。そんなときに思うのは、人間というのはもともと、もっと環境に外向していたのではないかということです。内面をみつめるばかりでは、解決はないように思えることがあるのですね。

ユングは内向的な人だったといいますが、彼が凝視する自らの内面からは広い世界がひらけていた。内部を通してしか外部を見ることはできない――「心」とはそういうものなのかもしれません。

大塚 あなたはどういうふうに思いますか。なぜ河合隼雄さんがユングに向かい、そして現代の日本で大きく受け入れられたのか。

河合隼雄の登場

――ユングが向かったのは内面、と一応は言いましたが、それは実は自分の内・外に局限されない世界の見方なのだと思います。内を見る心、外を見る視線の交差するところに生ずる人間にとっての「自然」の広さということでしょうか。その自然の光景とは、おそらくはいろいろなミームによって受け継がれてきた、人類史的な視線の重なりをも含み込んだものだと思います。

齢をとってくると歴史に関心を持つ人は多い。こういう流れの中に自分は生きてきたのかという感慨もあるのでしょう。あるいは宇宙の中での人間、ということを考えたりする。

自分一個の限られた生が、広い文脈の中で再度、逆行的に観取される。未来の方角からも、過去の方角からも。そのように外部から見る自分を持ちうることが、人の心の特徴ではないでしょうか。

　それはある意味過酷なことですが、一方では狭い自我の相対化であり、より広い自己の獲得でもありうる。ユングを読むとそういうことを思います。

　そのような深いところの意識では、生まれる前のことも思えるのではないか。行ったことのない場所の風景も、知っているということはあるのではないか。因果のみに支配されない世界を想うと、そんな楽しい想像もひろがる。

　そう言えば河合さんの自伝的な本のタイトルは『未来への記憶』（上・下、岩波新書、二〇〇一）というものでした。大塚さんが編集されたのでしたね。私のつくっていた演劇にもそんな世界の見方に触発されたものがあります。ユングと神話学者のカール・ケレーニイらが書き、河合さんもユングの部分を翻訳している『トリックスター』（晶文社、一九七四）の一九八一年第七刷りを若い頃に偶然手にして、そこでユングの名を初めて知ったのですが、その本に収録された北米インディアンの神話的世界理解に実に新鮮におどろき、じっさいに心が踊りました。「この世界の見方だけではないんだ！　と、身心が拓《ひら》ける気がしたのです。

　そして「トナールとナワール」というタイトルの舞台をつくりました。トナールとはこの世界で人間に理解できる部分、ナワールとは同じくこの世界で、人間の理解にはそもそも属さない事柄です。北メキシコのヤキ・インディアンからカルロス・カスタネダが教えられたとされることば。それを知って、識らなかったのに親しい拡がりが、これまでの理解のかたちの外にはあると感じたのです。そしてそれは「風景」をめぐる演劇、ということにもなりました。人間は風景の前に立つが、風景をすべて理解することはできない。自分もまたその風景の中に含まれて存在しているということを、ほんとうにわかることはできない、という主題でした。

大塚　それは大事なことだね。ローレンス・ヴァン・デル・ポストが書いた『カラハリの失われた世界』（The Lost World of the Kalahari）など、君が言っていることとぴったり一致する。

そういうことがあるのは確かなんだけれども、もう少し泥臭い問題から出発した方が、わかるかなという感じを持っています。

河合さんが二〇〇七年に亡くなり、私が『河合隼雄　心理療法家の誕生』を書こうとしていたとき、河合さんの故郷を見て知っておく必要があると考えて、篠山《ささやま》（現在は兵庫県丹波篠山市）に行きました。河合隼雄さんは七人の男兄弟の五番目なのですが、三男の雅雄《まさお》さんが主に案内してくださった。京大霊長類研や日本モンキーセンターの所長も務めたサル学の河合雅雄です。もう相当なお年だろうに車を運転して篠山の町を回ってね。ここでこういう遊びをしたんですよ、などと話を伺い、途中、そのほかのお兄さんたちにも紹介してもらいました。

河合隼雄

そうして、河合さんという人物の背景を成していたものが、つくづくわかったのです。ひとつは篠山という風土。旧城下町ですがあまり強力ではない権力で、青山氏という地方の豪族が治めていた。その辺りの小藩は、それより西の藩に対する徳川体制の橋頭堡《きょうとうほ》のような立場に置かれていたのですね。篠山の周辺にはほかにもいくつか、文化人類学の米山俊直《よねやまとしなお》さんが名付けた「小盆地宇宙」というべき地形と地方政体があった。

盆地が点々と、それぞれが小宇宙として相対的に独立して、ある。そういう地勢のところでは、中央集中の国家のあり方から生まれるのとは異なる観点が形成されたと考えられるんですね。河合さんがなぜ登場してきたかということを考えるとき、その文脈の中で見てみるのが有効だと思うのです。

明治になり廃藩置県が行われ、日本は中央集権国家になった。そして国民一丸となって「坂の上の雲」を目指していく。それは基本的には、西欧の列強に対して追いつけ追い越せということなんだけど、同時にそれは、そこでうごめいている日本人にとっては立身出世ということなんですね。

君も前に触れたかと思いますが、神島二郎さんがかつて『近代日本の精神構造』という本を書いた。そこで神島さんは立身出世主義というのが日本の近代化において大きく働いたモメントだったと言ったのですね。身分制が一応なくなって、次にはできるならば末は大臣か大将か、帝大の博士かという話でしょう。日本のどこの地域に住んでいても、優秀と言われた青年にとってはそのコースに乗ることがエリートになることと同義だった。立身出世主義のレールに乗って中央へ、つまりふるさとから上京して頂点へ向かう。それが意味あることだと思われた。

―― 唱歌「ふるさと」の歌詞に「志を果たしていつの日にか帰らん」とあるように。しかも大塚さんが強調されてきたように、日本国民の多くにすでに文字リテラシーがある中での競争ですから、それは急速に日本全体の主流の価値観になっていく。

大塚　夏目漱石の『三四郎』なども完全にそうで、熊本の高等学校を卒業して東京帝国大学の一年生になるために上京するというところから話が始まっている。

ところが、行って肌で感じてわかったわけですが、河合さんの場合はそのパターンとは違うんですよ。

――篠山の風景は『河合隼雄　心理療法家の誕生』で描かれていました。手描きのコグニティヴマップ（認知地図）のような絵図もありましたね。

大塚　ほんとうに、まとまってるんですよ。中央に目が向いた文化的な通過地のようなところではなく、そこで自立・自律している。

雅雄さんのひとつ上のお兄さんは内科の開業医で、一番上のお兄さんは外科医です。もう寝たきりでしたけどお話は伺えました。また、隼雄さんのすぐ下の弟の迪雄《みちお》さんは歯科医なんですね。とにかくその兄弟たちが喋っていることがすべてにおいて、日本の近代を規定してきた立身出世主義とは無縁というか、真逆なんですよ。びっくりしました。

――欠乏感から出発しているのではなく、なにもかもが揃っている小宇宙の中で愉しく育った。そし

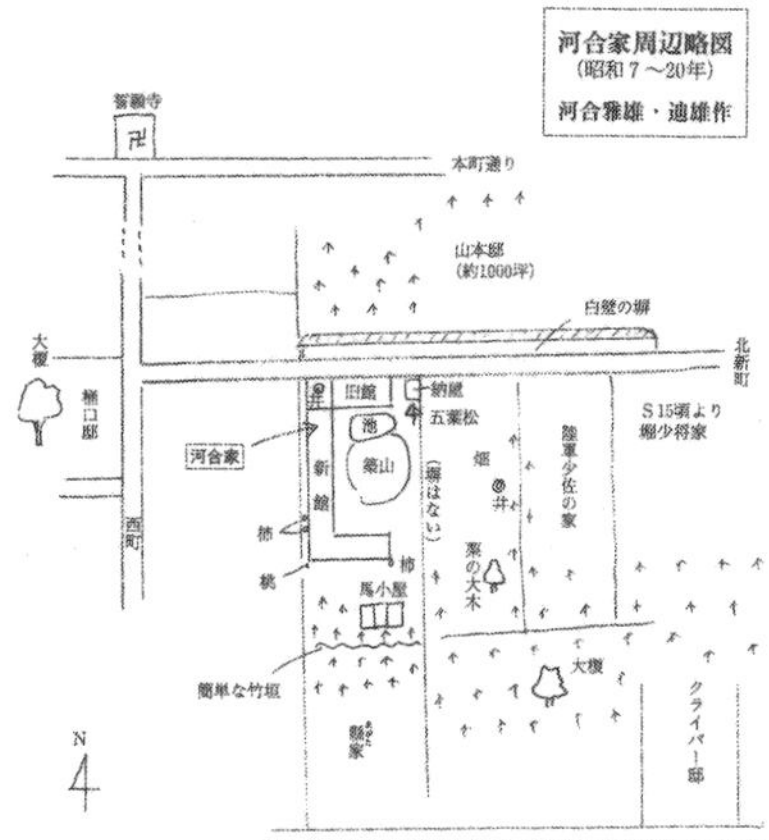

篠山の河合家周辺略図（大塚信一『河合隼雄 心理療法家の誕生』より）

て年老いた現在にあってもそうであると。

大塚　そう、自足しているんですよ。出世したら、坂の上に登ったらもっと広い大きな世界が拡がるよ、それは社会的にも金銭的にもいろんな意味でね、っていうのではなく。自足しているから、ぜんぜん違った方法論になる。京大には行っても、出世しよう偉くなろうというのは頭からないんです。

とくにサル学の雅雄さんと話していると、ビックリ仰天な発想なんですね。彼が世界的に有名になったのは猿の個体識別についての研究がきっかけです。群れとしてではなく、相手に人格（猿格）を認めるというぐらいの個別の行動観察をした。なぜそういうふうに猿を見るようになったか。雅雄さんは若い頃、結核に罹《かか》ってずっと休学していた時期があった。その時期、庭でニワトリと兎を飼って、毎日、座り込んで観察していた。そうするとニワトリや兎、一羽一羽の特性が見えるようになってきたという。

――正岡子規は臥床《がしょう》の狭い庭に見える植物や器物を詠ったわけですが、雅雄さんはニワトリと兎に、ひねもす目を向けていた。

大塚　そう。病気であまり動けなくて、しょうがないから、それでもできる観察の方法を編み出した。その結果として、非常に面白い生態学的な発見というのをたくさんするわけでしょう？　それが世界中の動物学者に衝撃を与える。本人からすると、自分がなぜこんなに注目されたのかわからなかったということなんですね。

隼雄さんも、偉くなろうと思って偉くなったわけではない。高校の先生になりたいと思っていて、最初に奈良の天理の親戚の経営する学校に就職した。その時、生涯の夢が叶った、と本気になって喜ぶんです。高校生たちと一緒に数学の勉強ができればいい。それだけの話で、僕自身、聞いていて目から鱗が落ちました。

その後、高校生たちにほんとうによく教えるために、彼ら彼女らの心をどういうふうに摑んだらいいか、それを学びたいということで大学院で心理学を勉強し始めるのです。心理学を勉強して教授をめざす、といったことではなかった。

医者や歯科医をしている兄弟たちの話を聞いても、同じなんです。収入の心配もないし地方の名士ではあるが、自分たちはこの町で一緒に育ってきた人たちの助けになれればそれでいいんだと。それだけなんですね。

末弟の逸雄《いつお》さんも、てんかんの研究をして京大の助教授にはなった。しかしてんかんも時代によって違う概念を与えられて、だんだん京大病院で扱う事例が少なくなったというので、そのまま京大で出世しようとするでもなく、てんかんの患者が集まる別の病院に移られる。

彼らの幼少時代を見ると、お母さんが当時としてはものすごく開かれた人で、近所の同年配の女の子たちを家に招いて、オルガンを弾いて一緒にコーラスをしたりしていた。兄弟が中学生や高校生のときです。男女がそんなふうに話したり、一緒に楽しむようなことはありえない時代に。

――日本中が男中心の上昇志向、攻撃性に支配されているときに、いわば浮世離れしたところにいた。

大塚　そう。驚きつつもなるほどな、と思ったのは、立身出世というのは階梯構造で、つねにプロセスなんですよ。まだまだ上があるぞ、と絶えず飢餓状況に置かれる。河合家の雰囲気はそんな過渡的な階梯上の状態などとは無縁で、充ち足りていた。そこで音楽を楽しみ、物語を読む。河合さんは子どもの頃から世界中の児童文学を読んでいるんですね。

あなたが言ったように、世の中全体が戦争に狂奔している時代にも、いろんな世界や考え方があることを知ることができる場所にいたわけです。小盆地宇宙の河合家の人たちは。雅雄さんが結核で寝付いてニワトリや兎の世話をし観察をしているとき、広島に原爆が落とされたと伝わってくる。彼は理科系だから原子爆弾とは何か、それが実際に使われたというのがどういう意味なのかがわかる。玉音放送も批判的に聞くことができる。

日本人のほとんどが巻き込まれている激しいもののことも理解することができ、その上で離れて見ることもできる。その自足は心の中にもある。まじめに愉しく、家族と一緒に生きられればそれ以上のことはない。

ところが立身出世主義においてはそういうわけにいかないんですね。むしろ家族や故郷からいかに離れて、エリートの振る舞いを身につけられるかが問われる。出世して故郷に錦《にしき》を飾るとは言っても、もともとの生活世界、根底にあるほんとうの深い価値の世界からは基本的に離れていく。なんだかんだ言っても、故郷の人々は置いていかれる側にある。

河合さんにとっては、最初から家族と故郷の世界の方が大切だった。日本の高度成長の時代に彼は心理学を学び始め研究し始めるわけですが、河合さんが広く受け容れられ始めたのは一九七〇年代になってからです。高度成長にはずいぶんいろいろな問題が伴ってくるとわかってきたころなのですね。

戦後は復興が日本の大きなテーマで、次には世界の先進国に追いつき追い越せだったわけですが、それは高度成長で、ある意味で達成できてしまったわけです。すると目標である「坂の上の雲」がなくなってしまう。何のために働くのか、努力するのか、ということがわかりやすいものではなくなってくる。

面白いことに、文化人類学の山口昌男なんかも、ちょうどその時期に注目されて出てきた。それはあなたも言ってきたように、発展史観とか成長史観とは違った別の世界の語りの可能性がそこに描き出されるということでもあったのですね。

世界の見方を選択する

―― コスモロジーという言葉が、世界を諒解するあり方の選択可能性という意味を帯びて実感とともに理解されるようになったのは、分析心理学や文化人類学の語りという背景があってこそなんですね。私は遅れて、確か一九八〇年頃に山口昌男さんの『文化と両義性』(岩波書店、一九七五)を手にしましたが、その時の新鮮な感触には、七〇年代の彼の「出現」を追体験している感じはありました。

大塚 日本で文化人類学が学問として認められ始めたのは七〇年代からでしょう。レヴィ＝ストロースとか、ミシェル・フーコーが注目されたのはその一〇年前、六〇年代からです。それらは近代を絶対化する視点から離れて、人間を再発見する仕事なのですね。『野生の思考』とか『狂気の歴史』といった問いを立てることで、人間とは何かということを、プリミティブな状態から考察している。

私は中村雄二郎とか山口昌男、高橋巌《たかはしいわお》などと勉強会のようなものをつくっていて、そこに河合さんを紹介するという形になりました。すると、そういう連中の考えていたことと河合さんの話すことがどんどん繋がってくるんです。初対面の時からもう、議論が止まらないくらいだった。

河合さんの一番基本にあるのはユングですが、当時はユングのことについてはあまり言いませんでしたね。初めて新書を書いていただいたときにも、タイトルにユングという名前を出すわけにいかなくて『コンプレックス』（一九七一）とした。

ユングというのはいろんな意味で、非常に危ないところがあります。人間のデモーニッシュなところに触れてくる感触があるでしょう？　河合さん自身は、内にそういうもの凄いものも持っていながら、それを一切出さないいんです。深淵も内に持っていながら、バランスの中にある。それが何らかの形で崩れて、時代とも関わりのある病の状態になった人が彼の心理療法の対象になる。

――生理学でも臨床心理の言葉でも、ホメオスタシスという概念が使われていますね。外部とも交流して動き、変化しながら保たれる、生体バランスです。

日本が全体的にいろんな意味で拡張をしていくとき、同じく拡張をいくらかはしながらも、風土や地域の歴史のなかに内部からバランスを補正する何かの力があり、その小盆地という場はホメオスタシスを保っていた。なにほどか円環的な時間の中で、暮らして遊ぶことがあった。それはもちろん、デモーニッシュなものをも抱えていることと矛盾しない。

河合さんは実に愉快な方でしたが、善人というのとはまた違いますね。河合さんと話していて、人は天心爛漫に見える笑顔に惹きつけられます。けれど気づいたことがある。破顔一笑、ほとんど白目のところまで笑ってらっしゃる時も瞳の、その真ん中の芯が笑っていない。怖い、凄いものを見てしまった。あとになって考えましたが、その笑わない瞳は、古代からずっとあったなにものかをも想わせるものでした。

あの瞳の芯に気づいたのはそうだ、何かの会の後だったのでしょう、雨の降り始めそうな夕方、岩波書店の夜間受付の近くで行き遭った時だった。

河合さんは、近代というものの定石通りには動かなかったことで、逆に先駆けになったのではないでしょうか。

物語という宇宙

大塚　そういうふうに僕も思います。その時に非常に重要なのは、彼が子どもの頃から親や兄弟とともに親しんできた物語というものの面白さです。河合さんは対象を物語として扱うことができるという、他にない稀な手法を身につけておられたのですね。

——物語という形式自体が、いくつもの小宇宙を生み出して共存を許すしくみになっていますね。この物語もあれば、また別の物語もある、と物語る。その移行は軽やかで、どんなふうにでもなる。

大塚　彼の書くものは論文であっても、物語としての性質を自然に纏《まと》っている。それが人々の固定観念を緩《ゆる》める想像力を呼び起こしてくれるので、あれほど読者が広がり、広く様々な分野に影響を与えた。

ところが三〇年くらい経ってくると、世の中自体がずいぶん変わってくる。ＩＴ化が社会や思考のメインテーマのようにさえなり、人間の心のありようまでが変わってくると、河合さんのような見方に対する批判も出てくる。それは当然の移り変わりではあります。

――　現在の心理学の教科書的な、つまり日本の心理職が参照する主流の知見を見ていると「またこんなことになっているのか」という感じがします。

そもそも大学に研究室を持つような心理学は、いくらか行き過ぎた科学主義の言葉遣いをもって始まった。そこへフロイト、次いでユングが出てきて、やがて日本からは河合さんが出てきて、科学のあり方はひとつではないこと、あるいは心の世界では、証明可能な形式を内部に持つ科学が唯一解ではないという思えば当然のことを示してきた。ところが日本の心理学の概説書はいまや医療に倣《なら》って「エビデンスベースド」という言葉をさかんに使い、科学であることを再び強調するようになっている。河合さんが亡くなっていわば大きな柱、あるいは重石がとれてしまうと、そっちに戻るのは速かった。

心理学について、素人として河合さんの仕事から知っていったせいでもあるのでしょうが、どうしてこんなに科学であることにこだわるのか、私は当初不思議に思いました。それは実は簡単なことで、身体の医療と同じく国家の制度に認められて費用を取るのであれば「効果」を測定できなければならないということなのですが。

心の病であっても速く「治して」仕事なり学校なりの制度内に戻さなければならない。かつては人間にとって「たましい」からの警告であるとも捉えられた「病」「症状」に丁寧にかかずりあっている余裕はない。そういう社会なのだということかもしれません。

思えば、「心の時代」ということがさかんに言われたのは一九八〇年代から九〇年代にかけてでした。そのころは日本社会全体としてはそうお金にも困っていなかったので、それで「治り」はしなくてもカウンセリングや、他のさまざまな心理的援助も盛んでありえたのかもしれない。しかし心の病を負う人の側は、時間限定、時代限定というわけにはいきませんよね。

いま大学等での人文学が置かれている状況と並行したことなのでしょうが、産業の能率・効率に役立つ、あるいは集団の方向付け、それで言い過ぎならばメンテナンスに役立つという、生産性指向の心理学とその手法が隆盛を迎えているようです。アメリカ軍が使うような心理テストやその統計的処理、フィードバックですね。

臨床心理士という資格制度は、河合隼雄さんがつくったと言って差し支えない。これは心理療法の水準を維持しつつ社会に根づかせるためのもので、河合さんが文化庁長官など行政の仕事も引き受けたのも、この制度をつくるためということが大きかったはずです。現に私の前でも「権力が要りますからな」「精神科医がテキなんですわ」とおっしゃったくらいですから。

臨床心理士は日本臨床心理士資格認定協会という公益財団法人、つまり民間が管理する資格ですが、現在はほぼ同じ領域に公認心理師という資格ができています。これは国家資格ですので、心理療法がそこまで認められたという意味では大きなことでしょう。しかし臨床心理士に重ねて公認心理師資格を立てるというのは、やはり河合さんが亡くなった後だから起こりえたことだろうと思うのですね。

両者の違いのひとつは、臨床心理士には心理臨床研究という職務が挙げられていますが、公認心理師には研究の職務は当てられていないこと。これは大きい意味を含むと思います。なにしろ、心理面接の場に立ち会えるのは患者本人の他には心理療法を行う者のみで、その場で起こることは基本的に外部に出してはならないことですから、心理療法を行う者が同時に療法の効果とその限界についても、研究を行っていくほかはないというのは自明のことなのですね。

身体の医療では、ひとつひとつの処置についての費用対効果が、統計的にも裏付けられなければならない面はあるでしょう。しかし心理療法をその枠だけで考えたとしたら、そこに物語による癒やし、という可能性はなかなか入ってこられない。

大塚　実は河合さんの時代も、ずっとそうだったわけですよ。お兄さんの雅雄さんからいろいろな具体的な話を聞きました。心理学は科学だと言いたくて、多くの心理学者も数字や統計を使うのだけれど、自然科学をやっている雅雄さんから言わせると、その使い方の程度が低くて話にならんというのですね。

ところが河合隼雄さんは曲がりなりにも京大の数学科出身ですよね。すると他の心理学者は誰一人として、おそろしくて彼を批判することはできない。彼が数学をやったことの最大のメリットはそこにある、と雅雄さんがおっしゃっていた。

近代経済学だってそうなのです。最初のうちは数学を使って経済学を、といってもずいぶんいいかげんだった。宇沢弘文は数理経済学の立場からそれまでの近代経済学に対してものすごい批判をしましたが、ずいぶんあぶなっかしいことも言っても、宇沢さんは数学の天才でもあるから、誰も容易には反撃できなかった。

「速い・大量・正確」の時代に

――さきほど大塚さんも、いまや社会そのものが変わってきているということをおっしゃいました。ほとんどの業態にＩＴが浸透してきて、そこでは数値的、マッピング的な論理の取扱能力がますます求められるようになっています。一個の人間の能力の規模を超越した、大量のデータが簡便に操作可能になった。そうして使われる大量のデータが科学にも経済にも効率の絶対有利をもたらすことと、個々人の生の事情はそれほど直接には関係がない。

いろいろな人がそれぞれに生きることを助ける、それが心の学の存在理由だとしたら、データの取り扱いとは別種の才も必要です。クライアントは一人一人が小宇宙なのですから。

大塚　河合隼雄という人もまたひとつの小宇宙であったからこそ、他者の心をあるところまで理解できたのかもしれません。しかし、ここで僕は非常にアンビバレントな気持ちをも持ってしまうのです。すべての人が、かつて河合さんが成長の時期を過ごしたような自足した世界に生きているかというと、そうではない。むしろほとんどの人がいろんな意味で引き裂かれ、分断された世界を生きている。

僕はどこかで、河合さんのように恵まれた人にそれがわかるのだろうかと思っていたんです。正面切っては言わないけれど、ついつい端々に出ちゃうのでしょうか、それは河合さんにわかられちゃうんですね。

――「自分は幸せに育ってきた」と確かにおっしゃっていました。しかし「自分が体験したことでないから、わからないというものでもない」とも。

大塚　安定して、社会的に成功しているようでも常に深淵に晒《さら》されている。それが人間なんでしょうね。そこをどんどん掘り下げていったのがユングで、河合さんもユング研究所で徹底的にトレーニングをする中で、どうしようもない怪しげな、ドロドロな世界に行かざるを得なかった。心理療法家であるためには、そこに潜っていくことは絶対必要なのだけれど、それを現実の人生で表に出したらどうしようもない。どんな事故でも起こりうる。

心理面接では、クライアントがドロドロの深淵に足を突っ込みかけていることも多くあるわけですね。そこで降りられるところまで一緒に降りていく。

形式――想像と創造の守り

――だが完全に一緒に降りていったら、戻れなくなる。どこまで降りられるか、あるいは降りるのがいいのかはカウンセラーの力量に関係するということでしたね。

『村上春樹、河合隼雄に会いに行く』（岩波書店、一九九六）のために対談の進行をさせていただいたとき（一九九五年一一月）、村上さんの方はちょうど『ねじまき鳥クロニクル』の最終巻を出した直後でした。『ねじまき鳥クロニクル』では井戸の底に降りて、そこから横穴を見つけてしまうという話が出てきます。つまり深い穴に降りて、すぐには戻らず異世界に行ってしまうんですね。横穴は別の井戸、他者の経験した世界の、同じく深淵に繋がっている。

大塚　ある意味で一緒に降りつつも、一方で健全な人間であることをどう保つか。それが絶対的に重要だと河合さんは言うわけです。それを保証するものは何か。河合さんの場合、それは家族とともにあの小盆地宇宙で育ってきた体験だったのだと思います。

だから彼は忙しくとも時々篠山に帰っていた。そこで兄弟たちと話をする。河合さんの奥さんも、あの人たちはちょっと可笑《おか》しいとしきりに言っていました。それぞれ世間的にも偉くなった大の大人たちが一緒になって、子どもの持つようなナイーブな問いを議論している。

――権威が心を治療することはないし、問題を解決することもない。それがわかっている人たちだから、いくつになっても解決のない問題を議論しているのでしょうか。兄弟が河合さんにとってのスーパーバイザー役だったんですね。

大塚　そうなんだ。篠山に帰っては話し合える兄弟と、俺だったらこう思う、というのを絶えずやっている。

さきほどお話ししたように、中村雄二郎とか山口昌男、市川浩、ほかにも多木浩二《たきこうじ》、前田愛らとやっていた研究会のようなものに河合さんにも入っていただいた。河合さんは毎月そのために上京してくるようになった。

その会で河合さんが発表された際に聞いたのですが、心理療法をやるということはものすごい疲れることなんです、と。体の芯から疲れるとはこういうことかと、骨身に染みるほど。それもある程度を越えると自分が危うくなってくるので、どういうふうにそこに行かないようにするかが、難しくもありしかし大切なことなのです、とその頃から話されていました。

だけれど、いまの自分から心理療法を取ったら、何も残らなくなってしまうともおっしゃった。実際、河合さんはどんなに公的な立場が高くなっても、必ずクライエントと会っていましたね。最後まで。

―― 山口昌男さんや中村雄二郎さんが研究しておられた異文化の習俗にも、アルタードステーツ、一種の精神変性状態が関わってくるという話は前にもしましたね。神事や儀式、演劇の設え《しつらえ》をとった場面でそれは起こったりする。同じように神話という設えも物語への没入も、精神を変性させるものでもあります。想像が深まり、あり得ぬものへの憧れが強く出たりする。物語に触れた後には現実の世界が違ったように見えてくることがある。

しかし枠を持たぬ、いわば放恣《ほうし》な想像や空想には「これ以上行ってはいけない」という地点がありますね。一方で物語はどんなに奇想天外なものでも形式を持つ。形式を持たないものは物語とは感じられない。物語は精神を拡げ変性させつつ、危険になったら戻ることもできる範囲で機能する。そのとき物語の型が、物語の外に戻っていくための一種の守りとして働く。長く語られてきた物語には、そういう特性があるのでしょう。

大塚　それはね、重要なことかもしれない。

―― 大江健三郎さんもその小説のなかで、生まれ育った大瀬《おおせ》（現・愛媛県内子町《うちこちょう》）の小宇宙にたびたび立ち返っていましたね。しかし河合さんがそうだったようには現実の生が安定している様子はない。きっとそれとも関係しているのですが、大江さんの想像力から発した物語は危険なところにまで行っていて、そして戻ってくるところがまだ見つからないように思えます。残酷なようですが、実は小宇宙に還れていないんです。もちろん、その過酷な先鋭性が大江さんの小説を世界的にしたのだとも思いますが（大江健三郎氏はこの後、二〇二三年に死去）。

大塚　そうですよ。

——ニーチェは精神が破綻したし、その後の実存主義者たちも神なき世界の人間として、気がおかしくなりそうな宙吊りの思考を敢えてした。人の究めようとすることには、幸福とは縁のなさそうなものも多くありますね。

集中と計量の時代はなぜ終わらない？

大塚　だから、河合さんはほんとうに希有な存在だった。そうとしか言えない。

あなたがさきほど言ったように、心理学を近代的な意味での科学にしていかないと社会に認められない、それこそ業界としても先がない、はっきり言えば医療保険の金が出ない、と皆考えるわけじゃないですか。しかし河合さんはある意味で逆の方向に行って、心の学の本来的なあり方を求めようとした。

よく間違って言われたのは、彼は何でも受け容れちゃう、ときに政治的に無節操だという非難ですね。それこそ大江さんなんかはある時点から、河合さんをまったく信用しなくなった。しかし、一度深淵にまで行った覚悟があれば、世の中の通常のことは、おおよそ何でも受け容れられるものだと思います。

言ったように、七〇年代の日本の知的状況に合致して、河合さんが花開いたということもあるのですね。追いつき追い越せの時代の終わりが七〇年代にはもう潜在的には見えていて、立身出世主義も機能し得なくなってきた。八〇年代には、アメリカの繁栄の象徴のような都会のビルまで日本の企業が買い取ってしまうということまであった。「坂の上」に来てみたら、金を使うことぐらいしかできることがなかった。もう、心を一時的にでも満たす目標設定がまったくなくなった。

「坂の上」を目指す仕組みは、一九四五年の敗戦までは善かれ悪しかれ目に見える形であったわけです。それが現実としては、物的資源も精神的資源もすべて賭けようという戦時体制、総力戦体制に至った。

――「一九四〇年体制」ですね。諸力の合目的的な糾合・集中を、制度的にも保証した。

大塚 それが心理的な仕組みとしては戦後に持ち越して続き、高度成長を支えた。しかしそのことがまったく反省されていない。

――一九四〇年体制の時は「革新官僚」で、いまは「経産省内閣」。あの時は国家社会主義的に行政権力を集中しようとし、今度は私企業の利益は優先しながら「国家戦略特区」などつくってそこに非公式なコントロールを、しかし半ば公然とかけている。

大塚 「企画院」や岸信介《きしのぶすけ》らの流れから、現在に至るまでそれが延々と続いている。維新一五〇年の前半の「坂の上の雲」への道は敗戦で一度潰《つい》えたと言いましたが、ある側面ではその心理は生き延び、歪んだ形で現実をつくっているのです。

敗戦後の七五年は、はっきり目に見える形では死者を出さなかった。その点においては大成功なのかもしれない。が、その根本の精神が前半の七五年の、総力戦に至ったそれと同じものなのかもしれないというのは大問題ではないか。

――国家社会主義的な日本という側面はずっと継続しているとも言えますね。戦前・戦中の厚生省の施策の多くは頑強な兵隊、そして労働力をつくるためのもので、国力を高めることに主眼が置かれた。国家総動員法で計画経済を試みたことと、戦後の通産省などの傾斜生産方式や大蔵省の護送船団方式はつながっています。その実態から日本は「もっとも成功した社会主義国」とも言われましたね。もっとも、いまや新自由主義の席巻の中、経済や産業にもあったなにがしか共同体主義的なエートスは消えてしまった。

敗戦以来、近過去までは地政学的な幸運と、そこに関連する利害に伴うアメリカの軍事的・経済的な支えで、いわば見かけ上の凪《なぎ》の位置にいることができた。その間、アジアの他の地域では冷戦が熱戦となり、軍事化した政権による独裁も起こっていた。そしてそれもまた「対岸の火事」として日本経済にとってはマイナスではなかった。

そうした、以前の形勢から抜ける気のまったくない人たちによって政治が行われている。国民の大部分も、自覚のあるなしは別としてそれを是としているとしか思えない。大きな問題がみごとに、国民の意識の中で抑圧され、隠されている。現実との乖離、嘘の一種が日常に行われているので、その精神的態度からはいろんな他の嘘やごまかしが際限なく生まれてこざるを得ない。
大塚　そう。ジョン・ダワーの『敗北を抱きしめて（エンブレーシング・デフィート）』（岩波書店、二〇〇一）は維新一五〇年の文脈で見れば、エンブレーシング・アメリカなんですよ。それは圧倒的に多くの人々、マスが戦前戦中の状態と同じになっているということでもあります。
――　現代社会におけるリスクの極大化ということには、マスがそのようであることが関係していますね。人々がこれといった価値観も持ち得ないなかで、テクノロジーの加速がオートノミー化する。没価値的・超価値的なテクノロジーの加速のなかでは、リスクの極大化は止められない。仮想通貨というのも剝き出しのテクノロジーそのもので、質量を持った実体ではないので止められない。ＡＩも量子コンピューティングもそうで、どこまでも速く大量にプロセスを動かすという方向に対しては、それを何に使うか制限しようとする倫理がなかなか見つけられない。
大塚　人間のやることはコントロールできうるという考え方自体が、成り立たなくなっちゃうんですね。
――　それは進歩なのか？
大塚　退歩ですよ。シニカルな見方をすれば、テクノロジーが発展していき、経済も政治も全部そこに吸収されていく。その中でただ流れに乗り、異を唱えなければ当面は多くが安楽な生活ができる。そこで万が一自分の意思を言い、これではない可能性があると気づき、多様性を尊ぶべきだとかそういう考えを持つと、そこはとてつもないマイナスの世界、反世界にしか見えなくなってしまうでしょう。

「ジャングルの掟」への自壊

――スペインで二〇一四年以来躍進を見せたポデモス（われわれには可能だ、という意味）は、左派ポピュリズム政党とされていますが、人間の意志抜きの一種の自動化でもあるグローバル化の中で、決定に関わる人を多くしようという考えのようですね。それで市場の速度を落とそう、ということだと思います。

少しは「効率」から離れないと、生きるための物質的基盤の選定に人間の出番はなくなる。自分たちが生きる世界について選択の力を持っていないというのは屈辱であり、怒りの感情を呼び起こす。それは左派ポピュリズムにも、右翼的復古運動にもなりうる。

大塚　選択肢が多様であることが良き生の前提なのに、人類の社会はもう終わりだ、というような状況ですね。

これまで、アメリカのたとえば大学では多様性を尊ぶことはお題目としては尊重されていましたが、それさえも足元から崩れてきている。その背景には、不遇感を託つ多数派が少数者を攻撃するという現象があり、攻撃対象には知的エリートも含まれる。理想ばかりで、何を言ってるんだと。

――こうなると冷戦の時代の方がまだ勢力が二つあり、対抗軸があってよかったと半ば本気で思いそうになります。

ものごとが人間を疎外し自動的に決まっていくことに対抗するためには、人間の思考を経た何らかの操作が必要なわけです。力の分散のために、ルールをつくることは可能だろうか。

新自由主義の源流とも言われるハイエクの言《げん》のなかで、なるほどそうかもと思ったことがひとつありました。共産主義のような、観念で造られた制度は思想エリートの専横を必ず生み出す。だから自由放任の中から対抗する力が常に生み出される方がよいのだと。そうかもしれません。しかし現実には、思想ではなく経済が社会のあり方を単一化し、その力の方が上まわるようになってきた。自由主義、民主主義の勝利とは果たしてそういうものなのか。

それぞれの人が考えを持ち、選択ができないことには、力や方向を分散させることも始まりようがありません。社会的な弱者のこころ、実情も積極的に聞きとられなければならない。

生存権を保障する諸制度を実効的で合理的なものにするためにも、それは必要でしょう。多くの人が自らの意志で少数者をも支えるという仕組みがはたらいてこそ、多様性は維持されうるのだと思います。皆が生きようとすること、それは人間という種の集団のもともと持っていた本能的なもののうち、いちばん強力なものとはいえないのかもしれませんが。

社会を構成しようとする試みは、ジャングルの掟に向けてつねに自壊しようとする。現在では多くの政体が議会制民主主義というルールで動くことになっているわけですが、それは規範と言えるものになっているのだろうか。その彫琢《ちょうたく》の歴史も長くなってきてはいるのですが。

大塚　それが、難しいのですね。いまや厳しいことになっている。松下圭一さんはたとえば「政策的思考」ということを言った。要するにある目標を設定し、それに合わせて政策を設計していくということなのだけれど、それは松下さんが生きた時代の状況では必然性があり求められていることだった。建設の途上だったから、人々の精神にとって熱かった。

――そのように数十年前から構想されてきた未来の、なにが実現してなにが実現していないのか、それも見えにくくなっているのでしょうね。理念の言葉がもはや古び、事態はますます複雑に見えてきているから。

大塚　もう随所にそういう問題が噴出している。「市民」概念ひとつとってもそうだしね。だから、いちばん大元のところのジョン・ロックのモデル――つまり普通の人の考えが重要なので、それが権力機構の頂点を規定し制約するということ――にまで遡って検討し直さなければならないのかもしれない。

立憲主義とはそもそもがロックモデルなんですね。そしてどこの国であっても名目的にはほとんどがロックモデルの憲法を持っているでしょう。しかし現実的にはまったく違う状況です。

――リスクの極大化は独裁権力によっても起こるが、大多数の人が決定過程に参画していることに仕組みの上ではなっている民主制下のポピュリズムでも、同じくリスクは極大化する。立憲主義では、人々が多様であるという状態がよいということになりそうです。バランスが偏ると、基本法とそこに拠って立つ議論が偏りを緩和する働きをする。そういう法の設計はありうる。

大塚　そういうことです。これからどういうことになっていくのか、まったく想像は難しいのだけれど。

――いま、これほどまでに社会を構成するものについて思考の軸がなくなってしまっているのを見ていると、たとえば一九八〇年代までの日本しか見ずに世を去った世代は幸せだったかもしれないとさえ思います。登り坂はまだ続いているという錯覚のなかで、問題は先送りされていたわけですから。

さらに、何らかの大災害はこれからいくらでも起こるのでしょう。その度に急激な社会変動が起こるのだろうと思います。戦後思想の先達たちの多くは、それを見ずに希望を語ることもできた。しかしこれからを見る世代は「見るべきほどのことをば見つ」と思うほかないのでしょう。

第10章
思考空間としての社会

（二〇一八・一〇・二〇）

学の社会化

――前回、自然科学の形をとろうとする心理学、という話をしました。主に身体の医療において問われ始めたＥＢＭ（Evidence-Based Medicine）という結構が、心の問題にも適用されているわけですね。心理学の全般的概説書でもそれが色濃い形で編集される傾向がある一方、その中にもやはり、フッサールの間主観性とか、中村雄二郎の臨床の知とか、トピックとして出てはくるんですね。

中村さんのように人文系の学問をしっかりやった人が、演劇という仕組みにも注目しながら間主観性ということを改めて摑み、臨床の知という言葉、パラダイムに辿り着いてくれたおかげで、それは教科書的な本にも載って多様な考え方の発現の余地をつくってくれている。

大塚　面白いね。そういうことなんだよね。松下圭一が地域民主主義とか市民自治と言う場合にも、分権の思想の実現を図るために努力するときにも、ハードな社会科学の土台に加えてそこにあるのはいわば「臨床の知」なんです。市民自身がその現場におけるシビルミニマムとは何かを立案することによってこそ、自立した市民ができる。そう考えて勉強会への自治体職員の参加を求めていく中で、結局は自治体の職員の常識自体を新たにつくりなおさなければだめだと、松下さんはある時点から言い出したのです。

一九七〇年代、いわゆる革新自治体がたくさん生まれた。しかし首長が革新側になったとしても自治体という組織そのものが昔の「地方公共団体」の体質のままでした。そうすると結局、国の給付行政の受け皿としてしか自治体職員は存在していないことになる。

―― 定められた事務手続きを執行するのみ。

大塚 そう。むしろ国の、お上の権威に寄り添う形でやっている。だからとんでもなく横柄だったり不親切だったりという姿が一般的だったわけでしょう。

勉強会を進めていくなかで、そこから初めて自治体学の専門家というのが誕生してくるのです。その一番最初の世代に森啓《もりけい》さんという人がいる。彼は神奈川県の職員だったのですが、松下さんに目を開かれて勉強し、そういう経歴からは初めて国立大学の教授になった。そうした人たちがその後も続々と現れて、日本の自治体学というものが成立してきたのです。

森啓さんらは北海道自治体学会というのをつくり、そこで土曜講座というものを始めて二十数年続いているんですね。

―― 現役の自治体職員が参加できるようになっている？

大塚 そうです。一般職員も首長もね。

数カ月前、森啓さんから僕に電話がかかってきて土曜講座で話してもらいたいと言うのです。

『松下圭一　日本を変える』を巡っての話をということだったので引き受けて、先週行ってきました（二〇一八年一〇月一三日）。

その前、開催が近くなってきた頃にチラシが送られてきてそこで僕はビックリしちゃったんです。なんと長く続いてきた土曜講座が、僕の出るその回で最終回だという。それを森啓さんは、電話では言わなかった。

話をするのは森さんと西尾勝《にしおまさる》（元東大行政法教授）さんと僕。西尾勝さんは地方分権推進委員会で二〇〇〇年の分権改革の中心になった方です。辻清明《つじきよあき》さんの弟子に当たり、国家的な統治の学とはまったく違う松下流の行政学を貫徹した人です。

冒頭に話をさせていただきました。他のお二人と違って私は自治体行政のまったくの素人、門外漢だから、松下さんという希有な政治学者がどのように日本の学問の環境の中で育ってきて、日本社会の中で実際に何をしたかを、エピソードを通じて語ることならばできるかもしれないということで。

最初に、前にあなたにもお話しした、日本人は水戸黄門や大岡越前守が大好きだ、実は僕も嫌いではないという話をした。民草をさんざんに苦しめる悪代官の所業が描かれて、もうどうしようもないと怒りと鬱屈が溜まってくるところに、諸国遊行をする水戸《みと》光圀《みつくに》が物語に絡み始めて、ほどよいところで葵の紋所が格さん助さんの掌に輝く。

――あれは凄い逆転劇ですよ。水戸黄門とはときどき出現しては不意に世界を転覆させ新しくしてしまう、日本のトリックスター。ただしテレビにしか現れない。

大塚　それを見て疑似体験してみんな、実にスーッとする。だけどちょっとおかしいといつも思うのは、悪代官がひれ伏すのはわかるのだけど、そこにいる善なる民衆も全員ひれ伏すんですよね。

――世界が逆転して新しくなるのではなかった。世の中はそのまま、悪は祓《はら》われ、なかったことになってしまうんですね。水に流す。

大塚　そうそう。大岡越前守でも、自身は畳の座敷の奥の高いところにいて睥睨《へいげい》しているわけだけれども、裁かれる側はお白州の、玉砂利《たまじゃり》にわずかに莚《むしろ》を敷いたところに座らされている。容疑者だけではなく訴えている人も皆そこに座らされる。上下関係が、露骨に型として表されているわけじゃないですか。儀式の形式としては強烈で、面白いのだけれど。水戸黄門も大岡越前も絶対的な権威なわけで、そこに異議を差し挟む余地はまったくない。

――理屈としては奇妙な感じもあるのだけれども、八方丸く「収まった」というのを大岡裁きと言いますね。

大塚　そう。みんなすっかり感心しちゃう。これは江戸時代の話だと思われるかもしれませんが、皆さん、つい七〇年ほど前まで、ほとんどそれと同じような構造の中で我々は生きてきたんですよ、と話を続けました。

戦後になって初めて、われわれこそが主体でなければならないという逆転が起こった、あるいは起ころうとした。そこで松下さんは六〇年かけて、自立した市民というのをなんとかつくり出そうとした。松下さんの厖大な仕事の、それが一番の基本。お上崇拝に代わるものとはなにか、なにであるべきなのだろうか？　というのが松下さんの問いなんです。

それは当然、自治体学をやっているみなさんの頭に入っているんだろうと思って僕はそういう話をしたのですが、そうではないんですね。核心にある話をすっ飛ばしている。

――大きな構造の逆転を提起して実行した、というのが画期性なのに、ただ研究者として捉えている？

大塚　そうなのです。研究業績の範囲に押し込めて理解しようとしている。大きな話になってくると、それこそ天皇制の評価にも関わってくるし、ある意味ではやばいわけですよ。そこを避けようとすれば、構造を変えるという本質の話は置いといて、ということになってしまう。

二〇世紀になって、日本にも初めて都市型社会が成立した。それまでの千数百年、日本では農耕社会が続いてきた。そこにまったく違う社会ができたのだということをしっかり認識するところから松下さんは始めた。

その最初の試みとして、松下さんはまだ二〇代後半の時、『思想』に大衆社会論を書いた。それがとくに共産党の連中からこっぴどく叩かれる。議論は論壇に大きく拡がって、大衆社会論争というのが始まり、結局、丸五年間続くんです。

――共産党は「プロレタリアート独裁」と一九七〇年代まではまだ綱領に書いていた。大衆の現実を率直に語るわけにはいかなかったでしょう。

大塚　発展段階論とか、そういう話に持っていく。しかも松下さんは枕詞《まくらことば》のように「資本主義か社会主義か、体制の違いを問わず」と必ずつけていたんですよ。これは、左翼の連中をもう、逆撫でるわけですよ。当時、たとえば東大の経済学部の教授はほとんどがマルクス主義経済学で、いわゆる近代経済学の学者は少なかった。

――革命を前提とする党派は、体制を変えないと社会は変わらない、とせざるを得ない。

大塚 そう。だから「体制の違いを問わず」と言ったらそれだけで修正主義者と言われるような状況だった。

――「大衆社会論争」の五年間を『松下圭一 日本を変える』を書くときに辿り直してみました。上田耕一郎なども反論を行ったのだけれど、明白に松下さんの勝ちなんですよ。批判する連中は明らかに、都市型社会ということの意味を摑めていないいんです。工業化と民主化という非常に大きな現代的な要素が、そこに加味されているのを理解できていない。

――毛沢東主義にもまだ人気があったのでしょうし。

市民とは自らをつくるもの

大塚 そう。役所で考えてみても当時は農林省がいちばん力をもっていた。その次が大蔵省あたりで、いまとは全然違う構造だった。「土曜講座」に来ている人たちも、現役の公務員で五〇代、四〇代という人たちはいまやそういうことを知らないいんです。だからなぜ松下さんが「市民」というものをつくらなければならないと訴えたのか、その切実さがわからないわけです。

松下さんは地域民主主義とか自治体革命といったキーワードを立て、それらを通じて「市民」をつくろうと進めていった。当時、労働運動が非常に盛んだったこともあって、結局それが革新自治体と呼ばれるものを簇生《ぞくせい》させるのです。

それがどんなに凄いことであったのかというのを具体的に話すと、みんなびっくりしちゃう。一九六三年の統一地方選挙で横浜、京都、大阪、北九州市と政令指定都市が革新になって、そのほかに七八の都市で革新首長が誕生した。

――飛鳥田《あすかた》一雄《かずお》横浜市長や、一九五〇年以来、京都府知事だった蜷川虎三《にながわとらぞう》さんなどですね。

大塚 そうです。そうして一九七三年には革新自治体が一三一になる。その傾向が一九八〇年まで続くんです。これは明らかに、明治以来の官治集権型の統治構造の中に初めて、少なくとも名目的には市民が主体になった行政の空間が生まれたということなのです。

ただしそこで問題なのは、言ったように首長だけが革新派であっても、自治体そのものは旧態依然たる体質だったこと。しかも「革新首長」の三分の一ほどは地方の名望家出身で、比較的に良心的な人たちが首長になって誕生したということなのですね。松下さんはいみじくもそれを「泥田の中の鶴」と表現したのですが、地方行政を根底から変える形で「市民」が登場してきたということではなかった面があるのです。

その中で松下さんは、前にもお話ししたようにシビルミニマム、安全で快適に生活できるための最低基準を具体的につくった。そしてそれを実現するのが、自治体職員の務めの核心にあるものだとした。

――道路や下水道などのインフラでも、高齢者福祉でも障害者福祉でも、自治体ごとに目標として細目が設定されていたりします。数値で表現することの難しいものも、行政ですから数値化して計画に入れる。現場の職員はそれを、新たなミニマムとして実現する仕事をしている。住民にもいろんな人がいるし、大変だとは思います。その時、自分が大きな視野で見ると何をやっているのかをしっかりイメージできないと、擦り切れてしまうでしょうね。

大塚　そうなんです。自治体行政についてどういう歴史があり、どのように状況が変化してきたかということをひとつひとつ説明しないと、当の自治体職員もわからない、そういう時代になってしまっている。

シビルミニマムの考え方では目標値を設定し、現実はそれに対してどうなのかということをまず把握する。幼稚園、上下水道、公園がまだ目標に対して七〇％だとか、四〇％しか整備されていないとか。

そこから次に繋がってくるのは、松下さんの言葉では「政策型思考」ということなのです。政策目標を設定するには現状を把握し、それがあと何年で達成できるのかと計画を立てる。進める中で計画の達成度に応じて進行計画に絶えず修正をかけ、目標に近づけていく。

松下さんは試行錯誤しながらその考え方を温めていき、東京大学出版会からこの（手に取る）、大きな本が出たのは一九九一年になってなのだけれど（『政策型思考と政治』）その二〇年前、少なくとも一九七〇年代初めから政策型思考ということは言い続けてきた。

——数値的目標を立て、財務状況がこうだからここは何年かけてというのは、企業であれば普通にやることですね。

大塚　そうそう。しかも絶えずそれを調整しますよね。現状をモニターして計画を見直す。『政策型思考と政治』の最初の方に、政策型思考の模型という図があります。大きな船（目標）に向けて小舟を進めていくときに、予測を立て、刻々と変化する現状を把握し、絶えず微調整を行う。

――（見ながら）まさにフィードバックですね。

大塚　これを見たとき、僕はびっくりしたんです。一九九一年というと僕は岩波書店の編集部の責任者になった頃で、ときどき書協（日本書籍出版協会）などに頼まれて本の企画の話もするようになったのですが、そういう時の話の基本にした考え方はこの図とまったく同じだった。

編集者としては、この著者に書いてもらいたいという目標がまず設定される。そして著者を動きの速い飛行機にたとえて考え、刻々と変化する進路を予測して高射砲を撃つ。そして著者の進路を予測するには、過去の仕事を知る必要がある。進路とはおそらくいま、あるいは今後、この

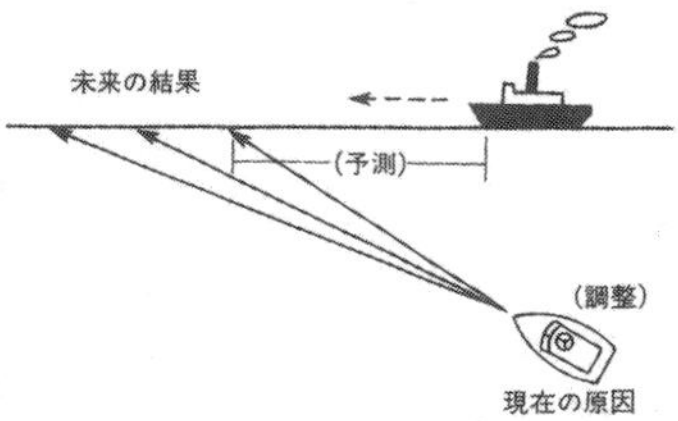

政策型思考の模型（松下圭一『政策型思考と政治』より）

著者はこういうことに関心が向くだろうということです。いくつかの可能性がある中でここに来るだろうと撃って「当たる」と著者は書く。

――まるでもともとの自分の意思だったかのようにね。そうでないとなかなか書いてくれないし、書けない。

大塚　狙いを定めておいて「次はこういうテーマでどうですか」と切り出すと「いや、実はそれをやりたかったんだよ」ということになる。松下さんにそれを言ったら爆笑しておられたけど、それはあなたが言うようにフィードバックの理論なんですよ。サイバネティックスなんです。もっとも、編集という文化的営為を高空を飛んでいる飛行機を撃墜する

という軍事行為にたとえるのは、ウィーナー自身そこから着想を得ているとはいえ、何とも不適切だと今では思っていますが。

―― ノーバート・ウィーナーの『サイバネティックス』、岩波文庫で読みました。サイバネティックスという観点を入れると、現象の広がりと深さの理解が一挙に拡がる。科学そのもののあり方、それ以前に人間の思考や存在の態様にも、あらゆる生命体の「生きている」ことの根本にも、フィードバックの仕組みが関係している。

大塚 最も基本的な話をすると、松下さんの社会設計の発想の中心はやはりジョン・ロックで、学生の時はロックの思想と西洋政治史の関係を丸山ゼミで勉強した。市民が選択したにもかかわらず政府、首長が市民の意に反することを行っている場合、それを変更する権原を市民は持つ。革命権、抵抗権というのは平常時から絶えず市民の側に蔵されている。

松下さんはその研究をいわば文献的、思弁的にしてきたわけですが、自身が大学の教員になってからはむしろ自治体の現場に入った。法政大学の自分の研究室は返上してしまい、地方を飛び回っていた。これはその当時の大学教授一般の状況を考えれば、まったく異例なことだった。当時の社会科学系の教授が何をやっていたかというと、横文字の本を読んでそれをタテにして、あたかも自分の考えであるかのようにして発表するということだった。ところが松下さんの場合はそうではなくて、現場と自分の頭の中の知識を照らし合わせながら理論をつくっていった。そして絶えずそれを修正するわけです。

首長と言ってもピンからキリまでいて、利権でなっているような人もいる。しかしそういう連中とも話し合っていくことによって理論を彫琢していくわけですね。現場と理論の往還《おうかん》の関係のなかから、日本における自治と分権の理論を造り上げていった。こんな実践をした研究者を僕は他に見たことがない。

―― ロック自身、世の中が変わっていく経験の中で書いていたわけですね。自分が頼りにすべき権威や権力が不安定になっていくなかで思想をつくった。

大塚 そう。命の危険を感じて亡命したんだからね。

―― つまり、ロック自身には政治の作用する「現場」があった。しかしロックを文献に表れた理論のみで研究する人にとっては、しばしばそうではない。

大塚 そうそう。ロックの *Two Treatises of Government* の表題を松下さんは大学の論文で「市民政府の理論」と訳した。それを受けて、岩波文庫（一九六八）でも鵜飼信成《うかいのぶしげ》（憲法学者）さんが *Two Treatises of Government* については『市民政府論』とタイトルをつけた。

ところが二〇一〇年の新訳の岩波文庫で、加藤節《かとうたかし》さんは『完訳　統治二論』と題して出した。ロックの言う Government を市民政府と訳すか統治と訳すか、ここには実は大きな問題が含まれている。

統治という言葉は統べ、治めるですから、これはあきらかに国家統治を指す。新しく訳すにしても、最低限『政府についての二論』といったタイトルならわかる。政府という言葉には、自治体政府という言葉もあるように、市民が自らつくるという含意がありうると思いますから、ロックの言う Government を統治と訳すのはおかしいと僕は思うんだよね。

―― しかしいまや「市民政府」という言い方をしただけで、逆に偏見を持たれる。

大塚 そういうことは現実にある。

―― 自分のいまいる社会状況のなかで考えるから、それぞれがそういうふうに訳すわけですよね。

大塚 そう思いますね。そこはもう、完全に後退が起こっているんですよ。これは編集部も問題で、訳者はロックも専門にやっている方なのだから、その意見は尊重すべきだとしても、少なくとも何十年も前に松下さんが市民政府について考えて実践し、その後の日本の社会科学に大きな影響があった、そして鵜飼さんがそれを受けて、松下さんの選んだ言葉を翻訳に活かしているということを書いてもらわないとね。

―― 『完訳 統治二論』の加藤節さん自身による「解説」には鵜飼訳『市民政府論』への評価はあるんですよ。ただGovernmentに「政府の機構」の意味が一般化したのはロックの時代より後で、政治学者としては市民政府という訳は採れないと。一七世紀の英語と政治学のテクニカルタームとの関係という話で、そこで松下圭一さんへの言及はなかったです。ロックが政治主体と考えたcivilは階級的なもので、松下さんの言う市民とは違うということもあるでしょう。

しかし訳された書を受けとめる社会の方に「後退」が起こっているのは確かかもしれません。思えば統治というのも衝撃的な言葉です。以前はそんなに簡単には使えなかった。それを今は「統治機構改革」とか、さらっと言っていますね。それは軽いことではない。

大塚 そうした、言葉の選び方ひとつを考えても松下さんの一生の仕事の大きさ、射程をわかってもらえるだろうと、そんな話も「土曜講座」ではしたのです。

「東アジア出版人会議」で、戦後各国でどんな本が読まれたか、そしてそのどれがこれからも読まれ続けていくべきなのかというわば「現代の古典」一〇〇冊を選ぶことになり、日本と韓国と中国からそれぞれ二六冊選んだのですが、その中に松下さんの『都市政策を考える』（一九七一）と、宇沢弘文さんの『自動車の社会的費用』（一九七四）が入りました。

それらが各国で順次刊行されています。いま挙げた二冊も中国ではすでに翻訳刊行されていて、少なからず反響を呼んでいる。たとえば宇沢さんの『自動車の社会的費用』を読めば、中国の今の状況、ＰＭ２・５の大気汚染で青空も暗くなってしまうようなことは一九七〇年代の日本にもあったということがわかる。

「自動車の社会的費用」という宇沢さんの言葉や「シビルミニマム」という松下さんの言葉。彼らが捉え、つくろうとした概念が「社会的共通資本」という経済学的な概念と合わさって、いわば見えるものになった。そして車の排ガス規制も始まったわけなのです。歩道橋をつくるとか歩道と車道の分離もようやく進んでいきましたが、そのときにはやはり「社会的共通資本」という言葉、概念が人々の思考をたすけた。そうしていろいろなことが政策となり実行された結果、日本では少なくとも都市の青空が取り戻された。

そういう経緯、歴史を知るとみなびっくりする。日本では五〇年も前から自動車の排気ガスなどによる公害や交通事故が社会的な大問題とされ、問題の核心が学問的にも明らかにされ、さまざまな対策が考えられて現在がある。中国の人などにとってはとくに、それは現在進行中の重大な問題であるわけです。

韓国でも、シビルミニマムという考え方はこれまでほとんどなかった。普通の市民が放置同然にされる一方で、財閥大企業ばかりが突出して栄えるということが起こっていた。その象徴がセウォル号事件（二〇一四年）で、海上警察などがまともに機能しなかったせいで三〇〇人以上の人たち、その多くが修学旅行中の高校生が見捨てられるような形で亡くなってしまったでしょう。あの時、韓国の知識人たちはほんとに落ち込んでいましたよ。自分たちは、社会にとって一番基本的なところをつくってこなかったと。

自治の観点から憲法を読めば

大塚　憲法を自治の観点から読み直そうとした松下さんの地方自治と分権の考え方は、政権の憲法「改正」とは本質的に異なる方向に向かっている。政権の考え方には国家統治という発想しかなく、しかも自分の意思が国家の意思であるかのように思い上がっている。

――「統治」とは実は、分断をその養分とする。

大塚　特定秘密保護法（二〇一四年施行。内閣官房所管）についても「市民」が自分たちの政府をつくるという原理を対置すれば、それがいかにおかしいことか歴然とする。ただ、松下さん自身が最晩年になって、非常に悲観的なことを言っているんですね。二〇二〇年の東京オリンピック招致が決定して（二〇一三年）、世間が沸いているころの文章です。

「だが、日本の〈官僚内閣制〉、ついで官僚法学を基軸におく日本の大学・教育、また政治家の美辞や官庁解説にとらわれがちの日本のマスコミについて、その市民型改革をおしすすめるには、すでにもうおそいのかもしれない。そのうえ、日本の社会は今日も、外国語流通、女性登用、また貿易の自由、あるいは外国人留学生・観光客受け入れなどをめぐって『閉鎖国家』状況にあり、地球規模での市民型公共感覚を築きえていない、しかも〈政権交代〉なき中進国状況に、いまだにとどまることを確認したい」

大塚　「もうおそいのかもしれない」という言葉があるでしょう？　そう言いたくなる気分もよくわかるんです。

――「開かれた社会」への軸をつくろうと、具体的な手立ても考えて長らくやってきた人が、それをもってしても徒労感に襲われている。

思えば、市民が社会をつくるということが機能していないと、地域に外国人を受け入れていくこともできないですね。そもそも、隣人が信用できないのであれば新しいメンバーを容れることも不可能です。

日本は他国から海に隔てられているため、まだ外国人の流入もコントロールされているし、良くも悪くもいざとなれば流れを遮断できるように思われている。もちろん近隣国で崩壊的な状況が起こった場合、海を経由してでも難民は至るわけですが。

イラクやシリアの崩壊状況に始まった難民は海を越え、あるいは陸伝いにドイツにもイギリスにも到着しています。ドイツは難民を移民として受け容れようと努力をしていますが、イギリスは高い難民認定率を維持してきたものの、その問題もあって「ブレグジット」に向かうことにもなった（その後二〇二〇年、英国は実際にEUから離脱）。ブレグジットの議論では、階層の高いインテリは欧州統合維持の理念につく傾向があり、いわゆる庶民はEU離脱につく傾向があったといいます。

実際に多くの難民や移民に接し、生活圏も仕事も共有するのは庶民ですから、そこが受け容れないのならやはり受け容れられないのですね。

「私的所有」はそれほど安心ではない

大塚　一九六〇年代や七〇年代には「三割自治」と言われていたんですよね。

―― 地方交付税交付金は自治体の一般財源になって使途自由との建前ですが、国庫支出金は使い途が決められていますね。自治体の財源のうち自主財源、つまり県税などの地方税が占めるのは三〇％程度だった。一九九九年の地方分権一括法施行以前は機関委任事務という、国の事務を自治体が単に代行する部分もありました。

大塚　ところが松下さんの計算によると「三割自治」と言われていた頃にも、実際に自治体の裁量で動かせるはずのカネは七割あったと言うのです。ただ自治体の側に、ここは自分たちの考えが活かせるところなんだという認識が徹底していなかった。

―― しかし、沖縄県の辺野古《へのこ》で知事が米軍基地建設のための埋め立てを止めようとしているように、法律をよく理解すればいろいろな方法があるのですね（その後二〇二三年末、国が「代執行」により工事承認）。また、港湾法では船の入港を許可するのは知事、となっている。

大塚　地方自治体の法的権限は実は相当大きなものなのです。けれど皆、いまだになにか「お上」の方が圧倒的な力を持っているというふうに感じている。

一方、松下さんの仕事を引き継ぎ、発展させる考え方もいくつか生まれてはいるんです。ひとつは前にもお話しした「総有論」。松下さんに学んだ法政大学の五十嵐敬喜さんが中心になってやっている。これは、最近とくに問題になっている空き家やシャッター商店街など、人がいない空間が増えているのに対し、それらをいかに再構築して価値を作り出せるかということに具体的に関わる。私的所有とも公有とも異なる、人々による公共的な共有のあり方を、総有という言葉であらわそうとしている。

それから宇沢弘文さんの「社会的共通資本」という考え方については、かなり理解されてきているのではないかと思います。社会的共通資本については絶対に不可侵の領域として、資本主義の論理のみに従ってはならないことをはっきりさせておかないと。

――　家賃ゼロ円というような空き家が地方にはかなりあって、若い人などがリノベーションして住みついていますね。何ごともお金に換算することの極致として、都会の一部地域の家は資産価値が異常に高くなっている。通勤のため都会近く住むことに収入の多くが費やされることに不合理を感じる人も増えている。一方で地方には空間がある。インターネット回線のコモディティ化で通信の費用が安価になり、できることも増えた。

大塚　それはもう決定的に大きいですね。地方に居ても仕事ができる分野ができているし、また、そういう仕事が創られている。

――ネットを通じて働くことは、一方でギグワーカーの問題も引き起こしていますけれど。時間と技能の切り売りが、ひどく買いたたかれる場合もある。またギグワークは個人とネットが直通し、それ以外の「場」を持たないこともあるので、地域社会はむしろ希薄化する。

大塚　やはり土地や建物などの所有権と利用権を分け、新しく組み立てることで面白い価値の発見ができるのではないか。地価が上がるのは都市部ばかりという一方で、地方の空間が通信手段で繋がる状況はチャンスでもありえるでしょう。

――その成否は人々の職業選択観の変化とも関わっているでしょうね。いまや大きな企業に勤める人でも、転職は普通のことです。技術と世界経済の変化の中で、ずっと安定している職業分野というのはほぼないから。だからこそずっと以前から教育についても生涯学習なのだと言われ、変化を生きる力の重要性が説かれてきた。

持ち家志向というのはイギリスでもかつて政策として誘導されていたし、日本でも高度成長期から強くありました。しかし家を所有するという方略は、生活の形や圏域が変わらず生涯のコースが予想可能だという前提、経済的な安定・拡張がこの先も続くだろうという楽観ないし願いの上にある。一方で、逆に世の中どうなるかわからないから住居は持っておく、という面もありますが、それは土地の値段は下がらないという土地神話があったからですね。

実際に地価が下がらないのはごく一部の場所だけで、地震や浸水や崩落で、いつ資産価値がなくなるかわからない土地に建っている家や建物の方が多い。日本では人口も減り、売却もしにくくなっているから土地の用途が循環しない。これは資本主義的にも、市場の大きな部分が機能不全になっているということでしょう。総有によるコモンズとしておかないと、水源地などが外国資本の投機に遭い、値段だけがついて水道や電力などのインフラ経費が上がり、国民の多くの貧窮化が加速するというシナリオもありうる。

そう考えていくと、個人が家などを私有しているということが、どれほど確かなことなのか疑問が生じます。明治憲法以降、一貫して強く保障されていたのが私的所有権ですが、それを生存の基盤にしていく社会構成が安心できるものではなくなっている。私的所有のみにしがみつかないためにはセーフティネット、社会福祉が確かでなければ。そもそも住宅政策、都市計画というのはもっと公共的なものであるべきはずですね。

大塚　東京などの都市にタワーマンションが林立していますが、いまは人気があっても、五〇年経ったらどうなってしまうのか。長期の保全計画は一応つくられてはいても、数十年間のうちに起こりうることには未知の部分があるはず。また、実際には建物や部屋の経済的価値が変動し、保全や修繕が実行されないということもありうる。これまでの共有建物でも現にあったし、タワーマンションは廃墟になっても取り壊すことも簡単にはできない。

――　生活の場にするつもりもない「家」が、投機の対象になっている。

そして東京オリンピック、二〇二五年には大阪万博ということになっています。ときどきそうした「薬」を打ちつつ、いまや資金運用を国策に組み込んだ経済を回さないといけない。運用による利益とは、その仕組み自体から幻影として映しだされた未来を根拠とするから、投影が止まった途端にすべてが白紙になるという不確実性につねに脅かされるのですね。

デジタル政府やキャッシュレス化でコンピュータや通信技術関係の需要も刺激しようとしていますが、そこから取りこぼされ、働く場をなくす人たちをどうするか。中国がデジタル化を大胆にやっているから日本もやらないと負ける、という意識が強いのかもしれません。

大塚　しかし中国も大変で、現実には奥地では紛争が頻発している。監視などのテクノロジーで抑え込もうとしても、究極的には抑えられるわけがない。

「啓蒙」の限界と、トポスの力

――どこの国も、国内の不満を抑えるときには外に膨張し、内に監視を強めるということをしてきました。けれども一方、ボーダーレスと言われる状況のなか、よくも悪くも国という枠組みもないと、地球全体がモッブ化することにもなるような気がします。

伝統的とされる価値観であったり慣習や信仰であったり、一定の秩序の土台を提供していたものが相対化され流動化していくのが近代の一側面であったわけですが、その時に社会に安定性をもたらすものは何であるべきか、ありうるかという思考が重要になった。

繰り返しになりますが、教科書的に追えば、ホッブズは「万人の万人に対する闘争」が自然状態であるとした。自分が生きのころうとする人間の自然は、必ず争いに至り他者を害することにもなる。極端な暴力的世界に至らせないためには強力な規則が必要だ、その器として立ち現れるのがリヴァイアサン＝国家と法だという、悲観的な人間観を表明しました。ロックは時代が変動する中、個人にとって絶対に侵されてはならないものをどう護るか、という理論づけをした。彼の場合、侵されてはならないもののひとつは神学的思索の自由でしたね。カトリックからの迫害もあり、それが彼の身を危うくする政治として現れましたから。ルソーはいろんな矛盾したことも言っていますが、ホッブズやロックを踏まえた上でより進んだ議論を提起したということになっています。しかし『社会契約論』でも、その契約をする人間の質をどうするのかということについては答えが出ていない。だから『エミール、または教育について』も書いたのかもしれませんが、現前する大衆に対してはやはり、期待はできなかったようですね。

これは「マス」が歴史に見えるようになって以来ずっとそうで、今もそう。いくら「啓蒙」があっても大きくは変わらない。学校でも戦後「公民」教育をやってきましたが、その重要性は次第に顧みられなくなった。憲法を詠んだ俳句の掲示を公民館が拒否したこともありましたし（二〇一四年六月）、「表現の不自由展」（二〇〇五〜）の問題も起こった。しかしロックの「その人にとって侵し得ないものがある」という言葉と現状の社会を対比すると、やはり芸術や文化の価値は大きいということを思います。

大塚　どうしても、そういうものが出てこないとね。

――　ところで、ジュネーブに劇場をつくってはいかんとルソーは言ったそうです。

大塚　どうして？

――ジュネーブ共和国があるような閉鎖的な盆地の中で人々が歓楽にふけるのは堕落を呼ぶと。観客の要求に応えようとすれば俳優も作者も自由ではなくなると。「俗情との結託」みたいな話です。

ルソーの言う社会契約では、それは「一般意志」の最高の指揮のもと、自分のすべてを共同体にいったん譲渡することだという。各々の「特殊意志」を総和したものは「全体意志」であるに過ぎず、「一般意志」はそれとは違うと。つまり一般意志とは個人の意志の綜合ではなく、そこから跳躍した理念なんですね。その空白に、思想エリートによる独裁の余地があると読むこともできる。フランス革命後のロベスピエールの恐怖政治がそれだったと言う人もある。

一方、「一般意志」には文化と芸術を含んでその社会集団が持つ徳性・知性の如何が決定的に関係するという当たり前のことをルソーは考えていたのではないか。もともと、民主主義とはそういうものなのかもしれません。

先日「小盆地宇宙」の話を伺いました。ある程度区切られた範囲のそのなかにも、いろいろな生き方やものの見方がある。子どもも老人もいて、耕す人もいれば医者もいるというなか、暮しと心の基盤で自足自立が成り立っていて、そこに都市の文化が「道」を通じて流れ込んで受容もされる。通り過ぎるのではなく。思い浮かべてみると、そういうトポスが見えてきますね。それが人々の考え方の質に相当影響を与える。

大塚　そうなんです。文化の成熟について言うとすると、やはりそれは「小盆地的なもの」がどれだけ多様に存在しているかにかかっているところがあると思うのですね。日本にはその可能性があったのです。江戸時代、ユニークな思想はみな地方から出てきました。だから、そのトポスを含んだ歴史を活かしていくことができるはずなんですよ。本来だったら、ほんとに面白くなっていくはずだと思うんだけどな。

カネに飽かせてカジノなど造ったって、駄目になるのは目に見えている。マカオなど、カジノで生きてきたところに行ってみると、もう空気が荒廃しているんです。税収はあるから大学の授業料は無料だったりしますが、それでも結局は何もない。そんなところをモデルにしてやろうというのが、もう気が知れないよね。

―― その一方では、ポストモダンとかつて言われたものがいま、ようやく本格化する様子も感じられるのですね。文化はそれぞれの場所の暮らしに添ってありたいとか。地勢、景観、トポスの話と多様性の話は必ずつながってくるんですね。

大塚 もちろん。

―― 河合隼雄さんにとっての丹波篠山の小盆地がそうですし、大塚さん自身についても、敗戦後の池袋で焼け野原の体験をされたということが人格、諸感覚の形成に前提を与えたところがあるのだろうと思います。「ふるさとの山に向かひて言ふことなしふるさとの山はありがたきかな」の啄木の句には、多くの人が共感を持つことでしょう。生まれ育ち、暮らしてきたところの景観は心のありようそのものに影響を与えている。そこにはその人の家庭や経済的環境なども、また別の、風景の一種として織り込まれてくる。文化の風景の中での自分の位置の感覚というものも、確実にあると思います。それらさまざまな角度において、生の多様性の土台であるような国土・社会のありかたというのは考え得るのだと思う。

生きて考える基盤——社会的共通資本

大塚　その時やはり、社会的共通資本のところはあくまで確固とさせておかないと、結局は資本の論理に流されると思うのです。生きる基盤としての社会的共通資本の共有が死活的に重要だということは、そうとうはっきり浸透させないといけない。

不況の中でも、都市では再開発が行われていますね。その時、たとえば駅近くのガード下だったニッチ的な空間を利用するにしても、新しい形にしないかぎり魅力がないから、錯綜した土地の所有権をある意味でペンディングにしてでも、人々がすでに持つイメージを再構成するという方法をとらざるを得ない。

――　かつて六本木ヒルズを造るときには、六本木六丁目の小さな家屋や商店が並んでいた辺りを地上げして、そこを商業施設とホテル、マンションにして立派な美術館もつけた。もちろん防災上、消防車の入れないような細路地の街を残すわけにいかないという理由もありますが、やはり地価に依拠した集中の流れでの再開発でしたね。

再開発前の一九九〇年、いまヒルズになっている場所にあった旧い屋敷跡のワイン蔵で演劇をつくっていた夏があった。それでかつての空気を記憶しているのですが、そんなものは一切消えました。

細民街と隣り合って高層ビルが聳《そび》えるということは、中国でもインドでもブラジルでももちろん起こっていますが、そのような都市は多くの人が住みやすいところではなくなる。公共政策には法律の問題の技術的クリアということがなければならないでしょうから、土地の私有権の問題をそれこそ「総有」といった考え方で調整して、立法して、都市や地方の再設計あるいは修復を、政策としてやらなければならないのだと思います。

　かねてから建築や土木工事には時代の意志、あるいはそれへの批判が表明され、読み込まれるものでした。それこそ『へるめす』の編集同人でもあった磯崎新《いそざきあらた》さんの仕事を思い出します。磯崎さんは色や量、歴史、様々な感覚の表象レベルでの交換可能性を大建築で表現した。そこでは記号論はもちろん、中村雄二郎さんの「共通感覚」論も踏まえられているのがわかる。

ヒルサイドテラス（代官山）

紙の教会（神戸市・鷹取教会内）

　ポストモダンとはそういう気づきや関心、表現にも代表されるものでした。それ以前、都市におけるスカイラインの重要性を強調していた槇文彦《まきふみひこ》さんは「ヒルサイドテラス」（一九七三〜）を造った。あの空間は都市と自然が互いを活かし合うような、新鮮で心休まるもので、フランク・ロイド・ライトやバウハウス以来のモダニズム建築の最高到達点、終着点ではないかとさえ私は思っていた。現代の技術と素材と計算で成

磯崎新「ふたたび廃墟になったヒロシマ」（1968）

り立っていて、しかし威嚇的ではない。ヒルサイドテラスは、辺りの地主だった朝倉家が槇さんを信頼したので、長期計画として一貫できたのですね。

一九九五年の阪神・淡路大震災で、今後も大きな災害があり得るということを日本じゅうの人々が改めて実感したとき、坂茂さんは紙管を材料に用いて仮設避難所に仕切りを提供し、それと同じ手法で「紙の教会」を建てた。公共領域や準公共領域と芸術や建築が関係づけられていくということは、実際の生活のためにもとても重要ですね。

大塚　磯崎さんは天才だから、いち早く「廃墟」と「未来都市」を重ね合わせて論じたりしていましたが、そうは言いながらやはり、造形するということに傾いていましたよね。ポストモダンに絡めては表象的な表現も注目されましたが、実はソリッドでモニュメンタルな建築も少なくない。

――　磯崎さんの天才をもってしても、丹下《たんげ》健三《けんぞう》を超えようとすればするほど丹下に似てきてしまうという……。メタボリズム（代謝）建築について話すときにも、丹下健三の中の日本浪曼派的なものに言及しておられたことがありました。モンタージュ作品「ふたたび廃墟になったヒロシマ」の時にはそれこそ「一九六八年的な」文化の中で

「建築の否定」とも解釈もされえたのでしょうが、それは容易に「創造と破壊を、等しく煌輝するものとして捉える」という日本の敗戦が見えてきたころの保田與重郎の感覚にも近接しうる。六〇年代後半からの近代否定の空気は、実は戦争による崩壊感覚を引きずったものでもあったのではないか。そして異常にも見える発展の先に再び見えてくるはずの崩壊のイメージと、未来に繰り返される「戦争」。磯崎さんは文明の興亡というスケールを意識していた。だからモニュメンタルなものとはいずれ滅び、交代していくものでもある。そういう意味でのメタボリズムなんですね。

大塚　そうなっちゃってる。ところが伊《い》東《とう》豊雄《とよお》さんなど次の世代には、モニュメントではなく「流れ」をつくるところがあって、造形がもっと流動化している。あるいは建築そのものが「動き」「変化する」。かつての流行り言葉で言えばノマドとか、現在の居住や暮らしの流動性や変化に繋がっている。災害が起こったとき、その方がより対応しやすいんですよ。

　伊東豊雄さんは三・一一のあと、陸前高田市に「みんなの家」をつくっている。それは、こんなちゃちな建物でいいのかと思うくらいの、掘っ立て小屋みたいなのもの

被災者のための集会所「みんなの家」（陸前高田市、毎日新聞社提供）

なんですね。明治でも大正でも昭和でも、かつては公共の建物は少しでも立派に見せるよう、あるいは無理にそう見せかけてでも造るものだった。人が集まるところには「権威」が表象されていた。

ところが「みんなの家」では逆転の発想になっていて、とくに目的がなくても気軽に集まりやすい簡素な場所になっている。そもそも陸前高田「みんなの家」は、伊東さんが三人の若手建築家を指名し、仮設住宅に暮らす地元の人たちの意見やアイディアを聞きながら造るという仕掛けにした。

―― 新都庁計画案の時、磯崎さんは横長建物のなかに球形の広場空間を入れ込むという案を出しましたが、丹下案（現在の都庁高層ビル）のあからさまな権威的高さのモニュメント性を打倒するため、広場という社会的な広がりの象徴をぶつけた、という観がありました。

大塚 あの時、磯崎さんは最初から、現在の日本では丹下案が勝つと言っていました。なぜなら都庁のような建造物の場合、建築家が最終的に逃げ込む安全案はゴシック様式で、それは必ず一般にも受け入れられるから、と。

第11章
「場所」から考える

（二〇一八・一一・二三）

ポストモダン流行のころ

大塚　今福龍太さんや伊藤俊二さんたちがやっている研究会に、この間呼ばれて行ってきました。多木浩二さんの仕事をどう受け継ぐかといった議論の回でした。多木浩二さんの息子さんの陽介さんもいて「お久しぶりです」ということになった。多木陽介さんはもともと、ミラノのピッコロテアトロの演出に関わっていたのだけれど、いまは刑務所に収容されている受刑者向けの演劇をやっているというんですね。

――　イタリアにはかつてから、精神病院の閉鎖病棟を開放していくという動きもあった。劇場も精神病院も、コミュニティとのつながりの中にあるべきだということでしょうか。刑務所での演劇活動というのは、とても可能性があると感じます。演劇では協力が絶対的に必要ですから。あるときには自制し、しかし舞台というのは結果としては解放が行われるところ。自制の先にこそ変化はあり得るんだ、という実感にもつながります。

大塚　面白いよね。多木陽介さんとは数回お目にかかっていると彼の方は言って、京都の東寺で行われた能に行った時にお会いしましたとか。

——それは『へるめす』があった時期ですよね。誌面の記憶があります。定まった舞台以外のいろいろな場所で能を上演するというのは、あの頃から盛んに行われた。ハイカルチャー誌としての『へるめす』は、そういう試みが記事になる場所でした。

また当時は、写真論という場がしっかりとありましたね。ボードリヤールの『シミュラークルとシミュレーション』（一九八一）などが話題になって、イメージの大量生産・大量消費の時代の文化、精神が探求された。存在とその模倣物とが情報的に等価だとか、すべての芸術は模倣であるとか。

存在論がデュプリケート（複製）や近似というテーマを切り口に語られた。複製芸術の時代と近代が始まるのが時間的にも重なっていて、「ポストモダン」がテーマになった時、では近代とは何だったのかということがレトロスペクティブに論じられたのですね。

「ポストモダン」とはつまり現在のことであるはずだけれど、あの頃思われていたのとはぜんぜん違ったなあ、というのがいま思うことです。違わなかったのはマネーとか欲望のデザインとか、人間社会を駆動するすべては記号でもある、あるいは記号でしかないということが幅広い合意となったことでしょうか。いまSNSでは顔写真をアプリで加工して「盛る」ということが普通にあり、実在とか現実がなんなのかということについては軽くペンディングしておく場が広がっていますね。複製されるというのとはちょっと違っていて、アバター、代理する顔を簡単に持つことができる。それが人格的におかしな状態を招くかというとそれほどでもない。ただの道具として使っている。
まあ、マネーは記号に過ぎないとは言っても現実にはガッチリ、力の源泉として押さえられていますからね。なにもかもがそんなに相対的になったということはない。顔を「盛る」のも、ルッキズムによる価値観の支配だと見れば深刻なことなのかもしれません。

大塚　多木浩二さんは写真論や建築論から出発して、いろいろなことを探究した。『天皇の肖像』（岩波新書、一九八八）では視線と政治の問題を、非常にうまくまとめた。彼はロバート・メイプルソープの有名になった写真をテーマにしているんですよね。ＨＩＶで亡くなる直前に撮られた自画像で、髑髏《どくろ》の杖を持っていて背景は真っ黒で、その中にメイプルソープの顔が浮かんでいる。多木さんの論は、写真論でありながら人間の生死の問題そのものに至っていく。入り口は視覚的なものなのだけれど、それを越えてどんどん、より本質的な問題に入っていく。

ドイツのアンゼルム・キーファー論もやりましたね。絵画を題材にしながら次第に戦争とか殺戮とか民族とか、そういう問題に深入りしていくわけです。そうなってくると、とてもじゃないけど一筋縄ではいかない。僕は重い問題を次々と投げかけられて、もう、参っちゃう。

多木浩二

それだけ長く付き合っても、編集者として多木さんのお宅に伺ったことは一度もないんです。なぜかというと多木さんは、原稿を一章書き上げると必ず自分で持ってくるので。僕は在職中、岩波の会議室でしか多木さんと会っていないんですよ。五〇枚なら五〇枚、その場で

多木浩二『天皇の肖像』（岩波新書、1988）

読まないといけない。で、何か意見を言わなくちゃならない。向こうはじーっと黙って待っている。

―― 特段愛想のいい人じゃなかったですよね。

大塚 考えようによっては、非常に暗ーい感じの人でしょ？ それで僕が何か言うと、原稿を持って帰って書き直してくるわけです。写真一枚をめぐっての議論が、四章か五章にもなる。

会議室で読む、書き直す、その作業を『天皇の肖像』では一五回くらいはやっている。読んで何か言えと言われても彼自身、一生懸命、何も参照すべきものがないところを手探りで進んでいるわけですよ。

―― そういうことをしている人に何か言うって……重大なことになっちゃう。

大塚 そうそう、そうなんだよ。何か言って、それがたまたま彼の考えていることにヒットすると、それは大変なことになっちゃうわけだよ。たとえプラス方向であっても。ましてや、もし意見が批判めいたことになると――彼は、批判に対してもすごく敏感だったんですよ。あなたは会ったことある？

―― お話ししたことはありません。受付のところにあの瘦軀《そうく》で、すうっと立っておられるのは何度かお見かけしました。やや敬遠してた。

大塚 批判的なことを言うとね、話してる声がどんどん小さくなって聞こえないぐらいになって、原稿を抱えて帰っちゃう。だから感想を言うにしても、非常に難しいんだよね。ざっくばらんにというわけにもいかなくて、言葉を選びながら。向こうも大変だったと思う。わざわざ毎回、藤沢から原稿を持って出かけてくるんだから。

―― それはやっぱり、編集者との対話が必要だったわけですよ。とくに新しいタイプの仕事だと、まずは受け止めて返答してくれる相手とでないと、ご自身の考えだって進まない。

大塚 そういうタイプの人なんだね。今のは個々の原稿の話だけど、それとは別に毎年二回、これは一〇年間ぐらい続いたんだけど、暮れとお盆前、少なくとも四時間ぐらいお話をうかがいました。多木さんは半年先までの予定を書いてきて、これこれこういう論文を書こうと思います、と。

最初に話した今福さんたちとの研究会に出るときに、多木さんがどんなことをしてこられたかを改めてリストアップしてみたんです。そこであっけにとられたんですが『へるめす』の初期には、編集同人ではないけれどほとんど常連の執筆者になっていたんですね。そこで最初の二、三年で発表したことが、彼の生涯にわたる仕事の核になっていく様子がわかる。

最晩年に書いたキャプテン・クックについての新書館の三冊本も、主には他者論なんですが、「他者」の認識に関する議論も『へるめす』の早い時期にもう着手している。自分の一生の仕事の予定について、前もって話をする。こちらはいろんな意味で勉強になるから、それは有り難いんだけど。

――そもそも多木さんが惹きつけられ、論述の出発点になって背後にずっとあるのがメイプルソープだったりキーファーだったり、とてもヘビーですよね。

写真というもの自体が「死」の観念を内包している。それは誰でも、子どもの時のいつかに気づくことでしょう。祖父母なり昔の偉人なり、もういない人が写っている。自分が写真に撮られるとき、ということは、自分がいない未来にこの写真が残るんだ、その写真を見る人は、もう生きてはいない人として自分を見るんだと、直感する刻《とき》がある。

大塚　どうしてもそういう議論になるでしょう。そうなってくると、とてもじゃないけど簡単に話が終わるわけがない。

――年二回、長時間の時は別に場を設けたのですか？

大塚　いや、それも岩波の会議室で。

――四時間以上、ずっとそこにいたんですか？

大塚　一番静かで、邪魔されないし。経営の責任者だった時期には四～五時間とるというのは現実的に不可能だったし、中断しましたが。

ところが、その後退職してからそれがまた始まったんですね。でも岩波の会議室を使うわけにはいかないから、お互い落ち合いやすいところというので、東京駅のステーションホテルの喫茶室で。そこでまた一年に二回、三、四年続くんです。まわりにいる他のお客さんも、なんてことだ、っていう感じでびっくりするわけですよ。年配者が二人、そういう重い話を延々としているというのは。

―― 一生ものの苦悩の一部を、ともに担ってくれと。

大塚 そんなこと言われたってと、現実的には困るような、答えられない問題を。いまの編集者だとあり得ないような付き合いでしょうね。忙しくて、メールでやりとりするだろうから。

　何も手がかりがない中で、手探りで考えることを進めていく多木さんのやり方からは恩恵も受けました。考えることを要請され、考え直して初めて思い至ることもある。五里霧中で歩いて行くのにとにかく付き合えというわけだから、ある意味じゃ大変なんだけど、そういう仕事の仕方がありえた。

―― すぐ売れる目論見もない中で、著者候補と編集者が手探りしていく。いまは世の中からまったくそういう機能がなくなっていますね。マーケティングに従って本をつくっていても、編集者としてはあまり面白くはないと思うのですが。多木浩二さんが持ってきてくれるような重い、できれば考えたくない問題にしても、それを本にしていく者やもちろん読者がそれを考えるとき、「独りじゃないんだ」と思えるということは、ある。

大塚 そういうことです。

―― （メイプルソープの「髑髏」の写真を見ながら）こういう肖像写真からは、見ているうちに死の想念がどんどん噴き出してくる。こうして人物写真を見ていることが、すでに対自的なんですね。神を模倣する写し絵としての、しかし不完全で滅ぶべきものとしての人間。写真の時代は人間に、孤独に自分と向き合う瞬間を求めた。写真は鏡の延長であったが、不変の像という非人間的な含蓄をも持っている。

こんなふうに、想念というのは言葉にしていかざるを得ないところがありますね。そうでもしないと魂が持っていかれそうで。

折口信夫《おりくちしのぶ》の『死者の書』を読んだ時の感じを思い出しました。冒頭、無明《むみょう》のなかから「死者」が「目のあいてくるのを、覚えて」甦るところ。「した　した　した」と地下に水の垂れる音を聴き、肘や膝の「ある」感覚から、「自分」が段階的に再凝集して蘇っていく。それもまた死というもの、想念を文をつかってなぞってみること。その想念も言葉も、無明の「場所」において生まれる。

『死者の書』では、蘇った死者が想う女性（耳面《みみも》刀自《とのじ》）が歩き行く古い奈良の地形の描写も心に残ります。光景のなかで気配の中で思い出され、精神が凝集の蘇りをする。生はトポスの中にあり、そもそもトポスの中で生じ、さらにはトポスの裡《うち》にこそ生はあるということなのだと思います。

メイプルソープの写真を見たときにはつい「神」などという使い慣れない言葉が繫がってきたのですが、メイプルソープと折口では存在、たましいの在処や原因についても成立説がまったくちがうんですね。ちがうからこそ、折口などは西洋化する日本の近代のなかではある種、危険視もされた。そういう感じがありありとしてきました。

大塚　まったくそうなんですよ。あなたの話はよくわかる。

――日本の地勢から来る文化、その状況における近代化の過程にも内実にも、西洋で主流となったそれとは違う部分が当然あるはずでしょう。しかし社会契約論をはじめとする近代システムに照らすと、それが逆流になりかねないという表層意識から、やはり近代については欧米の議論を手本にするということが行われてきた。

近代システムは普遍主義をとるわけですが、普遍とはすぐれて一神教の思考から出てくる観念であることは想像できます。観念であり、抽象であるからこそ普遍化しうる。ところが抽象に対する土着ということがあって、土着の思考や文化にも高度で繊細で強いものがあるという当たり前のことを、近代システムの骨格である普遍主義はなかなか認められなかった。

たとえばレヴィ＝ストロースはそこを提起したからこそ衝撃的で、近代の思考の対象範囲を拡張したと評価されたのだと思います。そのことに思い至ると、逆にレヴィ＝ストロースにもまだまだ植民地主義的なまなざしがあるという議論がかなりくだくだしく、私の若い頃には行われていたことの意味も、いまになってわかってきます。

日本もまた、目指すべきは欧米近代システムの普遍主義だと、いわば国民の表層意識の代表である多くの知識人たちは軸をもっていたつもりだったのですが、いまやもっと広い範囲の多くの人々のこころもたましいもすっかり寄る辺を失っているように思います。

日本政治思想史の分野では――丸山眞男でも橋川文三でも神島二郎でも――はじめから普遍主義一辺倒であることに反感に近い違和感を持ち、分析してきた人たちもいた。そこには柳田國男の民俗誌が背景としてあるのですね。そのまなざしと思考が必要なのでしょう。普遍主義からも学びつつ土着から離れず、それぞれを汲んでいくためには、広い意味でのトポス論がやはり必要なのだと、お話を伺いながらわかってきました。

すべては「場所」で繋がる

――前にもお話しした元文部官僚の寺脇研さんは、中曾根政権下の一九八七年に最終答申が出た臨時教育審議会の意義を強調し、そこでも謳われた「生涯学習」の推進者ともなりました。寺脇さんはそれを、社会・経済構造の変化を反映した「学習」の概念の再構築の機会として捉えた。

中曾根首相の本意は教育基本法改定にありました。現憲法の理念の展開としての（旧）教育基本法はマッカーサー時代につくられたものだから、日本の歴史や風土、家庭の在り方などに立脚していない蒸留水のようなものだと。憲法の文言に人権や平和ということは基本的価値として書き込まれているが、日本の社会で子どもたちが育ち、人間として生きていくための基本の型や習俗、道徳が閑却《かんきゃく》されているという見方です。

しかし臨教審では、教育の自由化という今で言えば新自由主義的なものも含む流れの中で、個性の重視の原則ということがしっかり答申に入った。大切なのは個人の尊厳である、という考えが委員の中に強くあったのです。

個人の尊重と言うと、個人の自由や自律という面では明るい言葉ですが、いまに至る自己責任論にもつながりうる。しかしだからこそ、学習の機会を持ち続けることの保証をしなければならないという論理の反転もできるでしょう。そこから、主体性を持ち、学校の内外を問わず生涯学び続けられる制度の構築という線が見えてくる。

結局、臨教審以降の教育の原則は「学習者の主体性重視」になりました。これは、社会の深いところの意識としては地方分権、あるいは規制緩和が本筋として主張されることに繋がったと思います。ところがそのどちらも、やはり両刃の剣ではあるのですね。

河合隼雄さんも、国際日本文化研究センター所長だった頃に「21世紀の日本の構想懇談会」座長を務められました。どうしたら個人の力を伸ばすことができるのか、その核心を提示したい。国民が国家と関わる方法とシステムを変えなければならない、といったことが報告にはありました。そして個人の力を活かしつつガバナンスを実現させるためには「自律」と「寛容」が大切だ、というように、これまでの日本の政治ではあまり場所を与えられてこなかった言葉をぽんと出しています。

河合隼雄さんが最後まで大きな懸念を持っておられたのは、これまでの母性社会日本がいよいよ変わっていく、変わらざるを得ない、西洋的なものがほんとの意味で入って来ると大変なことになりまっせ、ということでした。父性的思考が日本人にも内面化されようとするのは、見かけ以上に困難で苦しみも伴うことなんだと。

日本国憲法をめぐる分裂の背景にも、この点は大きく影を差していると思います。日本国憲法にも、われわれは母性を見ようとしているところがありますからね。ビジネスの世界だけは急速に選択だの集中だの、父権的な言語空間になっている。そういうところから来る不安があるのでなおさらです。その時、日本の国土という母性的な観念と、ある特定の時空にこそ生まれた、象徴としての日本国憲法とを重ね合わせたいという欲求が、自分の中には生まれることになります。それは論理だけによっては無理なことなのでしょう。

以前、大塚さんがおっしゃったようにジョン・ダワーの『敗北を抱きしめて』はたしかに、その分裂した心情を慰めました。それは同時に「アメリカを抱きしめる」ことでもあったとしても。国土の歴史と抽象言語として表象された価値とを結び付ける根拠は、そこでは戦後の精神の変動を人々がどう生き延びたかという「物語」だったのです。

日本列島の地勢では、各地方に分散して多様な文化があり、それら文化は地形や他の土地との位置関係をも含んで育ち、そこにはさまざまな心の在り方、価値や正邪の感覚がある。そのことを理解していかないと。

カントが内なる道徳律と名付けたり、ルソーが一般意志と言ったりしたもの、何らかの中心軸を求め、普遍に至ろうとする考え方の全体についても理解しようとしながら、同時にそこに何を加え得るのかということを、われわれはずっと話してきたようにも思います。

大塚　あなたがさきほど折口信夫の話をするときに言ったように、やっぱり場所、トポスの問題が決め手だと思うんです。一九八〇年代半ばあたりからそれが明らかになってきた。私も「旅とトポスの精神史」というちょっと気障《きざ》なタイトルのシリーズをつくり、それがそれなりに売れることになる。

その場合の「トポス」というのは固有の歴史を持った、濃密な意味を孕んだ場所というほどの意味で、そこに人が旅する経験を組み合わせた。そうするとその「旅」から、人間の精神史をも望むことができるのではないか。そういう構想だった。

三〇年以上経って振り返ってみると、それはまだ雑駁《ざっぱく》な理解ではあった。その後のトポス論の展開にはずいぶん画期的なものがあると思うんです。そういうものをもう一度考え直しながら辿っていくと、今日もあなたが臨教審の話から始めて展開したように、現在の問題にまでぜんぶつながってくる。あらゆる問題が、トポス論で扱っている問題にそれぞれ連関してくる。

―― これまで、言語的な構築に頼りすぎ、トポスの視点が欠けた論が多かったからこそ、この視点をあてがうと見え方が変わってくる。

大塚 そうです。あらためて考え直してみると非常に面白い。日本の思想のコンテクストで言うと、トポス＝場所論をやっているのは西田幾多郎で、確かに面白いんだけれども相当難しい。よほどうまく手がかりをつけながら考えていかないと、とんでもないところに行っちゃう。だけど最近それがようやっと、少しずつ、いろんな立場の人がいろんな読み方をすることによってだいぶ、見えてきたんですよね。

その代表的な例が、以前にもお話しした生命科学の清水博さんだと僕は思うのです。西洋の哲学を踏まえているのはもちろんのこと、日本の哲学、たとえば中村雄二郎さんなど現代の哲学もよく勉強しておられる。また日本の武術――柳生新陰流《やぎゅうしんかげりゅう》とか――などについても調べ、伝統的な「道」と呼ばれるものの中に場所論と深く関わっている本質があるということを、ある意味で実証的に示してきた人なのです。

―― 西田自体が、読んでみるとなんとも言えない「こと」をあくまで論理の言葉に引っかけようとし、その論理を裏返して裏返して、何とかその隙間の負圧の空虚までをも表現しようとアクロバティックに言葉を使うので、非常に特殊な難しい文章になっていますよね。その反転また反転の乗り物酔いのようになった果てにちょっと文章から離れてみると、ようやく「腑に落ちる」ことがある。

大塚　そういうありようなんですよ。それを自然科学の方法で明らかにしていくのが清水さんで、岩波講座「宗教と科学」（一九九二〜）のときには編集委員になってもらったのです。

――『動的平衡』の福岡伸一さんの生命論ともつながるところがあるようですね。場所に生命は生じ、生命体そのものが「場所」である。

どこで読んだのだったか、動物の幼生の手指ができるとき、アポトーシスが起こって間の細胞が脱落していくが、それは中枢の指令によるものではないというのですね。隣に何があるかによって細胞の振る舞いが変わってくると。あらかじめ組み込まれているものはあるが、その細胞が位置する場所によって発現する現象が変わるというのです。

大塚　上田閑照さんは、西田の場所論を非常にうまく捉えておられるんですよね。上田さんが圧倒的に面白いのは、彼の禅仏教に対する理解の深さからなのです。

そしてなぜ場所を問題にするかということについて、明確に輪郭を描いたのはやはり中村雄二郎さんなのです。

弘文堂の「思想選書」の中で、場所論を二冊出しています。一冊が上田閑照さんのもの（『場所　二重世界内存在』一九九二）。もう一冊は中村雄二郎さんの場所論（『場所　トポス』一九八九）

ですね。
その展開としての清水さんの考え方まで行くと、現在のいろいろな具体的問題と俄然繋がってくる。「場」の捨象ということで言えば、グローバリゼーションの結果、多くの問題が起きている。日本でのごく一般的な捉え方で言うと、それは資本の論理の貫徹だということになっていますね。世界中がそうなのかというと、たとえばフランスなどそればかりではないと思うんだけど、アメリカの一部では徹底しているらしいということになっている。ほんとうはそれもよくわからない。それなのにあたかもそれが世界の潮流であるかのように語られ、あらゆる格差の正当化にも使われている。思考の停止ですよね。

―― グローバル化の方向だけでは、人間の感覚や思考は根無し草になる。山口昌男さんの「中心と周縁」論では、中心部と周辺部の関係の中で制度がつくられ、文化は豊饒になるということだったのですが、いまは中心からの流れしかない。周縁は、ほとんど無価値な辺土《リンボ》でしかないということになっている。

大塚 すべての価値が中心に吸い取られてしまっていることは、それこそ文化人類学としてはまっさきに問題になるようなことです。ほんとうの意味のローカルなものの価値をどう考えるか。それが大切なはずです。

前にも言ったけれど、現代を考えるとしたら災害の問題は避けて通れない。地球は少なくとも人類にとって、滅亡の方向にあきらかに向かっているのだから。災害と呼ばれるものの規模や程度も、われわれが現在の生活の仕方を変えない限りは、どう考えたってどんどんひどくなる。

そして災害というのは、特定の地域に表面化し始めるんですね。原子力災害でも、温暖化が関係する気象的な災害でも。たとえ「中央」が生き残っても、多くはそこから排出された温暖化ガスによる災害は、まずは熱帯や亜熱帯、第三世界と言われてきた地域に壊滅的な事象を引き起こしていく。

それが起こった時、どうすればほんとうの復興ができるのか。それぞれの地域、「場所」というのは実際にはどういうひろがりを持ち、その循環に支えられて存在しているのか、考えておかないと対策は講じられない。そういうことを一切すっ飛ばして論じているから、対症療法的に、たとえば巨大防潮堤で海との繋がりをとりあえず断ち切る、ということにもなってしまうのでしょう。

災害の問題も含めて、コミュニティの再建を考える時にいちばん基本になる考え方は、やはり特定の場所について、それぞれ個別解を見出していくということしかあり得ないのですよね。

――物理的には雨風はしのげる空間を用意しても、そこに何年もいるようなことになるといろいろな問題が起こっています。阪神大震災の時にも仮設住宅住まいの長期化という問題があった。野田正彰さんと、長い仮設暮らしをしている方々のお話を聞きにいったりしました。「場所」の復興への道が見えないことが、身心をさらに痛める。どんな計画をするにしても、土地や家屋の私的所有権というのは法的に強く守られていますから、そこが軛《くびき》にもなる。個人の財産が行政の都合で召し上げられることがほぼないのはいいのですが、一方で、私有財産である家を公金で建て直すことはできない。

大塚　現代総有論のようなものを活発に展開していくには、場所の問題というのは中心的なテーマにならざるを得ない。いま災害と場所の問題が、緊急のケースとして前面にあるはずなんですね。

場所、述語的世界、中動態、古論理

大塚　中村雄二郎さんはトポス論をいくつかの軸にうまく整理しています。哲学の歴史から見ればアリストテレス以来、連綿と続く議論だから簡単ではないのだけれど、中村さんは基本的に四つくらいに分けている。

ひとつは、人間が存在している存在根拠としての場所で、彼は「期待としての場所」と呼んでいる。そこで何が問題になるかというと共同体の問題が当然あるし、それは心の問題でもある。無意識まで含めて、人間のそれぞれに固有の環境ということがある。これは哲学ではずっとテーマになってきた。ハイデガーの「世界内存在」なども結局この問題になるわけです。

――ユクスキュルの「環世界論」のような、認知・認識の生物種による、ひいては人と文化における固有性や限界という主題と直接つながりますね。そう考えるとカントの「ものそのもの」とか、プラトンの洞窟の比喩とかイデアとも串刺しになって繋がる。ヴィトゲンシュタインも。

大塚　「環世界論」を受けた認識論の展開として言えば、メルロ゠ポンティの現象学もこの文脈で捉えることができる。それからもうひとつ、非常に面白いのは、ギリシャ悲劇のヒーローとコロスというのを考える時、やはり認識の固有性と限界性の問題は重要になってくるんですね。コロスとは何か、それこそ無意識でもあるし、共同体の代弁者でもあるという捉え方ができる。

―― 共同体にとっての、またそこに生きる個人にとってのその場所の歴史的文脈も、意識無意識にすべてが流れ込んでいる。ときに無意識的に思考の前提を成すのが「期待としての場所」なんですね。

大塚 そういうことです。「期待としての場所」は存在根拠としての場所とも言い換えうる。

二番目に、身体的なものとしての場所がある。これもユクスキュルの環世界論と発展的に交わってくる。人間の身体、その感覚の延長としての場所。逆に言えば人間の身体や感覚が形成されるところとしての場所。

―― 『死者の書』でも、死者が再び生者となる環境が描かれた。歴史が或る地下空間と交わる。その場所の匂いや湿気や音の固有性。そこでは存在論と認識論が同じものになる。

大塚 三番目は、象徴的な意味での場所です。宗教とか神話を考えに入れ、あるいは歴史的な問題をそこに重ねれば、世界中の名所とか旧跡がそうであるように、およそあらゆる場所が目には見えない意味を帯びることになる。

象徴的な空間について言えば、ご存知のように、中村さんはインドネシア・バリ島の分析をしている。アグン山が中心になってすべての方角が決まるトポスのあり方、またランダ劇に表された神話的・歴史的な場所のあり方。宗教も神話も歴史も、全部込みになって場が展開されている。

四番目は、ある意味では一番面白いところなんですが、アリストテレス以降、とくにキケロによって展開される弁論術で、議論の場という意味での「場所」。これは記憶にも関わってくる。

記憶術というのは人それぞれ固有のものをもっている。

――頭の中のあの部屋のあの引き出しに、とか記憶を整理して「置いて」うまく引き出せる人がいますね。個人の中にも場所が内在している。おそらくは論理の中にも順番や因果だけではなく、場所がある。

大塚　そういうことなんです。意識もまた場所に生起し、場所によって形づくられている。西田が提起し展開した場所論は、最終的にはこの問題と深く通底している。

西田の場所論の中で述語的世界というのがある。西洋の世界というのは基本的に主語的世界です。それこそデカルトの「コギト・エルゴ・スム」のように、私が在って、私が考えるからすべてが存在するというような。そこでは主体以外のものはすべて客体として知覚される。「在る」のは主観と、客体。

――述語的世界では主客が同時的に「成る」。さまざまな「場所」で。

大塚　そう。西田が展開したのは述語的世界こそほんとうの世界だということ。それは一見、曖昧なものなんです。

――だからこそ自我を受身の存在として捉えること、強いてでも「私」の存在の無視を試みることにも使われたわけですね。状況を主体的に択ぶことなど、所詮無理なんだと。自分が戦死するであろうことを受け容れる理由を、そこに見た人もいる。

大塚　軍国主義の中でね。

――でもどうしても、述語的世界こそが実在という気がしてしまうんですよ。主語があって述語があるというのは、時間の順序をどこかで読み替えたことにより理屈が通るという手品のようなもので、ほんとうはただ全体が相互に「なる」んだと。

そのことを『中動態の世界　意志と責任の考古学』（医学書院、二〇一七）で哲学者の國分功一郎《こくぶんこういちろう》が述べていました。主体的であろうとするのが進歩する人間だ、という一種の社会的に造られた信念、思い込みが近現代を通じて長らくあって、主体というものはそれほどいつも確かなものではないと指摘するのは一種のタブーだった。だからこそ、精神分析を通じた無意識の発見や、それこそユング的なものは警戒されたのですね。

しかし國分さんは、ラテン語には能動とも受動とも言い切れない「中動態」がたくさんあることを引きながら、現在の人間の「意志」観にはっとするような疑問を浴びせている。

大塚　その問題で中村雄二郎さんがよく捉えているのは、国語学の時枝誠記さんの言語過程説です。あなたも前に触れていましたね。時枝誠記は日本語の場合、述語の方が重要なのだと指摘している。主語が絶対的ではないとすると、それは一見、論理ではないように見える。そのせいで日本のいろんなことがいつまで経っても西欧に追いつけないんだ、という議論にさえなってしまう。ところがよくよく考えて見ると、そっちの方がずっと面白い。

――　河合隼雄さんもよく、場が決めるという話をしていましたね。誰か決定者がいるのではなく、場が議論の方向を決める。あるいはそういうことにしておく。それはある種の知恵である場合もあって、その是非については簡単には言えない。

いずれにしろ場所や共同体の問題を理解しようとするときには、述語的なはたらきを見ていく必要がありそうです。述語的世界の社会学、社会心理学というのもあり得るのだと思います。「個人」を単位とした社会学や心理学をアナロジー的に集団へ適用することへの疑義を、大塚さんはこの対話で何度か表明されました。いまわれわれが話し合っていることと繋がって改めて、その重みがわかってきました。

主語が設定され、そこで初めて述語が述べられるというのは、一神教世界の思考と関係している。ところが場で決まる世界は、河合さんが言う「中空構造」と関係している。どんなレベルで見ても、誰が決めたのかわからない決め方というのがある。

大塚 一般的に言うと、述語的世界というのは西欧の論理では「偽」論理になるんですね。ヨーロッパの伝統で「偽」論理はパレオロジック、古い論理と呼ばれる。中村さんが挙げている例で言うと、三段論法であっても、古論理だと「私は処女です」「聖母マリアは処女です」「私は聖母マリアです」というのが成り立つというのです。

―― それがほんとうだとすると、個人というものを隔てる、あるいは守る壁がないですね。人格や名称は容易に交換されうるし、憑依《ひょうい》もされる。神話的変身も起こりそうです。そうすると現在とは、個別とは「全体」の局所的繰り返しになる。ハラ軍曹はそうでした。

大塚 アリストテレス的な三段論法だと「すべての処女は聖母マリアに憧れる」「彼女は処女である」「彼女は聖母マリアに憧れる」、これは個別的事実でなくても論理としてはぜんぜん問題ない。「私は処女です」「聖母マリアは処女です」「私は聖母マリアです」という述語で繋がり、主体が一足飛びに変更されうるのが古論理ですが、現在ではそれはおかしいわけだよね。

―― しかしそれは、巫女《みこ》や口寄せなどの世界にはふんだんにあり得そうですね。

大塚 興味深いのは、統合失調症の患者の中には、そうした古論理の思考をとる人がいるというんですね。フォン・ドマルス（精神科医）という人が言っているんだけれども、行為の主体を認識するとき、主語によってではなく述語によって認識するという。木村敏《びん》さんなどの論を読んでも、まさにそういうことがある、とはっきりしてくる。

古論理は近代以降の人間にとっては意味を成さないように見えるけれども、実は主体、主語ではなくて述語の方を考えることも、人間の存在の様式を知っていく上で重要だということが、以前から言われているわけです。

―― 古論理がオモテの社会、オモテの意識からほぼ消えた。ということは述語的な記述の裡に主体が溶けてしまう、自然と区別がなくなるという精神の様相を、後の時代は懸命に排除してきたということですね。つまり自然を外部化した。

大塚 そう言えますね。場所論は重要なのだけれど、これをひとつひとつ見ていくことはやさしいことではなく、理解の難しいところもある。たとえば述語的世界という考え方を自然科学の言葉で言い換えようとするとどうなるかということを、清水博さんなどは展開している。

生命科学者として、場所というものがないと生命もありえないということに気づく。そのことを細胞のレベルでも、人間の身体のレベルでも考えていくと、ものすごくダイナミックな見方が出てくる。

それを総合的に言うと「いのちの居場所」という清水さんの言葉になる。そこでは「いのち」

が自己組織を行う。同時に、いのちが自己組織を行うから寿命というものがある。

――ひとつの生命にとっては、時間も「場」ですね。永遠に生きていくということは、精神にとっては想定しづらい。

大塚 個体は永遠には耐えられないかもしれないけれど、逆に個体の有限性を前提として、命の繋がりというのがあるわけだよね。

――多様性の場の中で自己組織化によってある秩序をつくるのが生命で、それがまた多様性を生んでいく。

大塚 そう。そして自己組織化することによって生まれた命が自分を越え出て、未来に向けての新しい創造の働きにつながっていく。

――個体を超えて未来を長い時間の尺度で見ても、そこにはやはりサイバネティクスが働いている。

大塚 その通り。そして、未来に向けての展開を失ったのがたとえば癌細胞であると。清水さんはそういう言い方をするんですよ。

――大江健三郎さんはかつて、生を更新していくという言葉を使われました。

大塚 まさにそういうことだね。それが科学的に、ある意味わかりやすく述べられている。そして細胞レベルから共同体の問題に至るまで、「いのち」の自己組織がうまく働くにはどのような場が望ましいのかと通貫して考えると、自ずと、あらまほしい環境や社会の姿まで示唆されてくる。その意味でも自然科学と哲学を繋げているんだね。

清水さんは宗教の問題、とくに仏教もよく勉強しておられる。そういう意味では西田幾多郎もそうで、仏教哲学と場所論はやはり結びつく。

あらゆる問題を考える基本に、場所論を組み込んでいくことが必要なのではないかと思います。松下圭一さんの分権論にしても、場所論的な議論を加えていくのが有効だと思う。

災害復興でも、上手く行っているケースを見ると、そこには場所論的な考え方が見てとれる。先に触れた「みんなの家」などは小さく簡素なものですが、それを自分たちがどういうふうに造り替えていくか、活かしていくか、そういう余地がある。それは中長期的に見れば「いのちの自己組織」を助ける場となっていく。

——自分たちで手直しできる造りでないと、費用をかけて専門家に手を入れてもらうことになりますね。坂茂さんが始めた災害時の避難所の段ボール・紙製の仕切りも、組み立ては素人ができる。ということは、ちょっとした破損などもそこにいる人たちで直せる。

以前、「先進国」の豊かさが過剰と言われていた頃、途上国には「適正技術」を渡すべきだと言われていたことを思い出しました。その頃、私は確か『へるめす』にいながら『いまどきの海外協力』(須藤章、一九九二)という岩波ブックレットをつくったのでした。今や私たちも、先端技術の恩恵を求める一方で、場所に応じた適正技術という選択肢も持っていなければ、実際には生きていけないのかもしれません。

第12章
脱魔術化と再魔術化

（二〇一八・一二・一五）

前回の対話のあと大塚さんに、この時点で思いはじめたことのメモをさしあげてあった。

科学によって道具を手に入れ、身の丈をこえた世界で経済や知識や文化の活動を行うようになった人間は、しかし、ほかならぬ自身が存在することの無効感・無力感・無意味な感じに苛まれることになる。

それは、かつてはそれぞれの境界の内側である程度安定していた「トポス」と精神の関係を、寄る辺なきものに変えるから。

また、科学の思考は必然的に脱魔術化（への指向）でもある。

不安な人々に対して「国民」や「民族」の再魔術化が提示され、ナチズム・ファシズム・大日本帝国主義が興った。

そこで戦後、再度脱魔術化が試みられたが、近代であることの本質は戦前と変わらなかった。そこでまた、魔術の存在が求められている。

だから「ポストモダン」は求められ試論された。

ギデンズやベックの「再帰的近代化」とは「近代化を近代化する」ということだとしたら、それもまたポストモダンなのだろうか？

しかし「近代化を近代化する」を「脱魔術化を脱魔術化する」と読み替えたとしたら、アプローチとして意味があるかもしれない。

なぜなら、その語法には、「近代そのものが、実はまた新手の魔術の一環だった」という指摘が含まれうるから。

ハイデガーと「反哲学」

大塚　ポストモダンということをひとつの考えの支点にしながら、近代の思考がどういうものであったか、いろいろな形での問い直しが行われてきた。今も行われています。ディスコントラクション（脱構築）云々はみなその流れですよね。ヨーロッパ近代の思想や知識を全部問い直す。

歴史的に言うとニーチェあたりがはじめに提起し、それに対してどう応えていくかということがずっと続いてきた。その流れをうまく整理して捉え、とくにハイデガーがどう展開したかを見てきたのが木田元さんなのですね。

僕が新書編集部に入って最初に自前の企画を立てたのが、木田元《きだげん》さんの『現象学』（一九七〇）なんです。その後も二〇世紀思想家文庫の『ハイデガー』（岩波書店、一九八三）を書いてもらったり、新・岩波講座「哲学」というのをつくるときには編集委員になっていただき、そこに書いていただいた論文から『哲学と反哲学』（岩波書店、一九九〇）をつくった。そこで木田さんは初めて、反哲学という考え方を公にしたのです。

反哲学とは、プラトン、アリストテレスから二〇世紀に至るまでの西洋の哲学を総体として見直そうという意味で、西洋近代の形成に至る哲学もまた、一種特殊なものでしかなかったのではないかという問いなのです。

木田さんが何をやってきたかを考えてみると、まさにあなたの設問、メモの通りなんですよ。ハイデガーも、とくにその政治的行動については批判されている。胡散臭いという感じが非常にするわけですよね。ただその哲学の読みと批判の能力を見ると、これはどうも、すごい。しかしハイデガーの思索が最終的にどこまで至ったのか、それは公刊されていないのです。『存在と時間』も、当初は序論に加えて二部構成にするという構想だったらしい。そして第一部、第二部はそれぞれ第三篇まで構想されていたが、第一部第二篇までが「上巻」として一九二七年に出版された。しかし結局「下巻」は出されていない。「上巻」の部分だけがその後『存在と時間』という本としていろいろな翻訳で出されてきたのです。つまり導入部、前提の部分だけが刊行されている。だから、すごそうなテーマ設定だけれどよくわからないというのが多くの人にとって正直なところだった。

木田元

木田さんは『ハイデガー』（一九九七、現在は岩波現代文庫）で、

マルディン・ハイデガー

講義録など残された資料に拠りながら、ハイデガーはどう考えていたのかということをこつこつ再構成していく。これは『存在と時間』の公刊されなかった部分をいわば再構築するというものすごい試みで、ハイデガーが最終的になにを考えていたかを想定するところまで至るんです。

それは結局プラトン、アリストテレス以来の西洋哲学、とくに形而上学（メタフィジカ）と言われているものの意味が何だったのかを考えることにもなる。プラトンとアリストテレスによってギリシア哲学の最初の形がつくられた。極論すれば、ソクラテスは実在したかどうかすら定かではない。言葉は残っているが書かなかった。プラトンが「対話篇」で再構成したわけだから。

とにかく紀元前数世紀から二〇世紀に至る、延々たるヨーロッパの知的な流れをハイデガーは全面的に見直そうとした。そのために彼はスコラ哲学も含めて、ヨーロッパの形而上学の歴史を綿密に辿っていった。そのひとつひとつの分析が非常に精緻で刺激的なので、ハイデガーは二〇世紀最大の哲学者とも言われている。そのスケールの大きさは誰もが認めざるを得ない。

ハイデガーが「世界内存在」と言うとき出てくるのが自然に対する、あなたが指摘したような考え方なのですね。科学とか技術は自然を対象化して捉える。西洋の形而上学の歴史からそのあり方は生まれたわけですが、そうではなく、むしろ日本にあったアニミズムに近いような形での「生きた」自然との共生が必要だと。大ざっぱに言うとそういう結論なんです。

「世界内存在」というハイデガーの概念の形成には、マックス・シェーラーを通じてユクスキュルの「環世界論」の影響があると木田さんは指摘するんですね。『ハイデガー』にはこういう記述もあります。「人間がもはやsubiectum（基体＝主体）などではありえず、存在者のそれぞれがおのれのうちに生成の原理を蔵しているような世界、したがって人間もまた自然（ピュシス）のうちに包みこまれ、その生成の次第によってそのつどその在り方を決められるといった世界」。

突き詰めて考えていったら、二〇世紀が迫るなかで近代的な理性に対しての批判的な考え方が出てきて、ぶちかましたその最初がニーチェの『悲劇の誕生』（原著、一八七二）だったのだと思うのです。ヨーロッパ的近代の原理が行き詰まり、模索が始まった。

二〇世紀に入ってすぐの一九〇三年には、ドイツの古典文献学者のディールスとクランツが『ソクラテス以前の哲学者（フォアゾクラティカー）』を出しています。翻訳は岩波からも出ている（『ソクラテス以前哲学者断片集』全六巻、一九九六）。これはタレスとかヘラクレイトスとかパルメニデスとかの断片を集めたものなのだけれども、そのすべてが、つまるところギリシア語で言うピュシス、自然についての考察なのですよ。それを見ていくと、いわゆる西洋的な自然観というのが完成される以前には、哲学者――哲学者なんていう言葉はまだなかったわけだけれども――も、まったく違ったようにものごとを考えていたのじゃないかということに気づく。

――自然について考えることは、その中で自我がどのように存在しているかを考えることでもある。そうであらざるを得ない。

坩堝《るつぼ》――一九世紀末ウィーン

大塚　まさにそうです。梅原猛《うめはらたけし》さんがずーっと昔、『地獄の思想』（中公新書、一九六七）という本を書いたのですが、その頃はみんな彼を認めなかった。とくに京都の連中はね。梅原さんは京大の紀要に一回も書かせてもらっていないのです。要するに学界では落ちこぼれだった。大きな構想をぶち上げるが、実証が足りないとされていた。

その梅原さんも結局辿り着いたのが自然の問題なのですね。文学や歴史研究のなかで、西洋と日本で自然に対する考え方が違うことを痛感していった。知的伝統とか哲学はヨーロッパにしかないかのように思われていた中で、彼は自分の道を歩んだ。そして日本にあるアニミズム的な自然観を見直し、そちらの方が限られた地球で人間がよく生きるには大切ではないかと、たくさんの本に書いた。ですからヨーロッパの哲学史を見直すという点では、ハイデガーがやったことと同じなんです。

そこのところがハイデガーの哲学の本質だと木田元さんは捉え、着実かつ厳密に長年やってきていたのです。それがようやっと最近、わかってきた。お互いまだ若い頃、木田さんには岩波新書『現象学』を書いていただいたわけですが、そこまで徹底した考えで哲学をやってるということを、字面《じづら》は読んでたけど僕はわかっていなかった。

最終的にハイデガーがどういう考えに至っていたのかに迫るためには、ハイデガーがその考えに至った大本《おおもと》を明らかにする必要がある。そこで一九世紀末ウィーンの、マッハとか、文学で言うとホフマンスタールとか、そういう人たちの考え方にまで戻ってみる。そうすると彼らが科学とか自然に対して、それまでの西洋的な理性の歴史とは明らかに違った捉え方をしていることがわかってくる。

一九世紀末から二〇世紀にかけて哲学にも自然科学にも、つまりは人間の認識というものについて大きな転換があり、それがマッハらに始まるということがはっきりしてくる。それはいろんな分野で起こり、あるいは同時的に波及したのですね。その時期のウィーンでいわばパラダイム・シフトが始まった。

僕はたまたま、まったく別の方向から関心を持って『世紀末ウィーン』（カール・E・ショースキー著、安井琢磨訳、一九八三）という書籍をつくりましたが、そうしていると木田さんのやってることの意味がものすごくよくわかったんです。それは最終的に、ギリシア哲学ではピュシスと名指されていたものが、ほんとうは何であるのかという問題です。一言で言うとすべてそこに関係する。

――ニュートンの物理学が、近代とそれ以前との境目を成したとされることがある。ニュートン力学はアルゴリズムなわけですよね。部分の間の相関関係において、ここにこれだけ力を加えると反対側にこれだけ出力があるというように結果が計算できる。それで近代には、相関関係と因果関係を混同した思考も多くあったし、いまも残存していますね。

もちろんニュートン自身はいきなり近代人であったわけでなく、錬金術（英語では錬金術は「ヘルメスの術」とも呼ぶのでしたね）の思考もしていた。そうしながら正確なアルゴリズムのなかに、神の働きを覗き見ていたという。

スピノザの汎神論も人間の認識の範囲を越える機構を、論理の延長で想うというところがありますね。カントは、その数学的でさえある論理の方法の外にある「ものそのもの」は人間の認識の外部にあるとし、しかし「ものそのもの」を認識する理性は神のものであるという余地を残した。

しかし現象学はそうではない。

大塚　世紀末、マッハが「ニュートンの絶対時間、絶対空間などの概念には形而上学的要素が入り込んでいる」と批判した。その後、アインシュタインが出てきて相対性理論を出してくるでしょう。すると、ニュートンだけでは宇宙の法則というのは解けないことがわかってくる。

それと同様なことはいろんな場面で出てくるわけです。旧来の直線的な因果関係論では説明できないことが、一九世紀末からどんどん気づかれてくる。それを綜合して考えたのがとくに、当時のウィーンの連中だった。

その端的な例として最初に出てきたのがゲシュタルト心理学です。ゲシュタルト（構造・全体的な枠組み）として考えないと、個々の刺激や現象に対する認知が記述できない。それまで、要素に分解していけばすべては解明されると思われてきたけれど、実はそうではなかった。

数学でも一九世紀半ばにかけて、アルキメデス以来のユークリッド幾何学の適用範囲に限界があることを示す多次元の幾何学が出てくる。ロバチェフスキー（一八二九年発表）やボヤイ（一八三二年発表）の双曲幾何学とか。

―― ゲシュタルト心理学はヴェルトハイマーの錯視、「仮現運動」の提起がひとつの嚆矢《こうし》ですね。人間に見えているものは実際に存在しているものと同じではないと、仮借なく示した。本になったのは二〇世紀になってからですが。

大塚 およそすべての学問で、非常に面白い転換が期せずして一九世紀末に胚胎し、あるいは起こっている。それをうまくまとめて考えようとしたのが現象学のフッサールです。フッサールが数学から哲学に探究を変更したのは、「事実」と心理の関係のなかで現れてくる「存在」という現象に注目したからです。

要するにギリシア哲学より後のヨーロッパの形而上学というものが、最終的には神の存在に担保されるものだった。近世のデカルトだってそうです。「コギト・エルゴ・スム」といって人間の理性が真実を求め、発見していくとするけれど、その真実とは神が存在するということを含んでいる。そうしないと全体が保証されない。ところが近代になって時間が経つと、神というのは現実的に薄れてきちゃうわけでしょう。

―― 「神は死んだ」になってしまう。

大塚 そうなってくると、神などを仮定して壮大に形而上学を打ち立てている場合ではなくなり、ひとつひとつの現実のわれわれが経験する事象に立ち戻って、哲学や科学を再構成しようということをやり出すわけです。

―― 知覚するということの枠組みの全体としてのありようが、あるいはそれこそが人間の認知をつくっていると、ゲシュタルトという考え方は指摘した。

主客の分かちがたさ――現象学

大塚　でも最初は、そういう答えはぜんぜん予想していないわけです。あらためて感覚を総動員して現象に向き合い、解明しようということだった。

現象学の基本的な言葉として志向性というのがあるでしょう？　その現象の認知の上での生成において、関わっていく意識がどういう志向を持っているか。そういうことを考え始めていくと、単に「客観的に」現象や事物を見るということは実は成り立っていないんだとわかってきた。

カントの時代、人間が何かに向き合うとき、主体と客体は峻別されているということになっていた。ところがそうではなく、対象というものが独立して何らかの性質を持って在るわけでもなく、それがどう見えるかには主体の方が大きく関与しているということがわかってきた。

人の認知、意識というものを徹底的に調べていくと、主客関係がむしろひとつのまとまりとして認識が行われているというところにいった。初心は、現象とその認知を徹底して分析してみようということだったが、人間の認知に特権的な視点が成り立つのか？　という疑義が濃くなった。

――　人間から「神の似姿」という要素を抜くとすると、そうなりますね。

大塚　そう。それまでの学問の知見を実地の現象に触れて深めていく過程で、その前提が逆転していくという面白さがあった。それを新しい学としてまとめていったのが現象学の人たちなのですね。

ヨーロッパの形而上学の伝統にある、事実存在と本質存在の二つの区別を適用しながら現象学は存在の分析をやっていくのだけれど、結局は非常に難しい議論になってしまった。フッサールの考えていたことをほんとうに理解できた人は少なく、その中の一人がドイツ語圏で言えばハイデガーなのです。

ウィーンを中心にそのような新しい哲学や科学の隆盛があったので、第一次世界大戦後の戦間期に、フランスからドイツ語圏へ行って勉強する哲学者は多かった。その流れの中で、サルトルはその後有名になりましたが、実は割と粗雑な議論なのですね。彼は「実存は本質に先立つ」などと言って人気を集めた。世界そのものに意味はない。だから世界を受け取りながら、人間はこの世界の中で人間になっていく。意味や目的も、あらかじめ決められていることはないから「投企」しかないのだと。それは本質的なことではあるのだけれど、それほど多くのことを語っているわけではない。

メルロ＝ポンティの場合は、それをもっと細かく分析していくんですね。世界の中で人間がどう行動するかと言っても、世界とは、人間とはそもそも何か、世界と人間はそんなに簡単に分けられるものではないのではないか、と。

フッサールがそうしたように、ユクスキュルの環世界論を受け取って「場」において起こる現象、認識ということを考えていく。メルロ＝ポンティはいま読んでも、ほんとうに面白いですよ。

──ヨーロッパの哲学はたとえば、自由意志はあるのか、という問いにかなりこだわるように見えます。歴史的に神の意志というものを措定してきたので、どうしてもそういう議論になるのでしょうか。私などは、どっちでもいい、偶然も必然も結局は同じことだと思うばかりなのですが。人間の心の必要によって、それをどう捉えるかという問題があるだけ。帰納と演繹も、同じことを別の角度から見ているだけという気がする。

大塚　まあ、そうなんだけど。僕などは、高校三年生で受験しなければならないときに人文書院からサルトル全集が出され始めたので、夢中になって読んでいた。行動する知識人。憧れるじゃないですか。当時はすっかりそっちの方に関心をもってたけど、いま考えてみると、レベルがぜんぜん違うんですよ。メルロ＝ポンティは事象に向き合うことをすごく丁寧にやっている。

一九世紀末にフッサールがゲシュタルト心理学やユクスキュルなどを援用しながら考えたこと、つまり現象学的志向性の問題は、フランスとドイツで分化していく。かたやサルトル、メルロ＝ポンティ、かたやハイデガーというように。

今でも一般的に、ハイデガーは実存哲学者だと言われることがある。環世界論を哲学的にモディファイして、その中で人間がどう生きるかというときに投企、企投という言葉を使った。サルトルが投企という言葉を有名にしたので、同じ流れのように思われることがあるが、実際は哲学のタイプとしてまったく違う。

実存哲学が考えられるに至ったヨーロッパの精神史、哲学史、神学史の全体を読み込み、そこで反省してみると全然違うものが見えてくるということを、ハイデガーは示そうとしたと思われるのです。しかし結局、最後までは書けなかった。挫折したわけですよね。だからこそ、木田元さんはハイデガーが考えていたことを再構成していくという、言ってみれば壮挙に挑んだ。そう考えると、木田元さんの仕事の全体像が見えてくる。これが哲学のいまのひとつの筋なんです。

説明する自然観と、「成る」自然観

――西洋近代の形而上学は、自然を物的に対象化していく過程とともにあった。ハイデガーはその道行き全体を批判したわけですね。フォアゾクラティカーと呼ばれるギリシャ時代の人々のピュシス観にまで遡って、「現存在」への自然のさまざまな自己開示のありようを論じた。

しかしそこにも、筋の通った法則性への挑戦がみられる。論理性はやはり強いんですね。そのうえで現象学も拡張的に取り入れている。一方で、禅に近づくということもあった。そこから連想すると、西田哲学がどういう場所に生成しているか、見当のようなものがついてくる。

日本では自然はもともと、人の都合の通らないものですよね？　物的に対象化されるものではない。ピュシスから現存在が相互作用的に立ち現れる、というのはとくに意識もしない自明のことではないでしょうか。自然・環境と人間の間で相互作用的な生成、覚知、名付けが起こる。

大塚　なぜ今われわれがそうなのか、から逆算していく。本来的な日本人（近代ヨーロッパにとってはギリシャ）にとっての自然とはなんだったのかということを模索していくと、非常によく説明がつく。

――西洋近代は自然現象の理解と説明に一貫したものを求めた。それが対象化と細分化、制御に繋がる。是非は別としてそうなっていますね。

四季の移ろいとともに災害にも始終見舞われる日本では、自然現象は神意と見るしかなかった。しかも善とも悪ともつかないカミです。他の多くの文明でもかつてはそうだったわけですね。自然は気まぐれ、どんなことでも起こりうる。その「神意」はロゴスとしては推しはかり得ない。そうすると人間のなかの理屈も「場」と「状況」に応じて変わっていい、変わるのがあたりまえ、にもなる。

大塚 すべては「無常」というわけでしょう。結局そういうところへ行ってしまう。『古事記』の一番最初の方に「葦牙《あしかび》の如く萌え騰《あが》る物に因りて成る」神と出てきますね。神や人間の誕生も草が生えるようなもので。

―― 『万葉集』の「石走《いわばし》る垂水《たるみ》の上のさわらびの萌え出づる春になりにけるかも」とか、それこそ状況も流れるように自然に生成してくる。ハイデガーも「在る」から「成る」に変わっていった気配がある。動的な生成ということを考えた。ナチズムとの親和性も、その部分にあったのではないでしょうか。

大塚 ハイデガーがほんとにそこまで考えていたんだとすれば、それはものすごい壮大な企てで、要するに全ヨーロッパ形而上学をひっくり返そうという話でしょう。梅原猛が学界からは無視されながらも、日本の神話や文学を使ってやろうとしたこととも共通します。林達夫《はやしたつお》さんもかつて「梅原は面白い。ただ、脇が甘すぎる。言わずもがなのことまで言ってしまう」と評されていた。誰と比較して脇が甘いと言っていたかと言うと、和辻哲郎なんですよ。

神話・近代化・ファシズム

―― ハイデガー、あるいは梅原猛を参照すると、一神教的な西洋近代と多神教的な世界を比べてどちらがよいのかと一足飛びな議論にも誘われます。しかしどちらにも危うさはあるんですね。分析的に得られた力点と作用点をコントロールして集中させ、威力を生みだす。あるいは人を組織し、ユニフォーマルな行動に馴致《じゅんち》して大きな力を動員する。単位化、抽象化による計算可能性が近代の総力戦を生み出した。

一方で神話的世界と近代化が組み合わさると、ナチズムや日本軍国主義が社会に実装される。明治期に西洋近代の道をとった日本政府は学制を施し、国民軍を創成し、中央集権的官僚組織を使って工業を計画し力の投射を可能にし、領土拡張にまで至った。それが反撃を受け、困難が増すにつれて、ずっとそうだったかのように国家神道と組み合わさった天皇制（ひとつのゲシュタルトですね）の思考様態を全面化していった。それは計算可能性も反証可能性も拒絶するものでした。

大塚　それはロマン主義の問題と非常につながってくるんですね。ハイデガーの場合もそういうところがある。ロマン派、崇高《すうこう》論、そういったものも問題として扱わない限り、人間の精神や文化の面白さはわからない。しかしそれは一方で、とても危険なものでもあるということが、魅力と裏腹になっている。

表向きの議論では、たとえば政治的な公正については語られるけれど、往々にしてそういう人間のマグマのような部分は排除されてしまう。そうして問題化を避けつづけていれば、あなたがメモに書いているように、脱魔術化された近代の再魔術化ということが、簡単におきてしまう。ナチスの集会の記録映像を見ると、サーチライトが何百本も天空にむけて立ったりする。古代風の装いの旗も林立している。その中で群衆が「ハイル・ヒットラー」を叫び、これこそが民族の祭典だと心底感動してしまう。その魔力、磁力をよく理解していないかぎり、そういうものには抵抗できない。

―― いま、中国にはそういう演出ができる才能がある人がたくさんいますね。信じられないようなスペクタクルを現前させる技術も国力もある。しかし一方で、「社会信用システム」がネットワーク上で機能していて、監視カメラなどによる個人認証とともにそのデータは日々蓄積され、上書きされている。ソフトなファシズムと言われてきたものが技術的にも可能になっているのですね。その中心部にはオリガーキーの権力があって「中華民族の偉大なる復興」のロマンを発出している。

これまでもいまも、人々は様々な崇高やロマンを必要としてきたし、必要としている。しかしそれはつねに破局と隣り合わせでした。破局に至らず、崇高やロマンのように強く心を働かせるものは、どこかにありうるのでしょうか。

内なる道徳律とか一般意志と言ってきた理念が、多様性の中での普遍として、社会に共有されるものとしてありうるのか。普遍と言っても、たとえば中国思想におけるそれと西洋思想におけるそれでは出所からしてだいぶ違うでしょう。世界は多様な由来を持っている。だとしても、自由や人権といった現代社会の基盤的価値であるはずのものは、相対化するわけにはいかない。

大塚 人間の精神史にもの凄い知識を持っていたハイデガーでさえ、自然とか風土とか民族というイメージに持っていかれた。しかし民族と言っても、もうすでに混ざり合っていますよね。それを純粋なものとして考えたいという欲求が、排除や歴史の捏造をも結果する。これからはどういう「崇高」のつくりかたになるのか。

――「想像の共同体」にはかつて「国民」が共有できる崇高性があった。言ってしまえばその規模で想像力は機能したのですよね。世界そのものを共同体とする試みはさまざまにあっても、なかなか実感とともに機能はしなかった。

核廃絶も気候変動に対する有効な対策も、選択できていない。

人はなにか、いまは遠くとも芯に強い気持ちを抱けるものがあって、学んだり努力したりできるものでしょう。だが実際の世界では、多くの人は小さな選択肢しか持っていない。何とか生き延びるということ自体に振り回されるようにして生きるほかない。

大塚　そういう問題は深刻ですね。繰り返すようですが、やはり社会的共通資本についてもっと論じられなければ、と思います。そこから先に、個々が選択肢を持って生きられる可能性が出てくる。社会的共通資本の最たるものは河川や海洋、山、森といった自然環境ですが、それすらもいまや守られていない。

宇沢弘文さんはもっと進んで、教育、金融、司法まで含めて社会的共通資本であると言った。金融を社会的共通資本としてどう位置づけるかは難しい問題だけれど、信用組合などはそもそも共有の金融機関として出発したはずなのですね。しかしそれがいまや野放しで、銀行も証券会社も保険会社も投資を奨励し、投資は投機に乗っ取られ、強いものはどんどん強くなっていく。

それでも長い間、グローバリズムは経済的に良いことだという議論ばかりだったでしょう。カルロス・ゴーンだってコストカッターだと、ヒーローのように言われていた。巨額の報酬を得ながら、それが世界標準では当たり前と言いなされ、実際にやっていたことは首切り。

――働く人が多いこと、それはそもそもコストなのか？　極端な所得格差がある方が当然、という議論が可能になっている。『プロテスタンティズムの倫理と資本主義の精神』という本のタイトルがつけられた頃とは、かけ離れたことになっているわけですね。

第13章
生・ロマン・崇高

（二〇一九・三・九）

前回の対話後、大塚さんにこのようなメモをさしあげた。

「近代」の魔術的な一面には、ロマンとか崇高とかがどうしてもついて回るというお話もしました。

そこで、エドマンド・バーク『崇高と美の観念の起源』（みすず書房、一九九九。原書は一七五七年）を読んでみました。

崇高の観念の起源として、バークはたとえば次のようなものを挙げています。

・力能
・欠如
・広大さ
・無限
・契機と斉一性《せいいっせい》（人工的な「無限」を生み出しうるので）

・巨大建物
・困難さ
・壮麗さ（たとえば星空の無秩序。配慮の痕跡は逆に崇高を打ち消す、という逆説のようです）
・曖昧さ（↓「ヌミノース」に通じますね）
・光
・暗い色彩
・唐突さ（↓私としては、日米開戦の朝、日本の文学者の多くが静かに打たれ、判断を停止したということを想起します）

リストはまだ続いて、こうなると人の身心はどんな径路からでも「崇高」に打たれる可能性がある。

これからも近代の続きを生きていくとして「崇高」や「ロマン」は生死の根源と関係するようですから、ただ否定することはできないと思います。

ついでのように思ったこと：

ユングの「死者への七つの語らい」というのが昔から気になって、よくわからないながら時々読んでいたのです。

つい最近、河合さん編の『講座心理療法5』（二〇〇一年なので大塚さん時代）の中で「死者への七つの語らい」には、

＊世界観の変革が起こっている。

＊われわれにとって救済の場所であるはずの神話的世界や死者の国自体が救済を求めているのである。

という読み方があるのを知って、膝を拍《う》ちました。

「神」が死んで行くとき、ロマン主義は世界を深く浸すのでしょうか。

「崇高」は善悪を超える

大塚　崇高というのはいまも、いろいろな形で残ってますよね。岩波の『哲学・思想事典』の解説がわりとよくできていて、エドマンド・バークにも大きく触れている。崇高（英）**the sublime** のところをちょっと見ると、

「『崇高と美の観念の起源』において、バークは経験的心理学的立場から人間の二大根本衝

動として自己保存欲と社交性とを挙げ、崇高は前者に、美は後者に帰因するとした。苦痛と危険の観念を惹き起こすのに適するもの、つまり恐怖に関係するものはなんでも崇高の源泉であるが、苦痛と危険が現実にではなくただ表象としてのみ存在するときは自己保存欲を満足せしめ崇高の感情を喚起するという」

ロマン主義（仏）romantisme も見てみましょう。

「ロマン主義を支えたのは、旧体制崩壊後の市民的・近代的な自我の内部矛盾である。ロマン主義の芸術理論や作品には、中世賛美、メッテルニヒ復古体制支持といった保守的な要素（晩年のW・シュレーゲルなど）もあれば、他方でいかなる社会形態にも賛同しない夢想的かつ破壊的な革新主義（例えばハイネやバイロン）も認められる。また諸民族の太古の生命や、詩人の天才や活力を賛美すると同時に、内面閉塞、病的で異常なものへの耽溺を示す。こうした矛盾しあう要素を持つロマン主義を総合的に捉えるには、複雑化した社会において自らの位置を定めがたい市民層における自我の矛盾と緊張の所産として理解することが必要である。それはまた、不安定な内面空間こそ近代の所産と見ることでもある」

――デリダの言っている「差延」を思い浮かべました。自己同定するために人間の意識は自己言及するわけですが、同定する自己とされる自己の間に時代であるとか、なんらかの偶然の文脈が入り込む。その偶然は多数で、いくらでもあるので「自由」も観念される。そしてたぶん、言及する自己と言及される自己とのちょっとした違和から、存在の感覚が生ずる。

大塚　なるほど。いま辞典で読んだのは一般的な定義ですが、それとはやや別にずれながら、あなたがメモでくれた問題群があると思う。やはりロマンとか崇高というものが近代以来ずっと、ある時には表の、またある時には裏のテーマになっているのですね。

崇高という言葉からすぐに僕が思い浮かべたのは、カスパー・ダーヴィト・フリードリヒ（一七七四〜一八四〇）の描く絵です。夕陽なのか朝日なのか、光に照らされたアルプスの山々に向かっている絵。ヨーロッパで一番高い山嶺《さんれい》に対する憧れ。その壮大な風景の中に小さな人間が描かれている。

ところがバークの場合、壮麗さとか広大さとかとは逆のもの、つまり曖昧さとか暗さ、唐突さとかも入ってくるでしょう？　両極が入っている。それは辞典にもあるように、個人の主体意識とか自我意識が芽生えてくるときに、それにまつわる内的な緊張や矛盾をいろんな形で投影しているということなのだと思います。主体性とか理性というものの持つ可能性と、逆にそれが呼び起こす内的な不安とが、矛盾しながら表れているのだと思う。

――　善と悪、強さと弱さ、成長するものと滅びるものにも両義的に崇高は発見され得る。

大塚　崇高という問題にはそういう興味深さがある。一方、現代における崇高とは何かを思うと、ずいぶん事情は異なってきていると思うのです。

たとえばアルプスはかつて崇高なものだった。昔はアルプスを下から望み、登ることはできても上から見降ろすことはできなかった。けれどいまは、飛行機で下にアルプスを眺めて越えていくのは普通のことです。もちろん美しいのだけれど、かつて一八世紀から一九世紀のヨーロッパの人たちがアルプスの山々に抱いた崇高感というのは感じられないと思う。

いまのわれわれにとって崇高感を及ぼすものは何かというと、災害の問題と関係してくると思うのです。もうそれは避けて通れなくなった。近年の災害の問題というのは、突き詰めて言えば地球の破滅ということです。われわれは地球の限界を見ようとしているという危機意識のようなものがある。地球を、その光景をただ美しいと見ることができなくなってしまっている。

かつては、科学的な探究心で乗り越えられないものはないかのように思っていた。しかし、どうにも乗り越えられそうにない。ことの重大さのあまりの否認なのか、こんなに世界中で気象が荒れ狂っていてもいまだに温暖化を否定する人もいる。その中でどうにかして地球そのものの環境を守っていこうと人類が反省し、努力することが、いまや残された崇高なのではないか。

大きな儀式、ページェントやフェスティバルにはもう崇高までは現れない。そうではなく大変地道に、地球の環境を少しでも、人類が激しい影響を加える以前の状態に戻そうとする、そういうことにしか崇高な精神は宿り得ないと思わざるを得ない。

——人間の行いの果てに地球が滅ぼされうる。崇高とは、それに対して人間の構想力が働かなくなっている事態への恐怖から現れ、それでもわれわれはできることをしなければならないのだ、という決意からも現れる。

大塚　カントもありがたいし、バークも立派かもしれないけれど、いつまでもそれにとらわれている必要もない。オリンピックなどにしても、表層レベルの話としてはナショナリズムと関わったり、あるいはその逆の世界市民的な夢と関わったりしながら非日常的な盛り上がりはするけど、崇高というもっと深いものとは違うのではないか。

あなたはどう思う?

―― 村上鬼城《むらかみきじょう》の「生きかはり死にかはりして打つ田かな」。

大塚 なるほど。

―― そこにあるものは近代の歴史意識とは違うんですね。崇高とかサブライムというものはかつて、大塚さんが絵画の例で言われたように、大きな自然の中で小さな存在である人間の心細さと関係していた。また、同時に大戦争の時代やナチスの祭典におけるように、自分が群衆の中にいながら個として歴史と直接繋がる感覚を伴うこともあった。

いま、自分は大きな歴史を生きているのだという、歴史全体を見通す視界が開けた中に自己が逃れようもなくコミットしているという感覚――それは個人の選択の問題を超えている――これは「世界史の哲学」に惹かれた戦争末期の学徒兵などにもあったことです。逃れようもないのだから、いわば逆襲の精神を駆り立てるほかない。

そして敢えてサブライムに触れるときには、歴史的でありかつ無時間的、あるいは全時間的な、精神の充溢があったと思うのです。畏怖と快の区別がつかない至高体験のような感じが。

「生きかはり死にかはりして打つ田かな」には言語化された、情報としての歴史はまったく入っていない。ただ、直観としての歴史はある。自分の生まれる前にも、亡き後にも自然があり、耕す者がいるということを、田を打ちながら理解する。納得とも諦念ともひとつには名付けられない想念。

「何もない」ことの果てしなさ

大塚 この本は、映画監督の篠田《しのだ》正浩《まさひろ》さんが送ってくれたんですよ（『卑弥呼、衆を惑わす』幻戯書房、二〇一九）。篠田さんはたいへんな勉強家で、文献に当たってそれを立体化して描く才があるんですね。

卑弥呼は魔術的な作用を使ってまつりごとを行った。その後、体制の形は変わりながら天皇制は現代まで続いているが、その過程では『日本書紀』といった明らかなフィクションもつくり、大陸との関係も織り込みつつ、手を変え品を替えながら権威をつくってきた。

―― このくにの形成は魔術的なものから始まったのですね。その後、中国の律令制を入れて官僚組織をつくる。武家支配の時代があり、西洋から入った官僚制をそれに上書きしていくのだけれど、日本に生きてきた人々は実はそれらの主義、制度を本気にはしていないのではないか。そして天皇こそがいる、というイメージは現実の政治とつねに併行して存在している。だからいざとなるとコロッと変わることもできて、中国も西洋も「かのように」相対化し、日本独自のただひとつの本源的なものがあるんだ、ということにもなる。

大塚 それにはね、アマテラス以来のことがあるんですよ。女性の太陽神であるアマテラスが天の岩戸に隠れてしまう。外でみんなが笑っているのでアマテラスはつい、岩戸を少し開けて覗く。

そこで手力男《タヂカラオ》がひっぱりだしたという神話ですね。その時、光が岩戸の内部に届くと同時にアマテラスは鏡の存在になった、というのが篠田さんの解釈なんですよ。三種の神器のなかでも最重要とされるのが鏡ですからね。

――一方で近代的な事物もつくりますが、いつでも半身を神話の中に撤収できるとすれば、人格が分裂しているとも言えます。

ですが、統合された人格というのは唯一神との対話（これも「ロゴス」）の中で生まれるものだとしたら、一貫性を求められて苦しい点もありますね。そう考えると、場に応じた思考と振る舞いの変化も、必ずしもわるいことではないのかもしれない。

事実、半分信じていて半分信じていない、ということがわれわれの中にしばしばある。西洋近代の眼差しで自分たちを批判してみても、何か本心でない感じが残るのではないでしょうか。

大塚　そういうことなんですよね。あなたが言ったような問題をどういうふうに認識するかというのが、天皇制をめぐる中心の問題だと思うのです。天皇制そのものに全面的にコミットするということはもはや普通にはあり得なくなりましたから。しかしどの次元までコミットするのかというのは非常に微妙な話で、また大きく動きうる。人々の内なる天皇制が生きている以上、それがどう作動しうるか、まだ危ういのではないかと思います。

ということを考える一方、その以前に較べれば、アメリカの差し金であったにせよ何にせよ、神であったものから人間になったということは大きい。最低限、天皇制がどのように変化しつつ生きてきたかを知る。いまの天皇はそれを知った上で、君が以前に言ったように象徴としての天皇という考え方を選んで実質化したのでしょう。それを、社会共通の財産にしていかないといけない。単なる天皇制反対というのはいまはもう成り立たなくなっています。

崇高の問題と絡めて言うと、面白いのは、天皇に関わる儀礼というのは「崇高だ」というふうには感じないでしょう。籠もって、見えないところでやっているらしいというだけで「わからない」という「こと」しかない。

けれど、伊勢神宮ひとつとっても式年遷宮《しきねんせんぐう》で絶えず更新されることによっていわば永遠の命が続く。それを表現している。二〇年ごとに建て替えられる建物とその習俗全体を見れば、確かにある種の崇高というのがあるんですね。簡潔さからくる崇高性、あるいは実体は何もないという「こと」の崇高。社の中心部に入っているのは鏡だけだと言う。中には何もないということをみんな知っているのだけれど、その社をあえて二〇年ごとに建て替える。何もない空間の座を、更新する。

―― それはまるで生命そのものの隠喩のようですね。

個体・個物は無限には存続しないが、その形式の存続を通じて無限が現出するようになっている。「動的平衡」「いのちの自己組織の場」ですね。

式年遷宮とは、いつからいつまで、という時間軸での歴史の超越を表象しているようです。「ずっとこうだった」「これからもこうなのだ」と、いわば演劇的な表明を超長期的に行っている。演劇の最も重大で主要な作用は、クロノスをカイロスに変容させる場をつくるということですから。

大塚　ひょっとすると、それが本源的な意味でのエコロジーだということにつながりかねない。地球の存続を守ることがいまの崇高さだとすると、式年遷宮などはその象徴行事にもなりうるものを持っている。

――そこでは時間は確かに動いているのだけれども、その時間は二〇年に一度円環の形にもなる。円環の時間では発展も増大も構造上、必須ではなくなる。繰り返しの中で深まり、磨かれるという方向になりうる。古代的な精神に戻ればいいというわけにはいかないし、戻り得ないけれども、習俗の中になぜかそのように決まっていて繰り返されるものが残っていることは、土着の「場」に在る落ち着き、清明さに通じるように思います。

ところで、各地の八百万の社に鏡が納められているというイメージは、中心がどれとも決まらぬ無限の反射像を連想させる。ただ、それに「中心」という観念を接合するとたちまち現人神が生じて国家神道になる。ライプニッツの、有神論としてのモナド論を連想しました。

近代的な精神は、個人の価値と選択の自由を称揚してきた。それは外部への拡張的発展の前提を成した。しかし個人の選択なのだ、という観念のインフレーションは際限のない自我の苦しみを伴った。その不安をいかに解消するかに関わってロマン主義が生まれ、崇高もあらためて求められた。

抽象と土着、金銭と血

――ここでまたドストエフスキーを思い出します。ドストエフスキーは「あらゆる地獄を描いた」とも言われますが、その根底には「自分」という地獄があった。だからこそ読まれるのだと思うのです。ドストエフスキーは「なにもかもが可能だ」というスタヴローギン的、キリーロフ的な前提を宿すなか、ほとんどあらゆる近代思想を遍歴した。

空想社会主義から保守主義の間をいろいろに揺れたといいますが、ロシアの保守主義とは土着と宗教に関わるものでしょう。ドストエフスキーには反ユダヤ主義を思わせる描写、記述も多く出てきますが、近代のユダヤ民族イメージには、故郷なき金融、抽象度の高い信仰と思考、というステレオタイプがついて回ったのではないでしょうか。

それに対して土着には、風景や色や匂いも含む共通感覚的な具体的イメージが伴う。言語化されるとそれらはいくらか生彩を欠いてしまう。後期近代の反ユダヤ主義には、土着性を喪おうとしている自分たちがさらに深くそれを失うという予感から来る、自分自身の影への攻撃の側面があるのではないか。しかもそのイメージが通貨に関係するということが重なった。ロスチャイルド家の祖のマイヤー・ロートシルトは古銭拾いとその転売から身を興したのでしたね。

通貨の象徴性は強い。河合隼雄さんが最初、アメリカで教育分析を受けていた時期、長い夢を見て、夢の中でコインを拾う。「あ、ハンガリーのコインだ」と思って見たら、そこに東洋の仙人の顔が彫られている。河合さんの教育分析をしていたシュピーゲルマンは「おまえは東洋と西洋のあいだから貴重なものを獲得するだろう」と言ったそうですね。『未来への記憶』(岩波書店、二〇〇一)の中にその話がありました。河合さんに大塚さんがインタビューしてつくられた本でしたね。

金融という抽象の世界は後期近代そのものの特質を持っている。そこに、抽象ではなく大地なのだ、血なのだという反応が出てきます。何とでも交換可能な抽象の極致としての通貨と、交換不可能なものとしての血＝命＝個体の情念。記号と実質、その両方の力動が戦争や革命を駆動するのですね。

ところで唯一神とは、遍在し、なおかつ交換不可能という跳躍した観念です。抽象と血や土、神との何角形もの引力のなかで近代以降の人間が生きてきたのであれば、それはもうひどい混乱が生ずるのは必定だったのでしょう。

それら引力圏に引き裂かれるからこそ、戦争や革命は観念的にはロマンチックにも見えてしまうし、サブライムになりうる。戦争や革命の個別の局面の卑小で惨めな実態を知らなければそうなる。総力戦のなかの実際の戦闘がロマンチックでも何でもなく物語性を欠いたものなのは、たとえば『レイテ戦記』を読めばはっきりとわかるのです。

近代の消失点

――ドストエフスキーを評する本も書いているニコライ・ベルジャーエフは「ユートピアの到来は阻止されなければならない」と述べました。ベルジャーエフは近代的進歩主義も共産主義も、キリスト教的世界観から出てきたものだと指摘します。人間の自我はユートピアを求める。ところがもし実際にユートピアが到来したら、そこで歴史は停止してしまう。ユートピアでは自我も解消されざるを得ない。つまり「天国では何も起こらない」。

線的な進歩の時間観はどうしてもそういう矛盾に至ってしまいます。『カラマーゾフの兄弟』はドストエフスキーの死によって未完に終わったといわれています。実父フョードル＝ロシア皇帝＝神という象徴連関においてのあらゆるレベルの「父殺し」のテーマを持つ小説。しかし書かれ得た部分では皇帝は暗殺されるに至らない。

兄弟のうちの三男、アレクセイは修道僧ですが、書かれた部分の最後までには信仰に疑いを持ち始めるように見えます。書かれなかった部分ではこのアレクセイがロシア皇帝を暗殺することになるのではないか、という見方がありました。

ロシア文学者の亀山郁夫さんの説では、書かれた部分の最後の最後でアレクセイが出会うコーリャ・クラソートキンという少年がアレクセイを継ぎ、「キリスト教徒の心を持った恐るべき社会主義者」として皇帝＝父を殺すという結末が推理されています。カラマーゾフの兄弟たちの次の世代が革命を実行する。そしてそれがもたらすのが、ベルジャーエフの言うユートピア。

近代が至りうる終着点というのをドストエフスキーは予言的に言い当てているのですね。

そのようなことを考えていると、式年遷宮方式の歴史の方がずっとスマートではないかと思えてくる。そして「機関」としての天皇は原理的に絶えることはない。

大塚　そうなんです。どう考えても先を行っているんですよ。八百万の多神教であったはずの神社神道を、人間を神とするまでに換骨奪胎し、国家神道を生み出してしまった。神道にも天皇という存在にも、あまりに融通無碍なところがある。

――社の中が空で鏡しか入っていないという結構は、中心を示すだけではなく同時に多様な周縁を生み出し得たはずだとも思うのです。覗き込めば外の世界が、あらゆるものが映るのですから。中心と周縁の逆転の契機を、それは持っている。

しかし鏡そのものを不可視とし、超自然とすればその力は容易に反転し、国家神道へと組み立て直すこともできる。

鏡自体は意味を含み持たず、正反対をただ媒介するものですから。

終　章

いま、破局に至るのか

（二〇二一・四・九）

人格概念の後退

――鈴木國文さんという精神医学者は『「ほころび」の精神病理学』（青土社、二〇一九）で「医学の武装解除」という気づきから「知的落差を組織構成の要とする社会から、個人の自律を組織の根底に置く社会への変容」ということを書いておられます。

インターネットが日常の道具になると、かつて組織ジャーナリズムが果たしていたような情報の選別が成り立ちにくくなってきましたね。本当のことと本当めいたことの区別がなかなかつかない。

また、医療におけるインフォームド・コンセントは、その病気の専門家ではない患者に最終的判断を委ねるという原則に立ちます。

鈴木國文さんは「先端医療の場面でありながら、インフォームド・コンセントの名のもとに無理な自律を強いるのも奇妙な錯綜」と言い、インフォームド・コンセントの手続きとチェックは個人情報の保護やコンプライアンスという観点からひとつひとつが離散的に行われているとし、

鈴木國文『「ほころび」の精神病理学』（青土社、2019）

その集積が倫理的次元にいたるかというと疑問だと吐露しています。

自己責任という言葉も、軽く当たり前のように使われるようになりました。決定権の民主化といえばそうですが、なにごとにも上位の審級がなくなった。階層的縛りが弱まり、パターナリズムが成り立たないのはいいとしても、判断が結果として主体ならぬもの、『自由からの逃走』の時代から変わらない大衆に委ねられた。しかしそれは判断とは言えない。地球全体の人がつながりうる時代の、それがひとつの様相です。

二〇世紀の最後の四半世紀に、統合失調症と呼ばれてきたものの症状が全般に軽くなっていると述べる人もいます。人格の統合的振る舞いを求められる場面が、社会の中で減ってきたのかもしれないと。

大塚　一方で、近年毎年の災害にも表れているような地球規模の危機は、また別の病態を増やしていくのかもしれません。

他方、素粒子の世界から宇宙の時空的像まで初めて人間の知識がつながったということもありますね。すべてがつながった現象であることがわかった。

精神や心の問題でも、ひとりひとりの内部にあるとされてきたものが、実は地球全体の問題と繋がっていると考えられることが多くなっています。ものすごく深刻な問題群が、いまは全部つながっちゃっている。

情報学の長尾真さんが、専門の立場から哲学の歴史を通観する私家版の本をお書きになっています。それによると、これまでその学問の全体的文脈を理解している研究者がやるほかはなかった専門書や論文の翻訳の大きな部分が、たとえ哲学的な議論であっても、自動翻訳などで代行可能になっているというのです。もちろん時々とんでもなく変な訳も出てきますが、それも用例を自己学習させていくことですぐに修正されていくと。

―― 文章として変であっても、あらかじめ与えられた論理規則に合致していれば、コンピュータ「自身」は違和を感じないはずですよね。違和云々どころか、コンピュータの回路に流れる電子群はアルゴリズムに従うけれど論理そのものではない。しかし近年、大量のデータを学習していくことで、人間の思考にふるまいをどんどん似せてくるシステムができてきた。

佐藤文隆さんの本によれば、アインシュタインは言語ではなくなにか別のもの、画像とか空間「そのもの」で考えていたらしい。だからこそ、言語では矛盾になってしまうような理論を見つけ出せたと。普通のわれわれが相対性理論などを理解しようとすると頭が妙な感じになってしまうのは、言語にはアルゴリズム以上のものが含まれ、人類の知覚と歴史や文化の構造がそこに反映されているからなのでしょう。それが志向性になり、ゲシュタルトとなっている。そして、なんでも言語に載せられるということはない。形だけ無理に言語に載せれば人は身体的な違和感を抱くようになっている。

これは逆用すれば、修辞や詩の方法にもなるわけですね。

大塚　長尾さんは情報学の専門家でありながら、以前から自分なりの哲学史を書きたいとおっしゃっていた。結果、専門用語は使わず、しかも厚い本にはせず、古代ギリシャ以来の哲学を一応全部サーヴェイしてしまう。凄い人がいるものです。

――物語として見ることで、データの網羅的列記ではなく短く、そしてすべてを書けるのかもしれません。中村桂子さんの「生命誌」もそうですね。対してＡＩたちは「ものそのもの」を全部「見ている」のかもしれない。そこにもアルゴリズムの非・物語性を感じます。

非・物語性とは反・人間性に近いように思い、そういう人間離れした次元のことを理解できそうになっている人たちがいるというのは、人類全体の存続可能性にとって技術的に大きなことだが、やはり物語や言葉で理解するということも人生にとって大切だと思うのです。物語や言葉は終わりや界面をもち、生命と存在の様態が近しいものだから。

鈴木國文さんは当初、力動・分析心理学、つまりフロイトやユングなどが創始した流れにある、面談や傾聴、その過程で現れる象徴の像や出来事を重視する方法に立っていたそうですが、認知行動療法が使われる傾向が強くなった現在の心理・精神療法のことも書いています。

認知行動療法とは、条件付けをして「こうすれば」「こういう反応が出る」「その過程に介在するものを『心』と呼ぶ必要はない」という、もともとは動物行動の研究を基礎とした行動主義心理学に、その反応、変化を患者が「意識する」という認知心理学的な動機付け理論をくわえた、いまや主流の療法です。

私にはやや抵抗があります。こうすればこう効く、という場合が比較的多く、実際に苦痛が減る人がいてそれは緊急に必要なことだとしても、心の問題は個別の、そして同時に大きな流れの中の物語として理解したい。

精神分析や力動心理学のセッションでは、たとえば抑圧されていた過去の経験を意識化することによって病態が変容するはずだ、といった物語的な設えがあります。歴史を持つ個体として生きている者としては、物語的にわかっていけるならその方がいいのではないか。脳内伝達物質がこう変化するとこのようになることが多い、といったことは科学的には事実の一面をしっかり捉えていると思いますが、それだけで完結しないのが「こころ」というものだと思うことにしています。ただ、物語としての療法にはたいへんな人力と時間がかかりますから、社会はそれが一般化するのを許容しないかもしれない。

一方で、還元論的にわかってきたことも多い。『ほころび』の精神病理学』の中には「異常の上に正常が乗っかっている」というくだりもある。これは精神症状と呼ばれるものと正常ということの関係の成り立ちを言い当てている。人間精神の進化論的な形成史における推測とも符丁が合っています。

鈴木國文さんは「人格というものが、一九世紀、二〇世紀という、近代の装置が最盛期を迎えた時期に、人類が夢見た幻であったとするならば」として、こうも書きます。「異常な部分を取り去り、正常な部分を補強する」という「医学パラダイム」では薬物療法、認知療法などが前景に出てきて、精神分析などは後景に退く。「その動きは医療における人格概念の後退という事態と強く関連している」と。

統合失調症、かつての呼び方では精神分裂病の原因としてグレゴリー・ベイトソンは「ダブルバインド説」を唱えました。矛盾する要求に人格が引き裂かれるということで、これは人格の「全体性」を問題にしている。一方、近年有力なものに「ドーパミン過剰説」があるそうです。意欲や快の感情に関係するとされる脳内神経伝達物質の働き方に変調が起こるのだと。

薬理から垣間見えてきたこれは、まさに「異常の上に正常が乗っかっている」ことの根拠のひとつになる。精神症状の中でも「陽性症状」、つまり激しく行動化されるものは、人間が生存するためにもともともっていた力から出ているのではないかと。これは「部分」の働きに焦点を当てています。

そうしたことを大塚さんに教えていただいた『神々の沈黙』などと併せて読んでいると、人間の精神の成り立ちについて、かなりいろいろなことに納得がいく。脳内神経伝達物質の働きはこうなのだということは、わかってくるのがいい。しかしそれが単独にではなく、心の古い層と症状や文化との関係とともに、それが歴史上どう表れてきたのかという探究とともにあると、人類としての、その中の個としての物語性は失われないと考えるのです。わかりようもない過去と想像もできない未来の間で「私」が定まる。

大塚　打ち続く災害は、「人格」という概念の範囲での人間を超えた何かが警告を与えていると言えなくもない。『神々の沈黙』に描かれた古代には警告を与えるものは「神」だったが、現在のわれわれは別の方法でそれを見出すことができるはずです。温暖化が気候変動を起こしているひとつの原因だとわかっていますが、もうひとつ大きく見れば、それはわれわれの惑星そのものからの警告になっている。それを識り、気づくための手段として科学があると言ってもいい。もちろんそれは、理科系の科学に限らない。

ビッグサイエンスと呼ばれるものが持つさまざまな問題、それに対する議論も三・一一の頃から顕在化してきているように思います。これはリスボンの大地震が啓蒙主義に先立ったということとのアナロジーになっていますね。

災害の時代にはまた、宗教に対する見方も自ずから変わってくるでしょう。科学も宗教も思想もすでに、「神からの警告」に対してどう応答するかという問題になっている。地球自体が破滅に瀕しているという認識は、どこのどんな分野の人にとっても共通のものであらざるを得ない。この認識を根本的な「社会的共通資本」として、あらゆる努力と知識が手を携えていかなければならない。それ以外に人類がこの先も生きていく道はない、と私は考えるのです。

亡霊のごとく、いつでも

――あらかじめ目次を立てるというわけでもなく、横にずれたり前に戻ったりしながら対話を続けてきました。にもかかわらず、ここまで来てみると少なくともわれわれにとっては二、三の主要な筋が見えてきたように思います。

ひとつには近代はぜんぜん終わってなどいない、ということ。現代とは近代の延長そのもので、その思考のスタイルはまったく乗り越えられることはなかった。近代的な物量と空間の拡張、人間によるその支配の感覚のインフレーションの極点は世界戦争として現象した。その時、後発であったナチス・ドイツや大日本帝国は自らの想像による古代を参照し、近代の威力を再帰的に神話化し計測可能性を超えた力としようとした。

近代の極限的イメージとは、爆走する人知の産物が人間によっては止めようもなくなる瞬間の、ある種の破壊的解放感を伴う気分。それはロマン主義とも呼ばれうるものだった。威力と速度に圧倒され、どうとでもなれ、それは少なくとも快であるという感覚の転倒。それはイタリアの未来派やファシストにもあったことだと想像します。未来派とはロマン主義の性向の躁《そう》型表現だったのかもしれない。なにしろ人は何かに圧倒されると、ときにその何かと同一化して、圧倒する流れの方に向きを変えることがありますから。

ある種の美や崇高の情感もつねに、そこには重ね合わされてきます。あらゆる時間軸に「近代的なもの」は亡霊のように紛れ込んでくる。繰り返し構造のようにして、いまも居る。

この対話は、明治維新の話をひとつの軸とすることになりました。なぜそれが持ち出されたかというと、維新後急速に移入され、まるで振り付けを覚えるように学んだ英・仏・独流の近代のエートスが、当時から、必ずしもわれわれの風土文化とは綯《な》い合わされ結ばれないままだったからではないか、二〇世紀、二一世紀と世紀が移り変わり、いまいる私たちにとってもその綻《ほころ》びはそのままなのではないか、という違和があったからだと思います。

西洋発の近代が発見し、彫琢し維持しようとしてきた普遍的とされる価値にしても、それを論として理解することができても、暮らしのなかで、また心的な全体性のなかに接合され、柔軟に構成されるということにはなっていない。

河合隼雄さんのことが、これまでの対話の中で幾度も思い返されましたね。「これから日本はほんとうに、いよいよ大変なことになりまっせ！」。私がその言葉を聞いたのは一九九五年のこと。実際、ほんとうに大変なことになってきています。

グローバリズムのあらゆるレベルへの浸透は、利便性や合理性という見かけの一方で、大多数の「個人」をバラバラの砂粒のようにし、無力を深く観念させる結果になっています。だからこそ「人格概念の後退」が起こっているのかもしれない。そして——今世紀になって俄然はっきりしてきたのですが——災害や破局の時代が、気候変動にも大きく膨張させられながら、そこへ重なってやってきている。

大塚さんがおっしゃったように、巨大災害や戦争もまた「個人」の力を超え、その無力を思わせる。その最中で人間はどのように、自らを観じ、定めればいいのか。

大塚　いまウクライナで起きていることを思っても、それはいろんな意味で問題になってくる。あなたが以前、ヨーロッパの話だけではなくロシアに触れたのも、象徴的なことだね。

——経済や戦争の巨大な作動への無力感に加え、何もかもがぼやーっとしてきてしまって、人々の生活の不満や人間の精神の不調の原因がどこにあるのか、はっきりしない。生きていく仕組みの中で、どこに問題があるのか、見つけにくくなった。「敵」が名指せないことには自我意識も、主体という考えも強く現れない。

ここでは「ポストモダン」が部分的に起こっているのかもしれない。真実は複数ある、単一の正解はないというのがその含意のひとつでしたから。

だとすれば近代的な人格の概念が後退することは、必ずしも悪いことではないのではないか、と思いかけています。後退という言葉はそれだけでマイナスのイメージを帯びるが、そもそもそう思うことが問題の一部なのかもしれない。われわれはそのようにマインド・セットされている、そう気づくのがよいのかもしれない。

ところが一方で、先ごろ大塚さんからいただいた手紙には「やはり〈個人〉ということが大切な鍵なのだ」という一文があった。

考えを流れにのみ任せてはいけない、どこかに還るところがある話ではないのだと、改めて難しさを感じています。

ヨーロッパとロシアの境目で起こっていることに話を戻します。個人が主体的になり、民主主義の構造をつくることで進歩・拡張と平和が共存するはずだった。ロックからルソーの流れは、カントを踏まえて主流とされた。しかし現実にはそうなっていない。以前、国家はいまや軍事のプラットフォームに過ぎないのかもしれないと私は言いましたが、それは精確ではなかった。個人の欲望の集積としてあらためて国家の力が発動されている。

国家とは欲望を糾合するプラットフォームであり、軍事はその表現形。軍事的対決となれば歴史的、宗教的、帝国的文脈がすぐさま遡行的に呼び出され〈それはずっとミームとして人々のなかに生きていた〉、それこそ近代国家群をつくった「想像の共同体」が作動する。そして敵対の中で破壊力の競争をするようになる。ロシアのポピュリズムがほぼ自動的に、前線にかつての帝国の版図を夢想のように浮上させれば、NATOは現実の脅威を前に、集団的自衛権発動の範囲を拡張し、強化する。「想像の共同体」が相争うとき、その衝突は文化だとか理念だとか、いろいろな象徴を巻き込んで全面化する。

突然のようですが、グレゴリー・ベイトソンは『精神と自然』の中で、ユングの言う「プレーローマ（充溢）」を、銀河の遷移や巨星の衝突滅亡のような、ただ物理力のみが沸騰する世界、すなわち精神を欠いた世界、と読み直しました。

カントが、崇高は無形式性ないし無限定性に関するとした（力学的崇高）ことと重なりますね。その対義を成すのが「クレアトゥーラ」、生命や意味の世界です。生命や意味は、形成されるものであり、したがって負のエントロピーを持つ。エントロピー（無秩序性）を減少させるのは、たいへん広い定義での「意志」だとも言えるでしょう。

意味、意志がどこにも通用しなくなっているのを感じる。近代戦はピンポイントの攻撃を含む現代戦となりながら、その輪郭は総力戦に拡がろうとしている。核兵器が炸裂すればそこはもうプレーローマとしての物理力の天上、人間のいない世界です。

クレアトゥーラとしての近代的個人という設定に、すでに過ちがあったのではないか。

そう思うと「人格概念の後退」、それは簡単に「後退」とは断じ得ないひとつのサイン、徴《しるし》でありうるのかもしれない。

すでにもうおそいのかもしれない

——松下圭一さんは「市民」はいかにありうるかということを動的に、具体的に示そうとし、そのために行動した。しかしその松下さんも最晩年に悲観的なことを言っていた、と大塚さんが教えてくれましたね。そのなかには「すでにもうおそいのかもしれない」という言葉もありました。

代議制民主主義が、それをつくった思想が想定したようには機能せず、オリガーキーが浮上する。いったん場を占拠したオリガーキーは、ポピュリズムを煽るというフィードバックで規模を拡大する。拡大を続けるためには戦争も辞さない。

大澤真幸さんの『世界史の哲学』からの孫引きですが、哲学者のアラン・バディウは現代社会を「世界の欠如した時代」であると特徴づけているそうです。「資本主義はそれに固有な（文化的）世界をもたない」「資本主義的な普遍性は、規範的・価値的な内容に関してまったく空虚であって、一個の閉じられた世界を形成することがない」。

行き過ぎたグローバリズムとポピュリズムの簇生の関係、そして世界の命運が無秩序になり人々の意思の手から離れること、を言っていますね。

大塚　ほんのここ数年の動向を見ていると、僕などはあっけに取られたのだけど、アメリカにトランプが出てきた。それこそプロテスタンティズム、中でもピューリタニズムの伝統が確固としてある所に、突如として出てきて、次から次にでまかせ、嘘っぱちを言い続けた。プーチンの戦争でも、彼の閣僚や将軍や大使が、明らかに嘘だとわかることを次から次に並べていくわけじゃないですか。

ロシアとアメリカはその点でもどっちもどっち、というような状態になっている。つい最近まで冷戦の両極を成し、それは少なくとも看板は思想の対立ということになっていて、どちらがより幸福な社会をつくれるかと競い論争するはずだったのに、まったくの嘘つき同士の争いになってそれが通用してしまっている。どうしてなのか、不思議でしょうがない。

それを考えていくとどうしてもね、イデオロギーとか宗教というものは結局……最終的には信頼できないような感じがするんですよ。

結局、なんにも頼るところがなくなってしまっている。しかも地球、自然はどんどん破壊されていく過程にある。そういうことをいま、同時並行的に経験しているわけじゃないですか。

わが上なる星空と、わが内なる道徳律

大塚　ちょっと変な話になってしまうようだけれど、たとえば宇宙物理学をやっている人はダークマター（暗黒物質）のことを考えたりしている。質量はあるが光学的には観測できないと想定された存在が「ある」ということになると、これまでの宇宙物理学がぶっ飛んじゃう可能性もあるわけです。しかしダークマターがあるのかどうか、まだはっきりとはわかっていない。

一方で、光学や電波の望遠鏡で見られる、つまり人間にとって観測可能な宇宙の像というのは星空から星座、画像化された深宇宙にいたるまで、どう見てもすごく——美しく感じられるんですよね。

ここにあるのは村山斉《ひとし》さんの『宇宙はなぜ美しいのか』（幻冬舎、二〇二一）です。「なぜ」美しいのかについて、対称性が、とか物理学的な話につなげて語っている。この本の電波望遠鏡の

画像からつくった写真を見ていても、どんどん崩れていく地球上の人間の社会の外側で、宇宙だけはいつまでも美しいということを思う。

——人のいない世界でもありますね。

大塚 そう。カントが『実践理性批判』の最後で言った「わが上なる星空と、わが内なる道徳律」という「思念を重ねるほどに新たな感嘆と畏敬の念を以てわれわれの心を満たし続ける二つのもの」の対比、それはひどく崩れてしまった。にもかかわらす、そして地球そのものも崩れかかっているにもかかわらず、宇宙は変わらず美しいのを見たとき、それらを全体の大きな絵として見たときにはね、逆説的にも、世界はどうしてこのようになってしまっているのだろうと、改めて思わざるを得ないのです。

一種の妄想のような感覚なのだけれど、その妄想の中に、ひょっとすると何かヒントがあるんじゃないかというふうに、最近は思ってきているのですよ。イデオロギーも地球も、概念としても大きなものが連鎖して崩れていく有様を見ても、それでも変わらないものが何かある、と思いたくなるんです。

——生命としての人間にはその変わらない何かを感じ続ける心、あるいは心以前のものは残っているはずだと？

大塚 そうです。そういうことです。

それを考えると、ここ何年か君と一緒に考えてきた近代の問題群というのが、互いに非常に密接に関係してきてね、とくにわれわれもいくらかは識っている日本の近代、明治以降、大正・昭和ときた歩み、それは何だったのかということを考えないわけにいかなくなってしまった。

現在のウルトラ国家主義者から見れば、幕末・明治以来、西洋のまねびから始まった日本近代は坂の上の雲を目指し、日清戦争、日露戦争を経て大国の仲間入りを果たし、それは曲がりなりにも成功したということになるのでしょう。日中戦争から太平洋戦争のときには、多少つまずきも問題もあったかもしれないけれども、それから復興し、戦後の改革という形でとにかく資本主義世界の中で大きな存在となり、たとえばG7の一員になれたぐらいに、立派にわれわれの近代をつくってきたんだという考え方。それは成功の物語として、人々の中に根強くある。そして、それ以外の日本近代があり得たという考えはどこにもないわけです。

戦後、さらなる近代的発展への疑問の萌芽はあったのだけれど、昔の社会党などもたとえば日米安保とか、個別に取り出された問題については反対論を持つこともあったけれど、それが出てきた元の原理であるはずの「近代」という大きな課題の検討について、アイディアを出すということは、政治のレベルでは結局なかった。方向性全体に疑問を呈し、別の道を行こうとするという括りでの左翼というのは潰れてしまうわけです。

そんなときに何が頼りになり得るのか。

――さきほど大塚さんが、宇宙の美しさについて非常に全体的、総合的な感覚を得て、なぜかそこにヒントを思ったとおっしゃったとき、私の中で「結びついた矛盾」という妙な感じが生まれました。宇宙的な星の諸力は「プレーローマ」に属するはずなのに、それを見る「クレアトゥーラ」の極であるはずの言語さえ持つ人間に、答えの端緒が響くという驚きです。セルフ（自己）ということの全体性、なおかつ生は越境を本質とすること、それはそこに関連していそうです。

大塚　なるほど。われわれが話し合ってきたことは、ばらばらの問題の寄せ集めのようでいて、やはりどこかで互いに繋がり合っていた。そう思えてきますね。

——いま、戦争の影響で必然として、世界のシステム全体が変化しようとしています。養老孟司さんは以前から「脳化」されすぎた世界、という言い方をされていますが、各国でいろいろな立場の人間が、言語的に脳につくられた概念をつかって損得のバランスを考え、とにかくは回避行動を探しています。思想とか思考というものが、言語化、概念化、操作に拠りすぎているのかもしれない。

大塚さんが、現役の編集者のときから、芸術に着目しながら思想の仕事をしてきたことの意味、それがいまになってようやく理解できてきたという感慨があります。それは未来に向かう感慨です。

以前——まだ岩波書店にいてそこから逃れることを考えていたあの頃は、思想誌で美術などを論じるのがスノビズムに見えた。論説の飾りとして安直に、まだよく知られていない観念語を選んで使う。そう見えて、それでいやになった。

いまはちがう。そのことの本筋がわかってきた。

ごく地味なる小宇宙

大塚　君と話してきた時期と重なって、僕はどういうわけか近年、絵描きについて調べて書くということをしてきました。中村正義《まさよし》と長谷川利行です。それはなぜだったのかと考えていたら、とにかくね、日本の近代を生き抜いた人間を見つけたい！　という気持ちがとても強くなっていたのに思い至りました。なんとかして、嘘もごまかしもなく日本の近代の変化を生きた人間をひとりでも見つけられれば、少しでも救われるような気がした。

それぞれの時代と場所に在って、なぜこのような絵を描いたのか、ということを解ろうとして中村正義と長谷川利行に取り組んだ。その過程で、当時の絵画の世界を周辺も含めて調べていたら、こんどは、明治も初頭の一八八〇年に生まれて、そして戦後まで文字通り明治・大正・昭和の三代を一〇〇年近く生き抜いた、津田青楓という絵描きに関心を持つようになったのです。

今さら何で津田青楓なのだ、と言われても困るのだけれど、近代化のなかで本当に主体性が発揮できるということがあるとすれば、それはどういうことなのか？　青楓はそれを僕に考えさせてくれたということなのです。

一方に立身出世の、登り坂しか見ない価値観が充ちている。青楓はそういうものにまったく関心を持たなかったと、僕には見える。

今福龍太さんがこういう本を出しています（『宮沢賢治　デクノボーの叡智』新潮社、二〇一九）。宮沢賢治の場合も、生きているときは人から馬鹿にされることもありましたが、後になって考えてみるとやはりあれは大変な人だった、ということになってきた。

津田青楓は良寛をたびたび絵の主題にしている。考えてみると、賢治と良寛には通じるところがあると思うのです。

良寛のなにが面白いんだろうと、僕も長いあいだ分からなかったんですよ。いろんな人がいろんなことを書いているけれど、それもよく分からない。

だけれども、難しい論に持っていくのではなくて、普通の人が、普通の感覚で、いちばんよく生きるにはどうしたらいいかということを、自分の感覚でね、見つけて、それを実践したということなんだな、と。

それはもう、ごく地味なことなんですよね。

――そうお聞きしながらこうして今福龍太さんの本のページを開くと偶然「宮沢賢治はミクロコスモスである」という言葉が目に留まり、浮き出して見える。ずっとお話ししてきたことと、どこかで繋がってくる。「自分」が小宇宙として在ること、それは「主体」というどこか外から枠を嵌められた感もある語とは、べつの在り方のような気がします。

大塚　そういうことはある。

――生まれあわせた時代や出会った場所や人との、ひとつひとつの関係性のなかで、何が最善なのか考え、感じながらその時を生きる。それは一貫した主体というような剛直なものではないのかもしれないけれど、せめて正直に生きようとするならば、主体とは独立して筋が通ったもの、とは考えない方がいいのではないか。大塚さんが青楓や良寛、賢治に感じる共通した何かというのは動的なものなので、ひとつの観念では言えないのかもしれませんね。

大塚　そうかもしれない。そういうことを思って読み直すと、良寛も意外に面白く思えてくるのですね。津田青楓の来歴を読み直していても、繋がりの相互作用というのか、なぜ青楓があれほど良寛に打ち込んだのかもわかってくる。そういう意味ではいま、面白い体験をしているところです。

―― 近代を生きた人の精神がどういったものやことと繋がって在ったか、通常は見えない。近代とは、目に見える物の力が決定力を持った時代と言えるかもしれません。見える力の優勢は、威迫的エリーティズムと親和性が高いのではないでしょうか。それは普通の人が普通に、それなりに豊かに生きることとは離れがちです。

大きな観念を背負った大きな人が諸力を集めるのではなく、それぞれの生き方をするそれぞれの人――ひとつの小宇宙としての――が互いに互いの光を通じさせながら、在るのがよいのかもしれない。すべてはつねに関係性の中にあるということを知っている「主体」です。

大塚 面白いね。ずっと前にお話しした五十嵐敬喜さんの論も、あの時は学術書の話だったけれども、こうして一般書が出るようになりました（『土地は誰のものか――人口減少時代の所有と利用』岩波新書、二〇二二）。土地所有を巡る議論が、ようやっと本格化している。

―― 土地所有は、格差による支配ということと直結していますから。

大塚 資本主義の根幹にあるものでしょう。もうひとつ、哲学者の加藤尚武《ひさたけ》さんが「持続可能性という概念の、持続可能性」という論文を書いている。そうしたこともまた、災害の時代のいまにぜんぶ繋がってきて、あらためてわかってくる。そういう感じがあるね。

―― 私もここしばらくは演劇の台本を書いていないのですが、書こうと思うものはいつもあって、思っているうちにいろいろなものが繋がってくるんです。きっかけになったのは『ギルガメシュ物語』の、エンキドゥ。

大塚 うん。

――エンキドゥは、ギルガメシュ王のライバルとなる、そのためだけに造られた存在なんですよね。圧倒的に強すぎて驕《おご》りを高くしかねない、ギルガメシュを精神的に成長させるために。

大塚 うん、うん。

――それはユングで言えば「影」なのです。自分も含めいろんな人の在り方を見ていると、もちろん皆「影」というべきものを持っている。が、そこで思ったのは人格が主で、その影が従ということではないんじゃないかということ。どちらが「影」とも言えない。関係すること、そのことの中にしか人格も、感覚の在り場所もないのではないか、ということです。

そう考えているときに結びついてきたのが、トーテミズムのことなのです。魂の「分有」とか「共有」、あるいは重複ということをそれは考えさせる。魂を分け持つ、ともに持つということを考え、表してみたい。山の樹に棲むあの鳥のおかげでおれは生きている、あの鳥の魂をも通じて、おれは生きる。

そのように思うことは歴史的過去にはいろいろなところで、あらゆる人間にありえたはずですよね。ところが近代は、個人の主体という観念を強めた。なにもかもを一人の人間の頭の中に落とし込み、それでも「俺は鳥だ」という人がいれば精神病理学の対象にもしかねなかった。「近代とは人が内面を見つめすぎた時代」という言葉のことは、前にお話ししましたね。個々人が内面に沈潜する。近代小説と呼ばれるものはほとんどがそうなりましたね。そこが、自然と共存など叶わない、観念ないし欲望の果てに組み立てられた強力な装置、機械やその運用システムを造り上げるということと密接につながっているのかな、とも思います。

そうした、主体が先頭に立った思い込みを逆転してみると、こんどは大塚さんが話してくださった清水博さんの「いのちの居場所」ということに繋がってくる。いのちと場所は同時生成、相互生成するものでしょう。するとこれは、西田哲学が「わかる」ということにも繋がってくる。

大塚　面白いじゃない、その話。フランク・ロイド・ライトはトーテミズムにすごく関心を持っていたんですね。若い頃に、そういう建築作品がいくつもある。自由学園「明日館」はそれとは時代の違うものなのだけど。

これはもの凄く面白いテーマだと思うのだけど、ライトとトーテミズムの関係を論じた建築家や学者は、いないね。

そういえば、十数年ぶりにわれわれが待ち合わせて再会したのも、明日館の前だったね。

――　素朴な問いは全面的な問い。一種の円環を成して、私たちはこの場へ還ってきたようです。岩波書店の時代から遠く、しかしそこを通り抜けたからこそ。

あとがき

大塚信一

堀切君が手紙をくれてこの対話が始まったのは、コロナ・ウィルスもなければ、異常気象もそれほど見えないころだった。しかし対話を重ねるうちに私たちは急激に、人類と地球そのものが滅亡するかもしれないと思うようになった。

加えてロシアがウクライナに侵攻する。八方塞がりの中で、私たちはどのように生きて行けばよいのか？　それが私たちの日常的な問いになった。

堀切君の問いのままに、私はかつて経験したことのない難問に次々と対しなければならなかった。堀切君はお嬢さんの難病を、夫人と共に三人で乗り切るという大事業に立ち向かっておられる。その経験は彼の出題のすべてを、これ以上ない切実な問いとしないではいなかった。

もし読者の方が、少しでも見る所があると感じてくださったのであれば、それはすべて堀切君の尽力のおかげである。事実、私は彼の問いに答える――しかも不充分に――以外には何もしなかった。問題の設定、テープ起こしから始めて、二人のやりとりをそれらしく再構成し、しかも全体的な整合性を持たせるためには厖大な時間とエネルギーが必要だったはずである。私の堀切君に対する感謝の念が尽きることはない。

筑摩書房の松田健さんはこの対話を読み、私たちの意を汲んで、筑摩選書の一冊として出版してくださった。出版事業にとってこの上ない困難の時代に、ありがたいことである。あつく御礼申し上げたい。

二〇二三年初夏

な行

は行

さ行

た行

人名索引

大塚信一　おおつか・のぶかず
一九三九年生まれ。一九六三年岩波書店に入社。『思想』『岩波新書』編集部などを経て多くの単行本、シリーズ、講座、著作集などを立案・編集。一九八四年には文化総合誌『へるめす』を創刊、編集長。一九九〇年、編集担当取締役、一九九七年―二〇〇三年、代表取締役社長。近著に『反抗と祈りの日本画　中村正義の世界』（ヴィジュアル版　集英社新書、二〇一七年）、『長谷川利行の絵　芸術家と時代』（作品社、二〇二〇年）、『哲学者・木田元　編集者が見た稀有な軌跡』（作品社、二〇二一年）、『本の森をともに育てたい　日韓出版人の往復通信』（カン・マルクシルとの共著、岩波書店、二〇二一年）、『津田青楓　近代日本を生き抜いた画家』（作品社、二〇二三年）。

堀切和雅　ほりきり・かずまさ
一九六〇年生まれ。一九八四年岩波書店入社。『世界』『ジュニア新書』『へるめす』編集部を経る。並行して劇団「月夜果実店」主宰。二〇〇〇年、岩波書店退社。著書に『三〇代が読んだ「わだつみ」』（築地書館、一九九三年）、『「30代後半」という病気』（築地書館、二〇〇〇年）、『「ゼロ成長」幸福論』（角川書店、二〇〇一年）、『不適切なオトナ』（講談社、二〇〇二年）、『娘よ、ゆっくり大きくなりなさい――ミトコンドリア病の子と生きる』（集英社新書、二〇〇六年）、『なぜ友は死に俺は生きたのか――戦中派たちが歩んだ戦後』（新潮社、二〇一〇年）、『演劇に何ができるのか?』（妹尾伸子、嶽本あゆ美との共著、アルファベータブックス、二〇一七年）ほか。

筑摩選書 0278

岩波書店《いわなみしょてん》の時代《じだい》から
近代《きんだい》思想《しそう》の終着点《しゅうちゃくてん》で

二〇二四年四月一五日　初版第一刷発行

著者　大塚信一《おおつかのぶかず》
　　　堀切和雅《ほりきりかずまさ》

発行者　喜入冬子

発行所　株式会社筑摩書房
東京都台東区蔵前二-五-三　郵便番号 一一一-八七五五
電話番号　〇三-五六八七-二六〇一（代表）

装幀者　神田昇和

印刷 製本　中央精版印刷株式会社

ISBN978-4-480-01796-3　C0395

筑摩選書 0131

「文藝春秋」の戦争
戦前期リベラリズムの帰趨

鈴木貞美

なぜ菊池寛がつくった『文藝春秋』は大東亜戦争を牽引したのか。小林秀雄らリベラリストの思想変遷を辿り、どんな思いで戦争推進に加担したのかを内在的に問う。

筑摩選書 0154

1968〔1〕文化

四方田犬彦 編著

1968〜72年の5年間、映画、演劇、音楽、写真、舞踏、流行、図像、雑誌の領域で生じていた現象を前景化し、歴史的記憶として差し出す。写真資料満載。

筑摩選書 0155

1968〔2〕文学

四方田犬彦／福間健二 編

三島由紀夫、鈴木いづみ、土方巽、澁澤龍彥……。文化の〈異端者〉たちが遺した詩、小説、評論などを収録。反時代的な思想と美学を深く味わうアンソロジー。

筑摩選書 0156

1968〔3〕漫画

四方田犬彦／中条省平 編

実験的であること、前衛的であること、アンダーグラウンドであること。それが漫画の基準だった――。第3巻では、時代の〈異端者〉たちが遺した漫画群を収録。

筑摩選書 0176

ベストセラー全史【現代篇】

澤村修治

1945年から2019年までのベストセラー本をすべて紹介。小説・エッセイから実用書・人文書まで、著者と作品内容、出版事情などを紹介する壮大な日本文化史。

筑摩選書 0177

ベストセラー全史【近代篇】

澤村修治

明治・大正・昭和戦前期のベストセラー本を全て紹介。近代の出版流通と大衆社会の成立、円本ブーム、戦争と出版統制など諸事情を余さず描く壮大な日本文化史。